머리 좋은 아이는 이렇게 키웁니다

| 일러두기 |

◆ 이 책에 실린 다양한 사례는 우리가 알고 있는 여러 아이를 합성하여 완성했습니다. 아이들의 이름과 식별 정보는 모두 바꾸거나 삭제했습니다. 대화 내용은 전형적인 행동과 문제를 드러낼 뿐 특정인이나 실제 사건을 가리키지 않습니다.

◆ 이 책은 전반적인 교육 목적에만 적용할 수 있습니다. 개개인을 위한 전문가 조언, 심리 치료, 정신과 상담 조항이 아니며, 이를 대체하지도 않습니다.

Smart Parenting For Smart Kids
Copyright © 2011 by Eileen Kennedy-Moore and Mark S. Lowenthal.

All rights reserved.
No part of this book may be used or reproduced in any manner whatever without written permission except in the case of brief quotations embodied in critical articles or reviews.

Korean Translation Copyright © 2025 Ready to Dive Co., Ltd.
This translation published under license with the original publisher John Wiley & Sons, Inc. through BC Agency, Seoul.

이 책의 한국어판 저작권은 BC 에이전시를 통해
저작권자와 독점 계약한 레디투다이브에 있습니다.
저작권법에 의해 한국 내에서 보호를 받는 저작물이므로 무단전재와 복제를 금합니다.

머리 좋은 아이는
이렇게 — 키웁니다

에일린 케네디 무어 · 마크 S. 뢰벤탈 지음 | 박미경 옮김

*내 아이의 영재 모먼트를
키워주는 7가지 심리 육아법*

Reda

차례

프롤로그 머리 좋은 우리 아이, 어떻게 키워야 할까? ••• 008

1장. 완벽하지 않아도 괜찮아: 완벽주의 누그러뜨리기

체크 리스트: 우리 아이도 완벽주의 성향을 가지고 있을까? ••• 022
실수에 집착하는 아이 ••• 027
다른 사람을 탓하는 아이 ••• 037
잘하는 것만 할 수는 없다 ••• 052
똑똑한데 자신을 바보라 여길 때 ••• 057
* 부모 가이드: 아이가 완벽주의에서 벗어나도록 도와주는 방법 ••• 068

2장. 똑똑한 아이들은 더 외롭다: 관계 맺기

체크 리스트: 우리 아이도 혹시 외로운 아이일까? ••• 074
영리해서 외로운 아이 ••• 076
친구가 가장 어려워요 ••• 083
많은 사람과 어울리는 걸 무서워하는 아이 ••• 093
친구에게 거부당하거나 거부할 때 ••• 106
* 부모 가이드: 아이가 외롭지 않도록 도와주는 방법 ••• 126

3장. 영리함이 상처가 되지 않으려면: 예민함 다스리기

체크 리스트: 우리 아이도 예민한 성향일까? ••• 130
예민한 성격의 부정적인 면 ••• 131
기분이 금방 상하는 아이 ••• 135
모든 것을 비판으로 받아들일 때 ••• 146
변화에 예민하고 루틴을 고집하는 아이 ••• 156
아는 것이 많은 만큼 고민도 많다 ••• 174
* 부모 가이드: 아이가 스스로 감정을 관리하도록 도와주는 방법 ••• 184

4장. 승부에 목숨 거는 아이들: 경쟁심 조절하기

체크 리스트: 우리 아이의 경쟁심은 적절한 수준일까? ••• 188
결과에 과도하게 집착하는 아이 ••• 190
제 방식으로만 하려는 아이 ••• 193
질 줄 모르는 아이 ••• 206
경쟁을 혐오하는 경우 ••• 219
가족도 경쟁자로 느낄 때 ••• 231
* 부모 가이드: 결과에 집착하지 않는 아이로 만드는 방법 ••• 248

5장. 어른들에게 민감하게 반응하는 아이들: 권위에 대처하기

체크 리스트: 우리 아이는 얼마나 어른들을 불편해할까?	••• 254
아이들의 사교술	••• 256
서열 관계를 인지 못하는 아이	••• 259
어른들과 논쟁하는 아이	••• 278
심하게 눈치 보는 아이	••• 301
* 부모 가이드: 어른들과 불편한 관계를 맺지 않도록 도와주는 방법	••• 312

6장. 머리는 좋은데 왜 노력하지 않을까: 동기부여 하기

체크 리스트: 우리 아이는 공부를 얼마나 좋아할까? 동기가 문제이다	••• 316
똑똑한데 공부는 싫어하는 아이	••• 317
공부를 외면하는 이유	••• 320
공부를 지겨워하는 아이 대처법	••• 329
첫째 전략, 능숙도를 개발하기	••• 336
둘째 전략, 자율성을 지원하기	••• 342
셋째 전략, 연관성을 느끼게 하기	••• 346
온 힘을 다하지 않는 아이	••• 349
아이가 노력하도록 격려하는 방법	••• 355
* 부모 가이드: 알아서 먼저 공부하는 아이로 만드는 방법	••• 370

7장. 행복한 아이가 더 똑똑하게 자란다: 성장의 균형 찾기

체크 리스트 : 우리 아이는 행복하게 크고 있을까?	••• 376
지속가능한 행복이 중요한 이유	••• 378
트집만 잡는 아이	••• 382
똑똑해서 더 불행한 아이	••• 397
* 부모 가이드: 아이가 스스로 행복해지도록 도와주는 방법	••• 422

에필로그 아이의 재능을 보호하고, 성장을 자극하는 방법 ••• 430

프롤로그

머리 좋은 우리 아이, 어떻게 키워야 할까?

'잠재력'은 솔깃하지만 위험한 말이다.

당신의 아이가 '대단한 잠재력'을 지녔다고 누가 말해주면 분명 매우 기쁠 것이다. 그 순간 자식이 훌륭한 인물로 자란 모습을 상상하게 될지도 모른다. 당신보다 높은 지위에 오르고 실패나 좌절 없이 승승장구하는 모습을 감탄의 눈으로 지켜보리라고 기대할 것이다.

그런데 한편으로는 걱정스럽기도 할 것이다. 잠재력은 결국 가능성일 뿐, 100퍼센트 장담할 수는 없으니까. 아이가 그 잠재력을 충분히 발휘하지 못한다면 어떻게 될까?

골치 아픈 잠재력

친구들과 주변 사람들, 그리고 '아동의 능력 향상'에 관련된 업체들은 아이가 지닌 잠재력을 충분히 발휘하도록 하려면 우리가 무엇을 해야 하는지 끊임없이 늘어놓는다. 그들은 하나같이 이렇게 외친다.

- 아이가 뱃속에 있을 때부터 모차르트 음악을 들려줘라.
- '뇌 기능을 신장시키는' 분유를 먹여라.
- 대근육을 발달시켜 운동 능력을 키우려면 걸음마 떼기 전부터 체조 교실에 등록해라.
- 수리적 사고 능력을 개발하려면 일찍부터 음악 수업을 받게 해라.
- 늦어도 세 살에는 축구를 시켜라. 더 늦으면 소용없다.
- 언어는 임계기가 지나면 제대로 배울 수 없다. 때맞춰 언어 몰입 교육을 시켜라.
- 한 가지만 잘해서는 부족하다. 다재다능한 인재가 되도록 확실히 뒷바라지해라.

이러한 메시지들은 한결같이 '더 일찍, 더 빨리, 더 많이' 시키라고 압박한다. 그러면서 이런 조언을 듣고서도 실천하지 않는 부모는 제 할 일을 소홀히 하고 아이를 방치하는 것처럼 느끼게 한다.

실제로 아이들은 너무 많은 것을 배우느라 정신없이 바

쁘다. 아이를 그렇게 바쁘게 내모는 것이 국가적으로 문제가 된다는 사실을 다들 알지만, 압박과 경쟁은 전혀 줄어들지 않고 있다. 기계도 때로는 작동을 멈추고 열을 식혀야 하듯이 사람도 때로는 쉬어야 한다는 사실을 알면서도, 부모는 그러다 행여 아이의 잠재력을 충분히 개발해주지 못할까 봐 전전긍긍하기 일쑤다.

그리하여 아이가 지닌 잠재력을 최대한 발휘하게 하겠다는 열망으로 아이의 시험 점수와 우열반 편성과 등급을 주시한다. 그런 것들이 아이의 미래를 보장하는 객관적이고 확실한 잣대라도 되는 양 중요하게 여긴다.

그러다 보니 아이의 등급이 낮으면 안절부절못한다. 아이가 열심히 노력하지 않았을까 봐 걱정하고, 교육과정이 아이에게 도전 의식을 북돋우지 못한 것은 아닐까 의심한다. 그러면 또다시 이런저런 조언이 쏟아진다. "댁의 따님은 1년씩 선행 학습을 시켜주는 온라인 수업을 안 받나요?" 부모는 평소에 아이의 숙제를 도와주고, 시험 때는 밤늦게까지 문제집을 같이 풀고, 보고서 작성을 거들고, 과학 프로젝트를 지도하면서도 더 도와주지 못해 안달한다. 아이가 타고난 잠재력을 제대로 발휘하지 못하는 일이 결코 일어나지 않기를 바라는 것이다.

잠재력을 얘기할 때 우리는 흔히 '가능성'이 아니라 '기대'에 주목하기 쉽다. 아이의 성취를 지원하고 격려하면서 자신도 모르게 아이가 더 많이, 더 높이 성취하기를 기대하고 부추긴다. 아이가 더 열심히 정진하고 알맞은 수업을 듣고 적절한 기회를 얻어 높은 점수를 받아도 만족하지 못한다. 더 잘할 수 있을 거라며 끊임없이 채찍을 휘두른다.

더 큰 성공을 하도록 타고난 재능과 소명으로 바라보는 순간, 잠재력은 우리에게 골치 아픈 짐이 된다. 부모와 아이 모두 성장보다는 성과에 집중하고, 정진하는 것보다는 최고가 되는 것에 집착하며, 수상 실적과 성과물을 가치 척도로 여긴다. 가장 나쁜 점은, 잠재력을 이렇게 일차원적 관점으로 보면 실패를 끔찍이 두려워하게 된다는 것이다.

잠재력을 좁은 의미에서 보면 이렇게 생각하게 된다. 저 높은 곳에 성공이라는 열매가 있는데 아이가 충분히 높이 뛴다면 그 열매를 따 먹을 수 있지만 그에 못 미치면 입맛만 다시게 될 것이다. 하지만 인생이 꼭 그런 식으로만 돌아가지는 않는다. 살다 보면 선택할 것도 많고, 기회도 많고, 길도 아주 많다. 아이가 잠재력을 다 발휘하지 못한다고 떠들어봤자 아무 의미가 없다. 앞으로 어떻게 변할지, 어떤 인물로 자랄지는 아무도 모른다. 아이가 이뤄낼 기적은 그 누구도 예단할 수 없기 때문이다. 발달 경로는 나중에 되돌아봤을 때에만 분명하게 보이는 발견의 여정이며, 그 길이 일직선으로 쭉 뻗은 경우는 거의 없다.

잠재력은 종착점이 아니라 기르고 익혀야 할 역량이다.

(프롤로그)

이 책은 이러한 잠재력을 제대로 이해하기 위한 책이다. 아이의 잠재력을 키운다는 것은, 가장 넓은 의미에서 보면 인간성을 함양한다는 뜻이다. 구체적으로 말해, 타인을 배려하고 공감하는 능력, 자신보다 더 큰 존재의 일원이라고 느끼는 능력, 자신에게 의미 있는 삶을 가꾸면서 기쁨과 만족을 찾는 능력을 기르도록 지원하는 일이다.

재능과 기대 사이에서

'잠재력 발휘'에 대한 우려는 학교생활에서 가장 두드러지게 나타난다. 아이들이 절대적으로 많은 시간을 보내는 곳이 바로 학교이기 때문일 것이다. 학교가 장래 진로와 직결되고, 아이의 학업성적을 끊임없이 평가해 등급으로 매기는 곳이기 때문일지도 모른다.

놀랍게도 수학修學 능력이 가장 뛰어난 아이들과 그 부모들이 성취력을 가장 많이 걱정한다. 이런 아이들은 성취할 수 있는 것, 또는 성취해야 하는 것에 대해 생각도 많이 하고 얘기도 많이 듣는다. 순전히 그 아이들이 지닌 잠재력 때문이다.

똑똑함을 드러내는 방식은 매우 많지만, 이 책에서 말하는 '똑똑한' 아이, '영리한' 아이는 학교에서 당장은 두각을 나타내지 않아도 우수한 학업성적을 거둘 수 있는 아이를 가리킨다. 그 아이들은 그렇게 할 만한 능력이 있기 때문에 잘하라는 압력을 많이 받는다. 때로는 있는 그대로의 모습 대신 자신들이 이뤄낸 수행 결과에 따라 평가받기도 한다.

요즘 아이들은 성취에 대한 건전한 시각을 배양하지 못한다. 이 점은 우리 아이들은 물론이고 지인의 아이들, 그리고 우리가 심리 치료를 하는 아이들에게서 공통적으로 관찰된다. 우리는 똑똑한 아이들이 다음과 같이 행동하는 모습을 수없이 목격했다.

- 힘든 기미만 보여도 포기한다.
- 사소한 실수에도 몹시 괴로워한다.
- 의욕이 없고 최소한의 노력만 들이는 것 같다.
- 학급 친구들과 공동으로 작업하는 것을 견디지 못한다.
- 어른과 쓸데없는 힘겨루기를 한다.
- 또래 친구와 어울리지 못하고 외로워한다.

임상심리학자인 우리는 똑똑하지만 불행한 아이를 많이 만났다. 실은 우리가 상담했던 아이들 가운데 가장 불행하거나 화가 나 있거나 스트레스에 지친 아이들은 바로 학업 능력이 가장 뛰어난 아이들이었다.

요즘 사람들은 강한 인상을 주고 존경받으려고 안달하는 자기도취의 시대에 살고 있다. 안타깝게도 이렇게 외적인 면에 집중함으로써 가장 상처받는 부류가 바로 똑똑한 아이들이다. 그 아이들은 잘할 수 있고, 주변 사람들도 당연히 잘할 거라고 기대한다. 그러다 보니 있는 모습 그대로가 아니라 자신이 이룬 성과가 자신을 대변한다고 믿는다.

영리한 아이들은 심지어 학교 성적만으로 자신을 규정하는 위험에 봉착하기도 한다. 믿고 내세울 것은 똑똑하다는 사실뿐이라고 믿는 것이다.

"나는 똑똑해. 하지만 그게 다야."

그렇기 때문에 영리한 아이들은 쉽게 상처를 받는다. 완벽하게 수행하지 못하거나 자기보다 '더 똑똑한' 아이가 나타나거나 무엇을 배우기가 어렵거나 시련에 부딪히기라도 하면, 자신이 무능하고 심지어 아무 가치도 없다고 생각한다. 사소한 비판에도 상처를 받거나 분노를 느낀다. 칭찬은 그저 친밀감의 냉정한 대체물일 뿐이므로 승리의 순간에도 공허하기는 마찬가지다. 아이들이 이렇게 자신의 가치를 학업성적만으로 평가하게 되면, 자아상이 왜곡되고 타인과 관계를 맺는 능력 또한 제대로 기능하지 못한다.

이 문제를 해결하려면, 아이가 능력뿐만 아니라 인간성까지 포괄해 넓은 관점에서 자신을 규정하도록 도와야 한다. 그렇다고 평범한 사람으로 만족하게 하거나 뭐든 잘하는 '슈퍼키즈'를 창조하라는 말이 아니다. 아이가 열정을 발견하고, 다양한 관계를 맺고, 부단히 노력하며, 진정으로 행복한 인생을 살아가는 데 필요한 토대를 다지도록 도와주라는 것이다.

우리는 아이의 내적 강점을 개발하는 데 관심이 있는 부모에게 명쾌하고도 위로가 될 만한 이야기를 들려주고 싶어서 이 책을 썼다. 동정심, 균형감, 투지와 같은 자질은 강한 인상을 주지 않는다. 이런 자질을 개발했다고 해서 대단한 자격증을 딸 수 있는 것도 아니다. 하지만 인생을 제대로 살아가는 데에는 이런 자질들이 반드시 필요하다.

아이는 모두 성장이라는 도전에 직면하지만, 똑똑한 아이들은 성과에 대한 과도한 우려 때문에 '정상적인' 발달과제를 간과하거나 복잡하게 만들기도 한다. 이 책은 다음과 같은 일곱 가지 핵심 도전을 다룬다.

1. 완벽주의 누그러뜨리기
2. 관계 맺기
3. 예민한 성격 다스리기
4. 협동심과 경쟁심 조절하기
5. 권위자 상대하기
6. 동기부여 하기
7. 재미 찾기

이 일곱 가지가 바로 아이가 힘써 개발하고 부모가 관

심을 가져야 할 핵심 쟁점이다. 각 주제는 자기가 누구인지, 타인과 어떠한 관계를 맺는지, 그리고 성과가 자기에게 무엇을 의미하는지 알아내도록 돕는다. 하나같이 굉장히 개인적인 반응을 요하는 복잡한 쟁점이지만, 여기에는 아이가 제대로 길을 찾아가도록 도와줄 방법이 확실히 담겨 있다.

이 책에 기술된 사례와 전략은 주로 일곱 살에서 열세 살 아이에게 초점이 맞춰져 있다. 이 연령대는 학업에 대한 압박이 시작되기는 하지만 아직까지는 강도가 그다지 세지 않을 때다. 이 시기에는 아이의 대처 능력이 극적으로 발달할 수 있다. 아이들은 지적으로 급격하게 성장하면서 논리적으로 추론하고 인과관계를 이해하며 문제를 해결하는 능력을 개발한다.

초등학교에 다니는 동안 점차 정체성이 뚜렷해지고 사람들이 자기와 다르게 생각하고 느끼고 원한다는 것을 알게 되면서 아이들은 자기중심적인 행동을 덜 하게 된다. 또한 또래 친구들과 자신을 비교하고 자신의 상대적 능력을 판단하기 시작한다. 요컨대, 이 시기의 아이들은 사회적 대처 능력과 감정적 대처 능력을 확장할 준비가 되어 있고, 또 확장할 수 있으며, 그러면서도 아직은 부모의 지도를 따를 만큼 어리다. 이렇게 학령기 초기에 단계적으로 대처 능력을 길러준다면, 아이들은 중·고등학교를 거쳐 어른으로 자라는 동안 직면할 스트레스에 대처할 준비를 갖추게 될 것이다.

똑똑한 부모들의 어리석음

'똑똑한 자식을 두었다면 분명 당신도 상당히 똑똑한 사람일 것이다.'

이 말은 당신도 한때는 우리가 다루는 문제로 상당히 고심했을 것이라는 뜻이다. 어쩌면 아직도 그런 문제로 씨름하고 있을지도 모른다. 이 책은 당신의 아이를 지원하는 문제를 다루고 있지만, 당신 자신의 경험을 되돌아볼 기회도 제공한다. 당신은 어렸을 때 부모나 교사에게서 성취에 대해 어떤 메시지를 받았는가? 다양한 요구를 효과적으로 처리하기 위해 당신이 터득한 방법은 무엇인가? 당신보다 못한 사람들과 어떻게 관계를 맺는가? 당신보다 뛰어난 사람들과는 어떠한가? 실수를 저지르거나 일이 뜻대로 되지 않을 때 어떻게 대처하는가? 무엇이 당신에게 만족감을 안겨주는가?

우리가 다루는 주제는 여덟 살 나이에 처리하면 끝나는 문제가 아니라 평생 직면해야 할 도전이다. 우리는 이런 주제가 어른의 삶에서는 어떻게 펼쳐지는지, 부모가 자신의 삶에서 이런 문제를 처리하기 위해, 또는 아이에게 효과적인 대처 방법의 본을 보이기 위해 무엇을 할 수 있는지 알려줄 것이다.

이 책을 제대로 활용할 수도 있고 엉뚱하게 활용할 수도 있다. 이 책을 잘못 활용하는 방법은, 당신의 아이를 고치거나 향상시키는 데 필요한 번거로운 일거리로 간주하거나 좋은 부모가 되기 위해 지금 하는 온갖 일거리에 덧붙여서 수행해야 할 부담으로 바라보는 것이다. 이 책을 제대로 활용하는 방법은, 행복하고 건강하고 생산적이고 상냥한 아이로 키우기 위해 지금 들이는 노력을 지원해줄 지략으로 삼는 것이다. 우리가 제시하는 전략을 확실한 처방전이 아니라 가능한 방법 중 하나로 간주하고 당신에게 적합한 전략만 활용해라. 세상에 똑같은 아이는 하나도 없다. 당신의 아이와 가족을 당신보다 잘 아는 사람은 아무도 없다.

육아를 장기적인 관점에서 바라보는 것도 중요하다. 인지적 발달과 정서적 발달을 재촉한다고 해서 아이가 더 빨리 자라지는 않는다. 아이는 그저 자기 나름의 발달 속도에 맞춰 자란다. 부모의 역할은 그러한 성장 과정을 지원하는 것이지 강요하는 것이 아니다.

육아에는 섬세한 균형감이 필요하다. 우리는 지금 이 순간에 아이를 소중히 돌보면서 동시에 아이가 앞으로 나아가도록 지원해야 한다. 두 역할을 균형 있게 실천하려면 똑똑한 육아의 핵심 요소 네 가지가 필요하다.

1. 아이의 눈을 통해서 세상을 바라보는 공감 능력
2. 적절한 한계를 설정할 자신감
3. 아이에게서 고개를 돌리기보다는 더 자주 바라보려는 책임감

4. 자라고 배우는 아이의 능력에 대한 신뢰감

이 네 가지 요소가 이 책의 바탕이다.

시험 점수와 등급은 학업 성과에 대한 확실한 예측 변수이기는 하지만, 아이가 행복하고 생산적이고 성취감을 느끼는 어른으로 자라는 데에는 성적이 전부가 아니다. 아이가 세상을 살아갈 토대로 삼을 사회성과 감성을 개발하려면 현명하고 다정한 가르침이 필요하다. 아이는 열정을 좇고, 어려움을 극복하고, 타인과 관계를 맺고, 인생의 목표를 달성하는 데 필요한 내적 도구를 개발해야 한다.

— 1장

완벽하지 않아도 괜찮아

: 완벽주의 누그러뜨리기

* Check List *
"우리 아이도 완벽주의 성향을 가지고 있을까?"

- ☐ 사소한 실수에도 조바심치고 걱정하는가?
- ☐ 제대로 한 99가지보다 잘못한 한 가지에 집중하는가?
- ☐ 자기 자신을 가장 혹독하게 비판하는가?
- ☐ 어떤 활동을 '잘하는지' 여부를 성급하게 판단하고 즉석에서 할지 말지 결정하는가?
- ☐ 실수를 저지르고 나서 "난 너무 멍청해"라고 한탄하는가?
- ☐ 잘못한 일에 변명을 일삼고 다른 사람을 비난하는 경향이 있는가?
- ☐ 어떤 기술이나 활동을 쉽게 익히지 못하면 울어버리거나 화를 내는가?
- ☐ '할 일이 너무 많아서' 잠자거나 쉬거나 놀 시간을 포기하는가?
- ☐ 중요한 과제를 뒤로 미루는가?
- ☐ 상황을 받아들이거나 과제를 끝내는 데 어려움을 겪는가?

뛰어난 아이들이 오히려 완벽주의의 덫에 빠지기 쉽다. 그런 아이들은 대단히 잘할 수 있기 때문에 모든 것을 완벽하게 해내야 한다고 믿는다. 그동안 뛰어나게 해왔으니 언제나 최고 수준을 충족하거나 더 능가해야 한다고 단정한다. 그들의 자긍심은 선적으로 거기에 달려 있다.

완벽주의가 표면적으로는 일과 관련된 문제 같지만 실제로는 관계와 관련된 문제다. 완벽주의적인 아이나 어른은 가혹할 정도로 비판적인 관객이 바라보는 무대 위에서 살아간다고 느낀다. 뛰어난 능력에서 비롯된 외부의 기대는 불굴의 내적 요구로 왜곡되고 뒤틀린다. 그 기대에 못 미치면, 완벽주의적인 아이는 분노하거나 울음을 터뜨리거나 남을 비난하거나 속으로 움츠러든다. 이러한 반응을 부채질하는 것은 그 밑바닥에 깔려 있는 쓸모없다는 느낌이다. 완벽주의자는 자신의 가치가 자기 자신에게 있지 않고 자기가 행하는 것에 있다고 믿는다. 사랑은 애써 얻어야 하고, 매사 완벽하게 해야만 그 사랑을 얻을 수 있다고 믿는 것이다.

완벽주의를 단지 '좋은 것도 지나치면 해가 된다'는 정도로 봐야 할지, 건전한 야망이나 잘하고 싶은 욕구와 완전히 별개의 문제로 봐야 할지 연구자들도 의견이 분분하다. 좋게 보면 기준이 높으면 당연히 더 잘하게 된다고 여길 수 있다. 그러나 다른 한편으로 완벽주의는 우울증, 자살 충동, 불안감, 약물 남용, 식이 장애 등 다양한 신체 증상과 관련된다는 연구 결과가 많다. 어느 쪽일지 결정하는 잣대는, 기대와 자기평가 사이의 부조화에 있다. 뛰어나게 잘해야 한다고 믿는 동시에 잘할 수 없다고 생각하거나 잘하지 못한 경우, 아이는 스스로에게 실망하고 속상해서 무기력하게 움츠러들거나 기대에 부합하려고 필사적으로 노력하게 된다.

그동안 우리가 한 임상 경험을 놓고 볼 때, 건전한 노력과 불건전한 완벽주의 사이에는 흐릿하지만 중요한 경계선이 확실히 있다. 이 차이는 정서적 차원에서 가장 쉽게 확인할 수 있다. 건전한 노력은 희망적이고 열중하고 낙관적이고 열정적이고 즐겁다. 물론 이때도 노력은 해야 한다. 다만 그 노력은 만족스럽고 자발적으로 선택한 것이며, 달성 가능한 목표를 추구한다. 반면에 완벽주의는 굴욕감과 실패에 대한 두려움에서 비롯된다. 자발적으로 선택해서 노력하는 것이 아니라 억지로 강요되고 부과되었다고 느낀다. 무엇보다도 끝이 없다는 것이 괴롭다. 목표는 움직이는 과녁처럼 계속 바뀌고, 아무리 잘해도 더 잘하지 못했다는 아쉬움이 남는다. 누가 봐도 대단히 잘하는 것 같은데, 완벽주의적인 아이는 자신이 세운 불가능한 기대치를 달성하려고 고군분투하면서 자신을 비하하고 질책한다. 이 장에서는 바로 이런 불건전한 형태의 완벽주의를 살펴볼 것이다.

가혹할 정도로 엄격한 완벽주의 때문에 곤란을 겪으면서도 사람들은 거기에 매달린다. 아이에게 완벽주의적인 성향이 있다면 누그러뜨리기가 쉽지 않을 것이다. 비현실적으로 높은 기준은 내려놓는 것이 합당해 보이지만 완벽주의자들은 그런 말에 펄쩍 뛴다. 그들은 개인적인 희생이 따르더라도 완벽하게 수행하려고 노력하는 데에서 통제력을 느낀다. 목표지를 조금이라도 낮추면, 숨기고 싶은 부족한 면이 드러날까 봐 두려워한다. 또한 앞으로는 아무것도 이루지 못할 것 같고, 웃음거리가 되거나 기대하는 사람들을 실망시킬 것 같아 두려워한다.

그들은 주로 등급과 각종 대회, 또래와의 경쟁, 교사와 부모의 직접적인 요구나 무언의 기대 때문에 죽기 살기로 매달린다. 똑똑한 아이들은 흔히 완벽하게 수행한 결과에 대해 칭찬받고 인정받는다. 반면에 "너는 합리적인 한계를 정해서 무리하지 않고 수행했어. 정말 훌륭하구나!"라는 말을 듣는 일은 거의 없다.

때로는 수행 압력이 내부에서 비롯되기도 한다. 영리한 아이들은 보통 완벽함을 추구하고 성취하는 일을 대단하게 생각해 완벽주의적인 자기 자신을 자랑스러워한다. 반대로 완벽하게 해내지 못하면 치욕스럽게 생각한다. 실수는 역량 부족이요, 통제력 상실의 두려운 징조다. 완벽하게 수행하려고 애쓰는 과정에서 느끼는 고통은 필수 불가결한 것이라 여긴다. 그들은 완벽주의가 바람직한 것이며 성공하는 유일한 길이라고 확신한다.

하지만 완벽주의는 성과를 높이는 것이 아니라 오히려 낮추거나 방해한다. 과감하게 착수하지 못하고 질질 끌면서 미루다 보니 일을 시작하거나 진행하거나 완성하는 것이 더 어려워지기 때문이다. 일을 실행하지 못하고 전전긍긍하면서 힘을 빼거나, 사소한 데 지나치게 신경 쓰다 일이 틀어지기도 한다. 게다가 완벽주의는 창의성을 죽인다. 수행 성과를 지나치게 염려하고 실제 관객이나 가상의 관객이 보일 반응에 초조해할 경우, 아이들은 새로운 접근 방법을 자유롭게 고안하거나 발견하거나 시도하지 못한다.

똑똑한 아이들이 능력을 최대한 발휘하려면 높은 기준을 채택하되 엄격한 완벽주의를 넘어서야 한다. 완벽주의를 고집하지 않고서도 수행하고 성취할 수 있다는 사실을 알아야 한다. 자기 자신을 불쌍히 여길 줄 알아야 하고, 남보다 뛰어나야만 인정받고 사랑받을 것이라는 생각을 버려야 한다.

실수에 집착하는 아이

잘못한 일에 집착하는 마이클

"망쳤어! 완전히 망쳤어!"

마이클은 부모 옆에 앉아서 계속 이렇게 중얼거렸다. 피아노 연주회 프로그램이 적힌 안내장을 마구 구겼지만 실은 갈기갈기 찢어버리고 싶은 심정이었다.

"마이클, 너는 아주 훌륭하게 연주했어." 엄마가 힘주어 말했다.

"아니에요, 2악장의 도입부를 망쳤어요." 마이클은 억지로 울음을 삼키면서 반박했다.

"아무도 그걸 눈치채지 못했어. 너도 우레 같은 박수 소리를 들었잖아!"

"그 사람들은 그게 일이니까요. 다른 애들한테도 똑같이 쳐댔잖아요." 마이클은 비참한 목소리로 따졌다. "다들 속으로는 나를 불쌍하게 볼 거예요. 난 피아노에 소질이 없어요. 이 멍청한 연주회를 위해 지난 몇 주 동안 그렇게 연습했는데 완전히 망쳐버렸어요. 죽을 때까지 다시는 피아노 연주를 안 할 거예요. 그냥 지금 집에 가면 안 돼요?"

마이클은 공연을 마치고 나서 자기가 저지른 실수만 떠

올린다. 그 실수 때문에 다른 것은 안중에도 없다. 또한 다른 사람들도 그 점만 기억할 거라고 확신하고 있어 엄마가 아무리 칭찬해줘도 소용없다.

마이클의 사례는 악기 연주와 관련된 이야기지만, 이런 식으로 잘못에만 집중하는 일은 학업이나 운동경기, 심지어 사교 활동에서도 흔히 벌어진다. 완벽주의적인 아이는 끊임없이 자신의 행동을 가혹하게 비판한다.

실수 확대하기

억지로 다그치면 마이클도 피아노 연주회에서 자기 혼자만 실수를 저지른 게 아니라는 사실을 인정할 것이다. 하지만 다른 아이들의 실수는 그럴 수 있다고 넘기면서도 자신의 실수는 용서할 수 없다고 생각한다. 피아니스트로서 자신의 자질을 의심하고 역량이 부족하다는 증거로 본다. 관객의 동정과 경멸을 상상하면서 움츠러들고 얼른 도망가고 싶어 한다. 마이클의 입장에서 실수에 대한 유일하고도 적절한 반응은 사람들에게서 도망쳐 혼자 있는 것이다. 마이클 같은 완벽주의자들은 아무리 사소한 실수도 그냥 넘기지 못한다. 다른 사람들은 대수롭지 않게 넘기거나 어쩌면 눈치채지도 못한 실수조차 그들에겐 지독한 탄식을 불러일으킨다.

"난 그걸 절대 하지 말았어야 해. 난 아무것도 못 해."

미끄러운 비탈길 이론

미국의 텔레비전 애니메이션 시리즈 〈사우스 파크South Park〉의 공동 제작자인 맷 스톤Matt Stone은 이렇게 말했다.

6학년 때 수학 영재반에 들어가는 시험을 치르던 일이 기억납니다. 다들 그러더군요. "이 시험을 망치면 안 돼. 이 시험을 망치면 7학년 때 수학 영재반에 못 들어가. 7학년 때 수학 영재반에 못 들어가면 8학년 때도 못 들어가고 9학년 때도 못 들어가. 그리고 10학년 때도, 11학년 때도 마찬가지야. 그러면 결국 너는 비참하고 외롭게 죽을 거야."

터무니없는 이야기로 들리지만 완벽주의자들이 딱 이렇다. 그들은 지금 저지른 사소한 실수 때문에 앞으로 성공하고 행복해질 기회가 물거품처럼 사라질까 봐 걱정한다.

아이들은 원래 멀리 내다보지 못한다. 아무리 똑똑해도 넓은 맥락에서 사건을 이해할 만큼 세상을 충분히 겪어보지 않았다. 경험이 부족하기 때문에 '길에서 한 발짝만 벗어나도 끝장'이라며 두려워한다.

물론 학교 공부를 잘하는 것은 중요하다. 하지만 잘하라는 게 항상 완벽하게 수행하라는 뜻은 아니다. 성인기의 성공을 예측할 때, 등급과 시험 점수만이 전부가 아니라는 사실은 이미 여러 연구에서 밝혀졌다. 어른의 업무 수행이 객관식 시험을 잘 치르는 것과 하등 관계가 없기 때문일 것이다. 그보다는 문제를 해결하고, 급변하는 환경에 대처하며, 비판적으로 생각하고, 효과적으로 의사소통하고, 신뢰감을 주고, 고객·동료·상사와 잘 어울리는 것과 관계가 있다. 아이가 학교와 인생에서 배워야 할 진짜 공부가 바로 그런 것이다. 당신 아들이 4학년 때 수학 시험을 망쳤다고 나중에 실패한 인생을 살게 될 운명은 결코 아닌 것이다. 아이들은 끊임없이 자라고 배우고 발전한다.

우리가 아이에게 줄 수 있는 가장 귀중한 선물은 어려움을 극복하고 더 힘차게 나아갈 수 있다는 믿음이다. 아이의 미래를 믿자. 도중에 걸림돌에 걸려 비틀거리고 넘어져도 끝까지 믿어주면, 아이는 자기에게 맞는 길을 찾아갈 것이다.

마이클 같은 아이들은 내면에서 나오는 비판의 목소리를 누그러뜨리는 방법을 배워야 한다. 그래야 꾸짖는 목소리가 아니라 진취적으로 격려하는 목소리를 낼 수 있다. 걱정이나 실망을 다스리고 상황을 여유 있게 다면적으로 바라보는 능력을 개발해야 한다. 이런 아이들을 도울 수 있는 아이디어를 몇 가지 살펴보자.

아이의 감정을 반영하되 그 수위를 낮춘다

똑똑한 아이가 "완전히 망쳤어"라고 확신할 때, 다정한 부모는 본능적으로 아이를 안심시키려고 한다. 하지만 우리가 "아니, 넌 절대 멍청하지 않아. 어떻게 그런 말을 할 수 있니? 너도 그게 사실이 아니란 걸 알잖아!"라고 주장하면 할수록 아이는 더욱더 그렇다고 우긴다.

아이를 다루는 기본 원칙은 우선 아이가 처한 상황에 공감하는 것이다. 아이가 좌절하고 속상해할 때는 먼저 그 기분을 인정해주고, 차차 그 상황을 이겨내도록 도와줘야 한다. 그렇다고 "그래, 네 인생은 정말로 끝났어!"라는 충격적인 말로 동의하라는 것은 아니다. 좋은 말로 아이의 기분을 다독여주라는 뜻이다.

아이가 느끼는 감정과 상황을 간단히 요약한 뒤 아이의 바람이나 두려움을 설명하고 아이에 대한 애정을 표현해보자. 목표는 아이의 실제 감정을 그대로 반영하면서 그 반응 수위를 덜 극단적인 방향으로 낮추는 것이다. 다음 표에 구체적인 대응 사례가 실려 있다.

아이의 발언에 대한 구체적 대응 사례	
아이의 발언	부모의 대응
"완전히 망쳐버렸어!"	"네가 바라던 만큼 잘해내지 못했구나."
"난 정말 바보, 멍청이야!"	"실수한 것 때문에 무척 속상하구나."
"난 형편없어!"	"실망이 크겠구나."
"내 인생은 끝장이야!"	"오늘 정말 힘든 하루를 보냈구나."
"다시는 사람들 앞에 얼굴 들고 못 다닐 거야!"	"사람들 반응이 걱정되는가 보구나."
"난 망했어!"	"내가 좀 안아줄까?"

이렇게 아이의 감정을 반영하되 그 수위를 낮춰주면 아이가 감정을 다스리는 데 도움이 된다. 아이들은 감정적으로 흥분하면 옆에서 아무리 좋은 충고를 해줘도 소용없다. 그러니 안심시키는 말이나 제안은 나중으로 미루자. 아이가 마음을 가라앉힐 때까지 그냥 들어주고 계속 반영하는 것이 좋다.

충고하고 싶은 유혹을 물리친다

부모들은 으레 자신이 지닌 지혜를 자식에게 나눠주고 싶어 한다. 안타깝게도 자식들은 서른 살이 되어서도 부모의 이런 속뜻을 잘 모른다. 부모가 지식과 경험에서 우러나온 조언을 해주고 싶어도 자식은 그런 유익한 충고를 잔소리로 생각하고 거부하려 든다. 성과가 기대에 못 미쳐 실망스러운 상황에서는 더욱 그렇다.

일반적으로 가르치고 지도하는 일은 아이의 교사와 코치에게 맡기는 것이 상책이다. 부모가 아닌 다른 사람이 하는 비판은 심리적으로 덜 거슬린다. 연구에 따르면, 잘하기를 바라는 마음에서 부모가 높은 기대치를 품고 있다는 사실을 인지하고 있는 아이는 학교 성적이 더 좋고 더 행복하다고 한다. 그런데 부모가 자식이 못하는 것을 늘 지적하면 아이는 오히려 불안해하고 우울증에 시달리며, 학교 성적도 떨어진다고 한다. 부모의 기대에 부응하지 못한다는 생각에 괴롭기 때문이다.

그런데 아이가 자신의 수행에 대해 피드백을 달라고 요청하면 어떻게 해야 할까? 그럴 때는 그냥 아무 대답도 하지 않는 게 좋다. 어떤 말을 해줘도 부모에게 승산이 없는 상황이다. 좋은 말을 하면, 완벽주의 아이는 그 말을 무시할 것이다. 나쁜 말을 하면, 상처를 받을 것이다. 그러니 그냥 꼭 안아주고 그 질문을 되받아넘긴다.

"네가 말해보렴. 제일 마음에 드는 부분은 무엇이었니?"

이때 아이의 평가에 왈가왈부하며 공연히 논쟁에 말려들지 않도록 주의한다. 앞에서 언급한 대로 아이의 감정을 그대로 반영하거나 관심은 보이면서도 "음, 그렇구나"라는 식으로 모호하게 반응한다. 굳이 무슨 말을 해야 한다면, 과정을 격려하는 말이나 애정이 담긴 말을 해준다.

"네가 연습하는 동안 즐거워 보였어."

"네가 정말로 집중해서 한다는 걸 알 수 있었어."

"넌 정말 열심히 노력했어."

"나는 네 연주를 듣는 것이(혹은 네 연기를 보는 것이) 항상 즐겁단다."

특히 아이가 애쓰는 분야가 부모의 전문 분야인 경우, 충고를 해주고 싶은 유혹이 더 강하게 일어난다. 겉으로 드러내지 않더라도 아이들은 부모가 잘하는 분야를 수행할 때 은근히 비교하고, 심지어 경쟁하기도 한다. 아이들은 부모가 이룬 성과만큼 해낼 수 있을지 궁금해한다. 부모가 이룬 뛰어난 성과에 미치지 못하면, 객관적으로 봤을 때 뛰어난 성과를 거뒀다 해도 자기는 보잘것없는 사람이라고 느낀다. 부모는 자식이 자기보다 더 잘하기를 바란다. 부모가 자신의 성과에 실망을 느낀다면, 자신의 좌절된 꿈을 이루려고 의식적으로나 무의식적으로 자식을 더 닦달할 위험이 있다.

부모 자식 간의 공통된 관심사는 유대를 강화하는 토대가 되기도 하는데, 이때 반드시 부모가 심판관이나 비평가 역할을 내려놓아야 한다. 공연이나 시험이 끝난 직후에는 절대 충고하지 않도록 한다. 아이들은 그런 지적에 쉽사리 상처받는다. 자신의 수행 기준을 잣대로 비판하지 말고 흥미와 관심을 보여주는 데 집중한다. 굳이 조언할 생각이라면 편한 분위기에서 가볍게 언급한다.

"나는 전에 이렇게 했더니 도움이 됐어."

"다음에는 이렇게 해보면 어떨까?"

조언할 때는 아이의 감정적인 대응을 예의 주시한다. 아이가 관심을 보이고 용기를 얻는 것 같으면, 그 조언이 효과가 있는 것이다. 그런데 아이가 기분이 상한 것 같으면, 그냥 이런 식으로 말하고 물러난다.

"잠시 쉬자."

"선생님께 그 점에 대해 물어보지 않을래?"

무엇을 잘했는지 파악한다

완벽주의적인 아이는 흑백논리로 생각하는 경향이 있다. 완벽하거나 실패하거나 둘 중 하나다. 아이에게 부분적인 성공을 받아들이도록 가르치면, 완벽하지 못했을 때 느끼는 쓰라린 아픔을 덜어줄 수 있다.

아이에게 완벽하게 수행하는 데 필요한 자질을 말해보라고 하자. 예를 들어 악기를 훌륭하게 연주하려면 다음과 같은 자질이 필요할 것이다.

- 무대에 올라갈 용기
- 실수 없이 악보대로 연주하기

- 중간에 멈추지 않고 끝까지 연주하기
- 멜로디를 정확하게 연주하기
- 멜로디를 강조하기 위해 음량이나 음조에 변화 주기
- 다른 연주자들과 조화를 이루기
- 감정적인 느낌을 전달하기

멋진 글을 쓰려면 다음과 같은 자질이 필요할 것이다.

- 정확한 철자
- 올바른 문법
- 명확한 구성
- 적절한 접속사 사용
- 정확하거나 흥미로운 단어 선택
- 설득력 있는 주장
- 자연스럽고 재미있는 표현

목표는 아이가 다각도로 자신의 수행을 바라보도록 다양한 기준을 제시하는 것이다. 이때 한두 가지 어려운 점을 포함하되 대체로 잘하는 것을 기준으로 제시하는 '꼼수'를 써야 한다. 아이에게 이렇게 말한다.

"실수를 인정하고 고치는 것은 수행력을 개선하는 데 확실히 중요해. 하지만 잘하는 것을 인정하는 것도 똑같이 중요하단다. 너는 네가 잘한 것을 인정할 줄 알아야 해. 그래야 앞으로도 계속 그 부분을 잘할 수 있어."

다른 사람을 탓하는 아이

비난을 모면하려고 하는 크리스틴

"우리 수학 선생님은 완전 멍청이야!"

크리스틴이 책가방을 내던지면서 소리쳤다.

"어떻게 그런 사람한테 가르치게 하는지 모르겠어! 그 선생님보다 더 멍청한 사람은 세상에 없을 거야. 목소리도 듣기 싫어. 우리를 유치원생 취급한다니까. 얼마나 지루한지 말도 못 해. 옷은 꼭 비행기 승무원처럼 입고 엉덩이는 하마 같아."

"오늘 수학 시간에 무슨 일 있었니?" 엄마가 조심스레 물었다.

"워너 선생님은 정말 멍청이예요! 수업 중에 전혀 다루지 않았던 문제만 시험에 냈다니까요. 정말 말도 안 돼!"

"음, 시험을 얼마나 망쳤는데?"

"완전히 망쳤죠. 여태까지 본 시험 중에서 최악이에요. 말하고 싶지도 않아요."

"재시험을 봐야 할 정도니?"

"거의 그런 수준이죠!"

"몇 점인데?"

"말하고 싶지 않다고 했잖아요!"

"크리스틴, 시험지 이리 줘봐."

"알았어요. 하지만 보여드리고 나서 태워버릴 거예요."

"B 등급이네! 이 정도면 잘했잖아?"

"그렇죠. 멍청한 애들한테는 B도 잘한 거겠죠. 정말 말도 안 돼! 완전 불공정해!"

크리스틴은 울음을 터뜨리며 방으로 뛰어 들어갔다.

크리스틴은 선생님에 대해 불평을 쏟아내고 시험이 불공정하다며 한탄한다. B 등급을 받은 낭패감을 감추려고 소란을 피우는 것이다.

실수를 덮기 위해 타인을 비난할 때

첫 번째 이야기의 마이클처럼 크리스틴도 실수를 참지 못한다. 그런데 자책하거나 위축되는 것이 아니라 남을 탓하고 맹렬히 비난한다. 크리스틴이 화를 내고 방어적으로 비난하는 것은 자기 자신에게 느끼는 언짢은 기분을 감추려는 일시적인 시도다.

크리스틴의 엄마가 직면한 도전은 딸의 분노에 휘말리지 않는 것이다. 딸은 지금 싸울 상대를 찾고 있다. 엄마는 눈에는 눈 이에는 이로 맞서고 싶겠지만, 이를 악물고 참아야 한다. 지금은 크리스틴의 무례한 발언이나 자기 잘못을 남의 탓으로 돌리려는 고약한 버릇을 훈계할 타이밍이 아니다. 딸은 독설을 내뱉으면서 좌절과 실망감을 분출할 타깃을 찾고 있다. 엄마가 지금 그런 무례한 태도를 지적하려고 한다면, 아이는 자신의 곤란을 엄마 탓으로 돌리는 식으로 대응할 것이다. 아이는 마음이 가라앉을 때까지 상황을 명쾌하게 생각할 수도, 상황에 바람직한 방식으로 대응할 수도 없다.

싸움에 휘말리지 않기

크리스틴의 엄마가 행여 그 교사와 상황이 부당하다고 분노하며 딸에게 동조한다 해도 이 역시 역효과를 가져올 것이다. 그런 대응은 일핏 딸에게 힘을 실어주는 것 같지만 오히려 더 해를 입힌다. 자신의 변명을 인정하고 자기 행동에 책임질 기회를 빼앗기 때문이다.

시험에 대한 크리스틴의 불만에 어느 정도 타당성이 있기는 하지만, 엄마가 교사에게 전화해 딸의 등급을 바꿔달라고 요구한다면 크나큰 실수를 저지르는 것이다. 등급에 대해 불만을 터뜨리는 것은 무례하고 거슬리는 행동으로 여겨져, 당연히 교사의 반감을 살 것이다. 또한 불만스러운 성과에 대한 책임을 당사자가 아닌 제삼자에게 전가하게 된다. 핵심에서 완전히 벗어나는 꼴이다. 장기적인 관점에서 볼 때, 크리스틴이 이번 시험에서 B 학점을 받은 것은 크게 중요하지 않지만, 실망에 효과적으로 대처하는 능력을 키우는 것은 인생을 살아가는 데 매우 중요하다. 아무 때나 아이 편을 들어주지 말고, 아이 능력으로는 다루기 힘든 심각한 문제나 지속적으로 불거지는 사안에 대해서만 지원사격을 해야 한다.

엄마는 딸의 잘못에 반응할 때도 신중해야 한다. 아이의 실수에 거칠게 대응하면 완벽주의에 기름을 끼얹은 격이다. 똑똑한 아이들은 부모의 가혹한 비난을 피하기 위해 일부러 감정을 폭발시키기도 한다. 자기가 속상해하면 부모가 야단치거나 벌주지 못할 거라고 생각하거나 부모의 실망과 분노가 자신이 아닌 교사에게로 향할 거라고 기대하기 때문이다.

크리스틴 같은 아이들은 분노 뒤에 감춰진 상처와 실망감을 이겨내도록 배워야 한다. 또한 좌절에 적응하고 대처할 수 있는 방법을 개발해야 한다. 실수는 고칠 수 있다는 생각을 심어줄 방법을 몇 가지 살펴보자.

학습 구역을 강조한다

"실수도 배움의 일부란다."

사람들은 이런 말을 자주 하지만 똑똑한 아이들은 대개 이 말을 믿지 않는다. 완벽주의적인 아이들은 실수는 어떻게 해서든 피해야 한다고 확신한다. 그들이 학습 과정을 좀 더 잘 이해하도록 돕는다면, 실수에 대한 불안감과 두려움을 덜어줄 수 있을 것이다. 아이에게 다음의 그림을 보여주고 설명해보자.

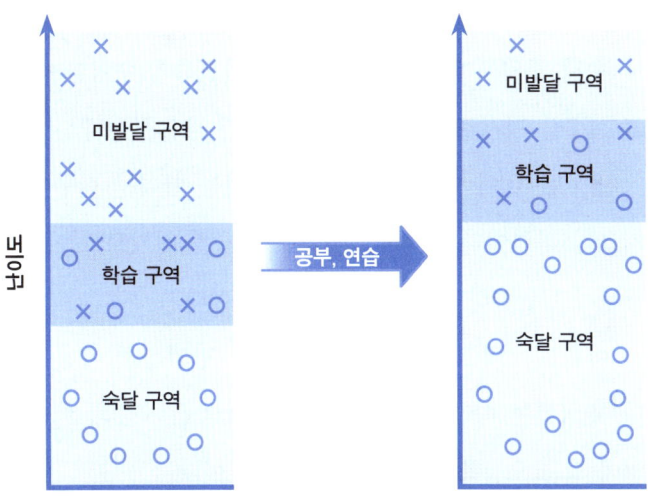

학습 과정: 안전한 숙달 구역에만 머무르면 안 된다.
용기를 내어 학습 구역에서 노력해야 한다.

"이건 네가 어떻게 학습하는지 보여주는 그림이야."

수직 화살표는 난이도를 나타내는데, 위로 올라갈수록 어려운 문제를 뜻한다. 왼쪽 그림은 출발점을 나타낸다. 동그라미(○)만 있는 하단의 직사각형은 숙달 구역mastery zone이다. 아이가 잘 알고 항상 알아맞히는 내용이다. 가위표(×)만 있는 상단의 직사각형은 미발달 구역undeveloped zone이다. 너무 어려운 내용이어서 아이가 아직 수행할 능력을 개발하지 못한 과제다. 그림에서 가장 중요한 부분은 중앙에 있는 직사각형, 즉 학습 구역learning zone이다. 여기에는 정답과 오답을 나타내는 동그라미와 가위표가 함께 들어 있다. 이 수준에서는 아이가 과제의 일부는 해내고 일부는 해내지 못한다.

숙달 구역에만 집착하는 아이는 안전하게 수행할 수 있고 실수를 저지르지 않지만 동시에 배우지도 못한다.

용기를 내어 학습 구역에서 노력하는 아이는 실수를 저지르기 마련이다. 하지만 괜찮다. 실수를 저지르기는 해도 공부하고 연습하면서 배워나가기 때문이다.

아이는 가위표를 동그라미로 바꿀 방법을 알아낼 것이다. 결국에는 숙달 구역을 확장하고 더 높은 수준의 학습 구역이 있는 오른쪽 그림으로 옮겨 갈 것이다.

아이에게 이렇게 말하면 된다.

"배우려면 용기를 내서 실수도 저질러봐야 해."

아이가 가위표로 가득한 시험지를 가지고 집에 오면 다음과 같이 말한다.

"넌 지금 학습 구역에 있는 것 같아. 실수를 고칠 방법은 알아냈니?"

완성한 과제는 고쳐주지 않는다

똑똑한 아이들의 부모는 대개 매우 성실하다. 좋은 부모가 되려고 많은 시간과 노력을 투자한다. 아이가 성공하도록 돕기 위해 할 수 있는 모든 일을 하고자 한다. 그런데 때로는 부모가 할 수 있는 최선의 일이 한 걸음 뒤로 물러나는 것이기도 하다.

아이가 완성한 과제를 고쳐주지 마라. 이런 조언을 기대하지 않았다고? 게다가 이 말은 부모 대부분이 하는 방식과 상반되는 조언이다. 하지만 우리는 이것이 아이에게 장기적으로 이익이 되도록 당신이 할 수 있는 가장 중요한 일이라고 생각한다.

밤마다 아이의 학교 숙제에 적극적으로 개입하는 부모, 그리고 아이가 과제를 제출하기 전에 일일이 점검하는 부모는 아이에게 위험한 습관을 들이고 있다. 첫째, 아이는 숙제에 대한 책임을 누가 져야 하는지 혼란스러워한다. 둘째, 아이가 스스로 이해하는 것과 이해하지 못하는 것에 대해 교사가 알아야 할 중요한 정보를 차단한다. 셋째, 아이가 혼자서 하면 밖에 내놓을 만큼 좋지 못하다는 뜻을 내비쳐서 부지불식간에 아이의 능력을 깎아내린다. 아이의 숙제를 고쳐주는 부모는 단지 도와주려는 마음이겠지만, 본의 아니게 실수는 참을 수 없는 것이고 숨겨야 한다는 생각을 아이에게 심어준다. 이런 행동은 완벽주의적인 아이에게 특히 좋지 않다.

습관적으로 아이의 과제를 고쳐줬다면 하루아침에 그만두기가 어려울 것이다. 아이를 방치한다는 생각이 들지도 모른다(때로는 아이가 그렇게 따질 수도 있다). 어쩌면 아이가 완벽하지 않은 과제물을 제출하도록 내버려뒀다고 교사가 당신을 나쁜 부모라고 생각할까 봐 걱정할지도 모른다. 공개수업을 하는 날 학교에 갔다가 당신 아이의 작품은 3학년짜리가 만든 것처럼 형편없는데 반 친구들의 작품은 전문가 뺨치는 수준인 것을 보고 당황할지도 모른다(실제로 전문가 작품일 수도 있다). 이러한 걱정은 다 이해할 만하지만, 장기적인 관점에서 바라보려고 노력해야 한다. 지금 학교 과제에 지나치게 개입하는 습관을 바꾸느라 겪는 일시적인 고통은 장기적으로 봤을 때 그만한 가치가 있다. 미래에 아이가 훌륭한 대처 능력을 갖도록 하기 위한 투자인 셈이다.

아이는 자신의 학습을 스스로 책임져야 한다. 실수 한 번 저지른다고 세상이 끝나는 게 아니라는 것을 스스로 겪어봐야 한다. 사소한 실패를 수없이 겪고 극복해가야 진정한 학습 능력과 회복력을 키울 수 있다. 아이가 정말로 잘해냈을 때, 모든 것을 스스로 해냈다는 사실을 알면 그 승리감이 더 달콤하고 더 만족스러울 것이다.

아이의 학교 과제에 부모가 개입하는 풍조는 비교적 최근에 생겨났다. 예전에 우리는 대부분 숙제를 혼자 알아서 하라는 부모 밑에서 자랐다. 그런데 요즘은 자식을 도와주는 좋은 부모가 되려면 아이 곁에 앉아서 숙제를 같이 해줘야 한다고 생각하는 것 같다. 그렇게까지 하면 결과가 좋아야 하는데 꼭 그렇지만은 않다. 우리가 상담하는 가족들에게 가장 자주 듣는 불평은 학교 숙제 시간을 둘러싼 긴장감과 거기에서 비롯되는 좌절감에 관련된 것이다. 그때마다 우리는 아이들이 더 많이 책임질 수 있도록 부모에게 덜 개입하라고 조언한다.

그렇다면 아이의 숙제를 절대로 도와주지 말아야 할까? 부모가 숙제에 개입하지 않아도 아무 문제가 없고 더 바람직하다고 볼 수도 있지만 절대 도와주지 말라는 뜻은 아니다. 다만 도와주더라도 그 과제물의 주인이 아이임을 명심하라는 말이다. 이를테면 숙제를 마칠 때까지 텔레비전 시청을 금하는 규칙과 같이 아이에게 체계와 한계를 정해주는 것은 대체로 도움이 되고 때로는 꼭 필요하다. 주의력에 문제가 있는 아이는 어른이 곁에서 지켜볼 수 있는 거실이나 주방에서 숙제를 하는 편이 더 낫다. 방에서 혼자 할 때는 딴 짓을 하려는 유혹에 매우 강하게 시달릴 테니 말이다. 하지만 이런 아이라도 꼭 붙어 앉아서 감시하는 것은 공연히 비생산적인 긴장감을 조성할 공산이 크다. 이따금 "집중!" 하고 한마디 던지는 것이 더 효과적이다.

아이가 커다란 과제를 시작하려고 할 때는 다양한 아이디어를 제안하거나(이를테면 "인종차별의 어려움을 이겨낸 흑인 조종사에 대한 이야기를 써보는 건 어떨까?") 접근 가능한 방법을 제안할 수는 있지만("모형 틀을 만들 때 점토 찰흙을 쓸래, 아니면 종이 찰흙을 쓸래?") 작품을 직접 써주거나 찰흙을 주물러주지는 말아야 한다. 아이가 문제지의 지시 사항을 이해하지 못하거나 수학 문제 푸는 방법을 모른다면 설명해줘도 괜찮지만, 이때도 아이가 먼저 도움을 청해야 한다. 도와달라고 요청하기 전에 당신이 먼저 나서지는 마라.

아이가 받아쓰기를 당신과 연습하고 싶어 한다면, 같이 연습하되 이번에도 아이가 당신에게 오게 해야 한다. 그런데 만약 아이가 공부하는 것을 잊고 시험을 망친다면 어떻게 해야 할까? 그런 상황은 책임감이라는 매우 중요한 삶의 교훈을 익힐 기회다. 그래야 다음에는 정신을 차리고 더 나은 선택을 할 수 있다. 아이가 더 효과적인 공부 계획을 세우도록 당신이 도와줄 수도 있다. 글쓰기 숙제는 흔히 부모가 지나치게 도와주려 하는 과제다. 아이가 글쓰기 과제를 제출하기 전에 부모가 읽어보는 게 좋을지 교사에게 미리 물어보자. 부모가 개입하지 않기를 바라는 교사도 있고, 철자나 글의 구성을 도와주는 것을 선호하는 교사도 있다. 당신이 관여하더라도 논의만 하고 아이더러 수정하게 한다. 맞춤법이 틀린 어휘를 지적하되 아이에게 직접 고치게 한다. 그리고 답을 알려주기보다는 다음과 같은 질문을 던진다.

"네 글의 요점 세 가지는 무엇이니?"

"주제 문장은 뭐니?"

전반적인 의견은 제시하되 내용 자체를 고쳐주지는 않도록 하자.

"여기는 이해하기 어렵구나."

"이 부분은 앞의 요지와 더 맞는 것 같네."

아울러 아이가 과제를 수행하느라 참고하는 책이나 기사는 읽지 않는다. 그래야 이 과제의 전문가는 당신이 아니라 아이라는 사실을 아이에게 확실히 심어줄 수 있다.

아이가 완벽하지 못한 과제를 제출하는 것이 썩 내키지 않더라도 잘못을 일일이 지적하거나 고쳐주지 않는다면, 아이에게 승인과 용기와 사랑에 대한 강력한 메시지를 전할 수 있을 것이다.

실망한 아이를 보호하려 들지 않는다

아이가 괴로워하면 부모는 자동적으로 보호 본능이 발동한다. 사태를 호전시키고자 무슨 짓이든 하려고 든다. 하지만 그런 충동적인 보호 조치는 아기에게나 취해야 하는 행동이다. 아이가 일상적인 실망에 대처하도록 놓아두는 것이 회복력을 키우는 데 더 좋다. 실패하면 당장은 기분이 좋지 않지만, 견딜 만하고 대개 시간이 지나면 괜찮아진다는 사실을 깨우쳐가게 하는 것이다.

아이가 등급이나 대회 결과 때문에 속상해하더라도 결과를 바꿔보겠다고 공연히 나서지 말자. 그리고 아이의 좌절이나 슬픔을 인정하되 누구나 실패할 수 있다는 점을 알려주자. 세상 이치가 다 그렇다. 그냥 툴툴 털고 일어나 다음을 기약하면 된다.

변명하지 말고 계획을 세우게 한다

아이들은 실수를 받아들일 수 없다고 확신하면, 흔히 자신의 잘못을 두고 주변 사람 중에 아무나 비난하며 방어적으로 대응한다. 이러한 행동은 역효과를 낳으며, 주변 사람까지 불쾌하게 할 수 있다.

아이가 몹시 화나 있다면 차분해질 때까지 기다렸다가 이 문제를 논의한다. 얘기를 시작한 후에도 아이가 계속 불평을 늘어놓는다면 그 자리에서 멈추고, 사무적인 말투로 이렇게 말한다.

"변명은 아무런 도움도 안 돼. 네가 행한 결과에 만족하지 않으면, 더 잘할 수 있는 방법을 찾아야지. 어떻게 하는 것이 더 좋겠니?"

그래도 아이가 계속 징징대면 이렇게 말하고 그 자리를 떠난다.

"상황을 바꿀 수는 없지만 대응하는 방법은 바꿀 수 있어. 방법에 대해 논의할 준비가 되면 알려주렴."

어떤 아이들은 습관적으로 변명을 늘어놓는다. 실망스러운 일에 핑계를 대고 회피하려 든다. 당신의 아이에게 이런 성향이 있다면, 비언어적 신호를 사용하고 싶어질지도 모른다. 이를테면 변명하지 말라는 부드러운 암시로서 손가락 두 개로 가위표를 만들어 보이는 식으로 말이다. 이럴 때는 "변명을 늘어놓다 보면 상황이 나아지게 할 힘이 없어져"라고 말하고 그 뜻을 새기게 한다. 어쩌면 당신은 이 말을 좌우명으로 삼아 냉장고에 붙여놓고 싶어질지도 모른다.

대처할 수 있도록 지도한다

똑똑한 아이들은 일을 그르친 적이 별로 없어서 실제로 그런 일을 겪으면 어떻게 대처해야 할지 모를 수도 있다. 사람들이 생각하는 것만큼 똑똑하지 않을까 봐 남몰래 고민하는 아이가 굉장히 많다. 우리는 상담하면서 그런 문제로 고민을 호소하는 똑똑한 아이를 많이 만났다. 그 아이들은 좋지 않은 성과를 정체성에 대한 위협으로 간주한다. 좌절에 대처할 다른 방법을 알지 못해서 자존감이 위태로워지면 남을 비난하거나 쉽게 포기해버린다. 실수를 통해 성장하기보다는 실수에서 벗어나기만을 바란다.

따라서 아이에게 대처 전략을 지도해줘야 한다. 문제 해결 기법을 활용하면 좋다. 대처 방법을 찾도록 도와주고, 그중에서 어떤 방법이 가장 좋을지 아이한테 선택하게 한다. 먼저 여러 대안을 마련해놓고 각각에 대해 평가한다. 그러지 않으면 아이는 이런저런 핑계를 대며 하지 않으려 들 것이다. 아이디어를 제시하기보다는 아이에게 질문을 던진다. 여러 가지 대안을 고안해내는 것도 아이에게는 좋은 학습 경험이다. 또한 아이는 직접 고안한 아이디어에 더 열정을 쏟을 것이다. 상황을 개선하기 위해 당신이나 교사가 아니라 아이가 할 수 있는 아이디어에 초점을 맞춘다. 어떤 계획을 실천할지는 아이한테 최종적으로 결정하게 한다.

다음은 아이가 고려하면 좋을 대처 방법이다.

기대치 명확하게 파악하기_ 아이들은 간혹 교사가 무엇을 원하는지 몰라 헤매기도 한다. 그러면 지시 사항을 무시하거나 잘못 해석해서 수행력이 떨어진다. 시작하기 전에 지시 사항과 등급 기준을 제대로 읽는다면 기대치를 명확하게 파악할 수 있다. 무엇을 기대하는지 알면 아이가 가장 중요한 사항에 집중할 수 있다.

전략 바꾸기_ 어떤 아이들은 과제에 다르게 접근하는 방법을 배워야 한다. 똑똑한 아이들도 결국에는 한계에 도달할 때가 온다. 시험 직전에 요점 정리한 것만 훑어보거나 수업 중에 교사가 말한 것만 기억하는 공부 전략으로는 충분하지 않다. 적극적인 학습, 신중한 암기, 자료의 통합 등 좀 더 효과적인 공부 기술을 익혀야 한다. 똑똑한 아이들은 간혹 글쓰기 과제를 마지막까지 미루다가 막판에 '영감'이 떠올라 일사천리로 쓸 수 있다고 자신한다. 이런 아이들은 완성할 때까지 분량을 쪼개서 마감 일자를 정해놓고 계획대로 써나

갈 필요가 있다.

아이가 "난 그런 식으로 하고 싶지 않아요!"라고 항의하면, 예전 방식이 제대로 작동하지 않았음을 지적한다. 한 번의 장시간 암기 마라톤보다 여러 번의 단기 학습이 더 효과적이라는 사실이 여러 연구에서 입증되었다고도 알려준다. 또한 점진적인 글쓰기 전략이 한 번에 일사천리로 쓰는 전략보다 질적으로나 양적으로 더 나은 작품을 완성한다는 증거도 아주 많다는 점을 일러준다.

도움 구하기_ 똑똑한 아이들은 도움을 청하기가 쉽지 않다. 지원을 요청하면 혼자서 할 수 없다는 뜻이므로 실패하는 거라고 생각한다. 어른들 세계에서도 일을 혼자서 완성하는 사람은 거의 없다는 사실을 아이에게 설명한다. 언제 도움을 구할지 아는 것은 인생을 살아가는 데 중요한 기술이다. 아이에게 누가, 어떻게 도와줄 수 있을지 생각하라고 격려한다. 이때 또래 친구를 잊어서는 안 된다. 친구와 함께 공부하면 더 생산적이고 즐거울 수 있다.

잘하는 것만 할 수는 없다

못하는 활동을 회피하려는 샘

"수영 강습은 정말 지겨워요."

샘이 자동차 뒷좌석에 앉아서 툴툴거렸다. 샘의 아버지는 못 들은 척했다.

"팔을 다르게 젓는다고 누가 신경이나 써요? 왜 꼭 그렇게 숨을 쉬어야 하는 건데요? 보트에서 떨어지면, 사실 우린 바다에서 5킬로미터나 떨어져 사니까 보트에서 떨어질 일도 없지만, 아무튼 물속에 빠진다면 전 배영을 할 거예요."

"수영은 인생살이에 꼭 필요한 기술이야. 누구든 배워둬야 해. 게다가 수영하면서 친구도 사귈 수 있잖아."

"아뇨, 전혀 그렇지 않아요. 얼굴을 물속에 집어넣어야 하는데 어떻게 친구를 사귈 수 있겠어요? 게다가 그 멍청한 자유형을 못하는 애는 저밖에 없어요."

"그래서 강습을 받는 거야. 너도 곧 할 수 있을 거야."

"아뇨, 못할 거예요. 수영에 타고난 소질이 있는 사람도 있지만 그렇지 못한 사람도 있어요. 전 소질이 없어요."

"샘, 연습하면 돼. 너더러 올림픽 수영 대회에 나가라고 하는 게 아니잖아. 계속 연습하면 확실히 나아질 거야. 게다가 수영할 줄 알면 이번 여름에 시내 수영장에 가서도 창피하지 않을 거야."

"시내 수영장에 가고 싶은 생각은 눈곱만큼도 없어요. 거기가 더 덥다고요. 게다가 물에서 냄새도 심하게 나요. 선크림이 눈에 들어가면 따가워서 눈도 못 떠요. 아무튼 그런 곳에 가봤자 하나도 재미없어요."

샘은 수영 강습을 받고 싶지 않은 그럴듯한 구실을 수없이 늘어놓는다. 하지만 진짜 이유는 곧바로 잘하지 못하는 활동을 하는 것이 언짢은 것이다.

"조금만 해도 잘하는걸"

똑똑한 아이들은 아주 적은 노력으로도 잘하는 데 익숙하다. 그래서 어떤 과제에서 곧바로 성과를 내지 못하면 "나는 이것을 잘하지 못해"라고 성급하게 단정한다. 더 열심히 노력하기보다는 충동적으로 금세 포기해버린다. 이런 아이들은 기술을 단련하는 과정을 참아내지 못한다. 그런 경험이 별로 없어서 점진적으로 향상된다는 생각 자체를 이해하지 못하거나 심지어 적극적으로 거부하기도 한다.

완벽주의자들은 새롭거나 어려운 일을 시도하지 않으려고 한다. 고칠 수 없는 약점이라고 생각하는 것이 들통 날까 봐 두렵기 때문이다. 이런 식의 완벽주의적 사고는 스탠퍼드 대학교 심리학 교수인 캐롤 드웩Carol Dweck이 말하는 '고착형 사고방식fixed mindset'에 해당한다. 고착형 사고방식을 지닌 아이들은 능력은 타고난다고 믿는다. 그들은 재능이나 지능이 사람마다 정해져 있으며 그 사람이 이룬 성과를 보면 얼마나 유능한지 알 수 있다고 생각한다. 반면에 '성장형 사고방식growth mindset'을 지닌 아이들은 학습을 통해 타고난 능력을 키울 수 있다고 믿는다. 그들에게 성과는 영속적 특성이 아니라 일시적 상태를 나타내는 척도일 뿐이다. 고착형 사고방식을 지닌 아이들은 어리석게 보이지 않으려고 필사적으로 경계하지만, 성장형 사고방식을 지닌 아이들은 능력을 키우기 위해 기꺼이 모험을 감행하고, 계속해서 질문하고, 더 열심히 노력한다.

능력은, 참인지 거짓인지 묻는 질문의 답처럼 있느냐 없느냐로 따질 수 없다. 샘과 같은 아이들은 일정 기간 노력하면 지식과 기술을 개발할 수 있다는 사실을 알아야 한다. 다음의 전략을 사용하면 아이가 주저하지 않고 시도하도록 도와줄 수 있다.

유명인의 성공 과정 읽기_ 똑똑한 아이들은 흔히 능력만 뛰어나면 곧바로 성공하고 그 성공을 계속 유지할 거라고 가정하는 경향이 있다. 그들은 성공하지 못하면 타고난 능력이 없기 때문이라고 바로 결론을 내린다. 저명한 사람들의 삶을 들여다보면, 항상 성공했던 사람은 아무도 없다. 처음에는 성공 가능성이 전혀 없던 사람도 많다. 그들은 모두 어떤 식으로든 좌절하고 어려움과 도전을 겪어냈다. 토머스 에디슨Thomas Edison은 1만 번 넘게 실패하고 나서야 백열전구를 발명했다. 앨버트 아인슈타인Albert Einstein은 스위스 공과대학 입학시험에서 떨어졌다. 해리포터 시리즈로 유명한 J. K. 롤링J. K. Rowling은 복지 수당으로 근근이 살았다. 오프라 윈프리Oprah Winfrey는 텔레비전 리포터 직에서 쫓겨났다. 그러므로 아이에게 거절당하거나 퇴학당하거나 형편없는 일을 하거나 어리석은 실수를 저지르거나 감옥살이를 했던 거물들의 경이로운 성공 스토리를 읽게해보자. 아이가 존경하는 사람의 전기를 읽히는 것도 좋다. 이는 영감을 불어넣고 성공에 이르는 지름길이 있다는 순진한 생각을 줄여줄 것이다.

꾸준한 연습 강조하기_ 똑똑한 아이들은 성공하고 인정받고 싶어 하면서도 그 꿈을 실현하려면 무엇을 어떻게 해야 하는지 모른다. 플로리다 주립 대학교의 앤더스 에릭슨Anders Ericsson 박사가 실시한 연구에 따르면, 전문 기술을 쌓는 데는 지름길이 없다고 한다. 박사와 동료들은 음악가, 작가, 운동선수, 의사, 체스 선수 등 광범위한 분야의 전문가를 조사했다. 그리고 전문가가 되려면 최소 10년, 또는 1만 시간에 걸친 꾸준한 연습이 필요하다는 결론을 도출했다.

사람들은 흔히 연습을 지루한 반복이라고 생각한다. 에

릭슨과 동료들이 말하는 연습은 단순 반복적인 연습이 아니다. 꾸준한 연습은 현재의 능숙함과 편안함을 능가하려고 집중적으로 부단히 노력하는 것이다. 다시 말해서, 집중하고 분석하고 피드백을 활용하고 약점을 없애려고 적극적으로 노력하는 것을 뜻한다. 우리가 이미 아는 것을 연습하는 것이 훨씬 더 쉽고, 보통 더 재미있다. 하지만 쉽게 얻지 못하는 것을 얻고자 꾸준히 연습하면, 더 높은 성과를 올리고 더 큰 만족을 얻을 수 있다.

우스꽝스러운 일 함께 하기_ 완벽주의적인 아이들은 웃음거리가 되는 것을 두려워한다. 아이와 함께 우스꽝스러운 일을 저지르면 이러한 두려움을 덜어줄 수 있다. 이를테면 저글링을 배워보는 것이다. 당신이 잘 못할 것 같은 일을 배워야 한다. 우스운 가사로 노래를 지어보는 것도 좋다. 웃기게 악수하는 방법, 숟가락을 코에 올려놓는 방법, 말장난 등 재미있지만 무의미한 활동을 함께 해보자. 함께 떠들썩하게 웃어젖히고 나면 완벽주의적인 아이들도 딱딱한 표정을 풀고 엄격한 기준을 낮출 것이다.

똑똑한데 자신을 바보라고 여길 때

 자신이 무능하다고 생각하는 안젤라

'난 할 수 없어.'

안젤라는 초조하게 마른침을 삼키며 생각했다. 내일까지 보고서를 제출해야 하는데 벌써 밤 11시 48분이었다. 책상 위에는 노트와 책이 잔뜩 쌓여 있지만 컴퓨터 화면에는 달랑 두 문장밖에 쓰여 있지 않았다. 그 두 문장도 썼다가 지우기를 여러 번 반복한 끝에 겨우 쓴 것이었다. 그런데도 안젤라는 여전히 그 문장들이 마음에 들지 않았다. 그 주 내내 자료를 읽고 정보를 수집하면서 보고서와 씨름했지만 도무지 정리가 되지 않았다.

"넌 정말 바보야!" 안젤라가 큰 소리로 말했다. "그냥 쓰란 말이야!"

하지만 머릿속에 아무것도 떠오르지 않았다. 뱃속이 부글부글 끓었다. 신경을 너무 썼더니 탈이 났나 보다.

안젤라는 보고서를 완성하지 못했다고 말하면 선생님이 얼마나 실망할지 떠올렸다. 매킨리 선생님은 안젤라에게 글을 잘 쓴다고 늘 칭찬해주었다. 선생님은 안젤라가 보고서를 쓸 때마다 얼마나 고심하는지 전혀 몰랐다. 단 두 문장만 적힌 보고서를 제출하면 선생님이 어떻게 반응할까? 분명 고급작문반에서 쫓아낼 것이다.

"제발 뭐라도 좀 써!"

안젤라가 자신에게 명령했지만 머릿속에서는 이런 메아리가 울려 퍼졌다.

"할 수 없어. 난 정말 할 수 없어."

안젤라는 어떻게 해서든 보고서를 완성할 것이다. 과거에도 늘 그렇게 해왔으니 이번에도 결국은 해낼 것이다. 하지만 그 고통이 너무 크다.

개인적 목표를 높게 잡으면 설사 성공하지 못하더라도 칭찬해줄 만하지만, 안젤라의 경우에는 그 목표 때문에 완벽주의에 빠져 옴짝달싹 못 하고 있다. 안젤라는 자신을 너무 가혹한 잣대로 평가하고 다른 사람들도 똑같이 평가하리라고 생각한다. 단 한 번이라도 망치면 고급작문반에서 쫓겨날 거라고 믿는다. 부족한 보고서를 제출하고 다음에 더 나은 전략을 찾아내면 된다는 것은 상상도 하지 못한다. 완벽하고 뛰어나야 직성이 풀린다. 힘들어한다는 것은 그저 무능함을 드러내는 수치스러운 신호일 뿐, 도움이나 지도를 받아야 한다거나 추가 시간이 필요하다거나 그냥 푹 자는 것이 좋다는 암시가 아니다.

스스로 혹사시키는 아이들

안젤라는 피곤에 지쳐 명쾌하게 생각하지 못한다. 이

런 상황에서 부모가 할 수 있는 일은 이렇게 말해주는 것뿐이다.

"그만하면 됐어. 가서 자렴."

보고서는 아침에 일찍 일어나 쓸 수도 있다. 혹은 선생님에게 힘들다고 고백하고 앞으로 이런 문제가 생기지 않게 할 방법을 알아볼 수도 있다. 안젤라는 아무도 자신이 녹초가 되도록 애쓰길 기대하지 않는다는 사실을 알아야 한다. 그런 식으로 자신을 혹사하는 것은 아이에게 바람직하지 않다(물론 어른에게도 딱히 건전한 방법은 아니다).

아이의 성공이 가족 전체의 영예를 드높인다고 생각하는 문화권일수록 이러한 완벽주의에 시달리는 아이가 많다. 그 아이들은 탁월한 성과를 거두지 못하면 견디지 못한다. 가족 모두에게 수치를 안기고 사랑하는 사람들의 기대를 저버린다고 생각하기 때문이다. 가족에 대한 책임감은 바람직하고 존중할 만하지만, 그런 아이들은 때로 부모의 기대를 극단적으로 확대해서 해석한다. 아이가 성공에 집착해 자신을 지나치게 혹사한다면, 잘하는 것도 중요하지만 몸을 축내서는 안 된다는 사실을 상기시켜주어야 한다.

안젤라 같은 아이들은 자기 자신을 더 배려해야 한다. 극단적인 상황까지 자신을 혹사하지 않고서 노력할 방법을 찾아야 한다. 또한 막판까지 미루는 버릇을 고칠 실질적인 전략을 배우는 것이 좋다.

'적정한 노력'에 초점을 맞춘다

완벽주의적인 아이에게 "최선을 다하면 돼"라고 말해선 절대로 안 된다. 다른 아이들은 이런 말을 합리적 조언으로 받아들이고 불안감을 덜어내지만, 극단주의자들은 이렇게 해석한다.

"네가 상상할 수 있는 최고의 성과를 올려. 죽을 만큼 노력하란 말이야."

따라서 완벽주의자들에게는 이런 메시지를 들려주는 것이 더 좋다.

"적당히 노력해라."

그렇다면 어느 정도가 적정한 노력으로 여겨질까? 그건 그때그때 다르다. 주로 과제가 얼마나 중요한지, 얼마 안에 해내야 하는지에 달려 있다. 아이가 과제를 시작하기 전에 이 점을 생각하게 한다. 그러면 노력 수준이 상황에 따라 달라질 수 있고, 또 달라져야 한다는 것을 알게 될 것이다. 시간과 노력을 많이 요하는 큰 과제는 분량을 나눠서 매일 일정량을 하는 것이 적정하다. 걸핏하면 잠을 너무 적게 자거나 휴식을 전혀 취하지 않는 것은 전혀 적정한 수준이 아니다.

또한 아이가 과제의 필수적인 요소를 파악하도록 도와줘야 한다. 학교 과제에서 교사가 어느 부분을 가장 중요하게 여길까 생각해보게 하는 것이다. 예를 들어 등급 기준이 글의 명료성과 구성 70퍼센트, 철저한 조사 20퍼센트, 멋진 삽화 10퍼센트로 정해져 있다면, 아이가 그 비율에 따라 노력을 기울이도록 해야 한다. 참고 문헌을 모조리 읽거나 삽화를 아름답게 그리려고 지나치게 애쓰는 것은 도움이 되지 않는다. 그러느라 글을 제대로 쓸 수 없을 것이기 때문이다.

미루는 버릇을 없애는 비결

완벽주의자들 중에는 미루는 버릇으로 고생하는 사람이 많다. 대단히 높은 기준을 세우지만 그 기준에 미치지 못할 거라는 두려움 때문에 일을 끝내기는커녕 시작도 못 한다. 미루는 버릇을 고치도록 도와줄 전략을 몇 가지 살펴보자.

큰일을 작은 단계로 쪼개기_ 아이가 해야 할 일의 목록을 만들도록 돕는다. 아무것도 없는 데에서 순식간에 완벽하게 완성하려 한다면 엄두가 나지 않을 것이다. 단계적 전략을 짜면 좀 더 가벼운 마음으로 착수할 수 있다. 단계를 마칠 때마다 항목을 지워나가면 최종 목표로 나아가고 있다는 느낌이 확실히 들게 된다.

각 단계별로 마감 시간 정하기_ 중간 단계마다 마감 시간을 정해놓으면 과제를 꾸준히 수행해가기 때문에 막판에 미친 듯이 서두르지 않아도 된다. 또한 한꺼번에 무리하는 일도 예방한다. 아이가 특정 과제에 어느 정도 시간을 들이는 것이 좋을지 결정하도록 도와준 다음 정해진 시간을 지키게 해보자.

가장 중요하고 어려운 일부터 먼저 하기_ 그런 일을 해치우고 나면 아이가 긴장을 풀 수 있다.

일정한 순서와 방법 정하기_ 일과를 정해놓으면 어떤 일을 언제 하고 다음에는 무엇을 해야 하는지 헤매지 않아도 된다.

주기적으로 짧은 휴식 취하기_ 일정한 간격을 두고, 혹은 특정 과제를 끝내고 나서 10분씩 운동을 하거나 휴식을 취하면 아이가 집중력을 유지하고 피로를 줄이는 데 도움이 된다.

다음 과제 시간에 할 일 미리 계획하기_ 큰일을 진행할 때는 그날 과제를 마칠 때 다음에 무엇을 할지 미리 메모하게 한다. 그러면 다음번 과제를 시작할 때 바로 착수해 생산성을 높일 수 있다.

일에 탄력이 붙도록 빨리 해치울 수 있는 과제 활용하기_

빠르고 쉽게 완성할 수 있는 작은 일을 해치우면 아이가 큰 일로 옮겨가는 데 도움이 된다.

한 번에 한 가지 과제에 공을 들여 완전히 끝내기_ 여섯 가지 과제를 절반씩 끝내는 것보다 세 가지 과제를 완전히 끝내는 것이 더 뿌듯하다.

일단 끝까지 마치고 나서 다듬기_ 보통은 어떤 과제를 완벽하게 하는 것보다 일단 끝까지 해내는 것이 더 중요하다. 아이에게 초안을 끝까지 쓰거나 일을 개략적으로 완성하라고 말해보자. 그래야 뭐라도 제출할 것이 있다. 시간이 허락하면 얼마든지 수정하거나 개선할 수 있다.

성과 기념하기_ 전체 작업은 물론 중간 목표를 달성할 때마다 자신에게 보상하라고 권한다.

중요한 교훈을 이야기로 들려주기

사람들은 옛날부터 중요한 메시지를 전달하기 위해 이야기를 활용했다. 다음에 소개하는 우화를 아이에게 읽어주자.

마지막 곡식 한 줌

옛날 한 농부에게 아들이 둘 있었다. 무더운 여름이 지나고 들판의 곡식이 누렇게 익은 어느 날, 이른 아침에 농부가 두 아들에게 말했다.

"이제 너희도 장성했으니 수확하는 일을 믿고 맡길 수 있겠다. 너희 중 한 명은 동쪽 끝으로 가고 한 명은 서쪽 끝으로 가거라. 들에 나가서 곡식을 거둬들여라. 오늘 저녁 식사 시간에 너희가 새로 맡은 책임을 기념하자꾸나."

두 아들은 각자 연장을 챙겨 마차에 올라탔다. 큰아들은 들판 동쪽으로 마차를 몰았다. 그리고 하루 종일 벼를 베어 곡식을 마차에 실었다. 들판의 곡식을 모두 거두고 나서 다시 한번 들판을 훑으며 떨어져 있는 곡식을 주웠다. 그런 다음, 수확이 많아야 가족들이 풍족하게 먹을 수 있기에 또다시 들판을 훑으며 남아 있는 이삭을 주웠다. 그러자 벌써 해가 져서 날이 어둑어둑해졌다. 큰아들은 숨을 돌리고 허리를 펴면서 곡식이 가득 실린 마차를 흐뭇하게 바라보았다. 그러고는 곧 마차에 올라타고 집으로 향했다.

작은아들은 들판 서쪽으로 마차를 몰았다. 그도 온종일 벼를 베어 곡식을 수확했다. 곡식을 모두 거두고 나서 이삭을 주우려고 들판을 두 번, 세 번 훑었다. 그러자 해가 뉘엿뉘엿 넘어갔다. 그는 혹시라도 줍지 못한 곡식이 있을까 봐 속을 태우며 들판을 바라보았다. 하루 종일 일하느라 몹시 지치고 온몸이 쑤셨지만, 들판에는 여전히 곡식이 남아 있을 것 같았다. 이젠 너무 어두워서 들판을 헤집고 다니기도 어려웠다. 그래서 등불을 들고 넙죽 엎드려 기어 다니며 떨어진 낟알을 찾았다.

집에서는 아버지가 두 아들이 돌아오기를 애타게 기다리고 있었다. 마침내 큰아들이 마차를 몰고 돌아왔다. 아버지는 곡식이 가득 실린 마차를 행복하게 바라보며 아들을 꼭 안아주었다. 큰아들은 저녁을 먹으려고 집 안으로 들어갔지만, 아버지는 밖에 남아 작은아들을 기다렸다. 날이 더 어두워지도록 계속 기다렸지만 작은아들은 여전히 돌아오지 않았다. 아버지는 슬슬 걱정이 되었다. 해가 떨어지고 몇 시간이 지났다.

아들은 도대체 어디에 있는 것일까? 뭐가 잘못되었나? 다친 것은 아닐까? 아버지가 아들을 찾으러 사람을 보내려고 하는 찰나, 멀리서 작은아들의 마차가 보였.

작은아들은 온몸이 상처투성이였고 어깨는 축 처져 있었다.

"도대체 무슨 일이 있었느냐?"

아버지가 작은아들에게 달려가 물었다.

아들은 고통스러워하며 마차에서 천천히 내렸다.

"일을 잘하고 싶었어요." 작은아들이 힘겹게 설명했다.
"그래서 낟알 한 톨도 빠뜨리지 않으려고 들판을 기어 다니며 찾았어요. 그래서 이렇게 마지막 한 줌까지 찾아냈어요."

아버지가 팔을 벌려 아들을 꼭 안으며 말했다.

"아들아, 나한테는 그 곡식 한 줌보다 네가 더 소중하단다."

아들도 아버지를 껴안았다. 그런데 껴안다가 그만 주먹이 펴져서 마지막 곡식 한 줌을 모두 떨어뜨렸다. 두 사람은 함께 집으로 들어갔다.

아이와 완벽주의에 대해 이야기할 때 활용하기 좋은 우화다. 아이가 이야기에 담긴 뜻을 알아채도록 다음과 같은 질문을 던져보자.

- 곡식을 주우려는 두 아들의 접근 방식에는 무슨 차이가 있었는가?
- 작은아들은 왜 들판을 네 번이나 훑었는가?
- 큰아들은 왜 세 번만 훑고 멈추었는가?
- 두 아들은 각각 일과를 끝내고 어떤 기분이었는가?
- 아버지는 두 아들이 돌아올 때 각각 어떤 기분이었는가?
- 작은아들은 왜 마지막 곡식 한 줌을 떨어뜨렸는가?

당신은 아이에게 점점 줄어드는 수익의 개념을 설명하고

싶을 것이다. 어느 정도 지나면 추가로 노력해도 소득이 크게 늘지 않는다. 이를테면 설거지를 할 때 접시를 스펀지로 박박 문지르거나 깨어 있는 시간 내내 단어를 암기하는 것 등 구체적인 사례를 들어 설명하자. 그리고 어느 정도 노력하면 충분한지 결정하는 법에 대해 아이의 생각을 물어본다.

이 우화는 아이에게 아낌없는 사랑이란 무엇인지 알려주고자 할 때 활용해도 좋다. 각고의 노력을 기울이면 만족과 보람을 얻고 흔히 뛰어난 성과가 뒤따른다. 하지만 뛰어난 성과가 사랑하는 관계의 근간은 아니다. 완벽주의적인 아이들에게는 자신들이 이룬 성과 때문이 아니라 그저 있는 모습 그대로 사랑받고 있다는 사실을 확실하게 알려줘야 한다.

* 부모 가이드 *
아이가 완벽주의에서 벗어나도록 돕는 방법

불건전한 완벽주의에서 벗어나도록 아이를 가르치는 가장 좋은 방법은 우리가 모범을 보이는 것이다. 아이들은 우리가 하는 말보다 우리가 하는 행동에서 더 많이 배운다. 그러니 완벽주의에 대한 대안을 적극적으로 선택하는 모습을 보여주자. 여기 그 대안을 어떻게 선택하면 좋을지 몇 가지 아이디어를 제시하려 한다.

● **만사 제쳐놓기**

현대인은 1년 365일, 하루 24시간 내내 휴대전화와 인터넷에 접속하며 쉬지 않고 일한다. 딱히 직장 생활을 하지 않더라도 할 일 목록은 끝이 없다. 깨어 있는 시간 내내 정신없이 바쁘지만 당신이 정말로 원하는 것은 무엇인가? 아이에게 그런 삶이 '정상'이라고 생각하게 하고 싶은가?

컴퓨터를 끄고 서류 가방을 닫고 할 일 목록을 내려놓는 모습을 아이에게 보여줘라.

"흠, 더 할 수는 있지만 지금은 이만하면 됐어."

그런 다음 느긋하게 쉬는 것이다. 배우자와 담소를 나누고 친구에게 전화를 하거나 산책을 나간다. 영화를 보거나 업무와 상관없는 책을 가볍게 읽는다. 아이와 신나고 재미있게 놀아준다.

일을 제쳐두고 좋아하는 일을 할 시간을 정해놓는다. 많은 시간을 내기가 어려우면 적게 시작하되 그 시간을 꼭 지킨다. 그리고 아이에게 당신이 무엇을 하며 왜 하는지 말해준다.

● **과제에 맞는 노력 기울이기**

중요하게 해야 할 일이 무엇인지 확실히 알아야 한다. 중요한 일에는 몰두하고 그 밖에 다른 일에는 어느 정도 신경을 덜 써도 된다. 죽어라고 일만 하지 않도록 '반드시 해야 할 일' 목록에 의문을 제기한다. 때로는 습관이나 주변의 시선 때문에 어떤 일을 특성한 방식으로 해야 한다고 가정하게 되기도 한다. 당신에게 더 중요한 일을 할 시간을 마련하기 위해 약식으로 해치울 만한 일을 결정해라. 그리고 아이에게 이렇게 말해준다.

"나는 이 일을 해야 해. 시간을 많이 들여서 할 수도 있지만 그만큼 많은 노력을 들일 가치는 없어. 그래서 이 일을 마치는 데 최소한의 노력만 기울일 작정이란다."

"예전에는 이 일을 항상 이런 식으로 했단다. 그런데 이제는 그 시간에 차라리 ○○를 하는 게 낫다는 생각이 들었어."

보고서를 쓰는 일이든 추수감사절 저녁 식사 준비든, 일을 할 땐 다양한 방식으로 접근할 수 있으며 과제의 중요도에 따라 노력을 기울이는 것이 합리적이라는 사실을 아이에게 알려준다.

● **실수를 인정하고 만회할 계획 구상하기**

당신이 저지른 실수를 인정하면, 아이에게도 실수를 저지를 수 있다고 허용하게 된다. 가볍게, 하지만 진심을 담아 미안하다고 말한다. 당신이 바라던 만큼 잘하지 못했던 일도 솔직하게 인정하되 자신을 비하하지는 마라. 거기에서 멈추지 말고 다음에 더 잘할 수 있는 계획을 세워 공유해라. 그러면 실수가 종착점이 아니라는 인식을 심어줄 수 있다.

● **새로운 일 시도하기**

어린아이는 부모가 뭐든 잘할 수 있고, 또 항상 잘할 수 있어야 한다고 믿는다. 아이에게 당신이 새로운 일을 시도하는 모습을 보여준다. 특히 숙달하려면 시간과 노력이 많이 드는 일을 고른다. 그리고 당신이 아직 그 활동을 잘하지는 못하지만 얼마나 즐겁게 하는지 말해준다. 수행 수준과 상관없이 배우는 과정이 얼마나 신나고 재미있는지 설명해주어라.

똑똑한 아이들은 흔히 완전무결한 수행에 자존심을 거느라 마음고생을 많이 한다. 그 아이들은 완벽하게 해야 사랑받고 인정받는다고 믿는다. 스스로 세운 높은 이상에 모자라면 심하게 자책하거나 남을 탓하거나 한없이 위축된다. 높은 기준을 정하는 것은 칭찬할 만하지만, 불건전한 완벽주의로 가면 생산성이 떨어지는 것은 물론 행복하지 않다고 느끼게 된다.

부모는 아이가 자기 자신을 너그럽게 바라보도록 이끌어야 한다. 엄격한 자기평가를 완화시키고, 사람들이 배우고 익히는 방법을 이해시키며, 두려움과 좌절에 대처하는 방법을 안내해주어야 한다. 또 아이의 수행을 비판하거나 지나치게 도와주지 않도록 조심해야 한다. 의도가 아무리 좋아도 때로는 은연중에 실수에 대한 두려움과 부끄러움을 자극할 수 있기 때문이다. 무엇보다도 완벽주의에 대한 올바른 대안을 선택하고 실천하면서 아이에게 모범을 보여야 한다.

다음 장에서는 똑똑한 아이들이 친구를 사귀고 유지하도록 도와줄 방법을 살펴볼 것이다.

— 2장

똑똑한 아이들은
더 외롭다

: 관계 맺기

∗ Check List ∗
"우리 아이도 혹시 외로운 아이일까?"

- ☐ 관심사를 공유할 친구를 찾는 데 어려움을 겪는가?
- ☐ 또래의 관심을 끌려다가 오히려 밀쳐내고 마는가?
- ☐ 무심코 다른 아이들을 짜증 나게 하는가?
- ☐ 또래 친구들과 있으면 불편해서 잘 어울리려 하지 않는가?
- ☐ 단체 활동에 참여하지 않고 뒤로 빠지는가?
- ☐ 반 친구들과 공통점이 하나도 없다고 느끼는가?
- ☐ 다른 아이들이 괴롭힌다고 늘 불평하는가?

어렸을 때 친구들과 노느라 정신이 팔려서 시간 가는 줄 몰랐던 적이 있는가? 어른들의 간섭이나 통제 없이 세상을 탐색하고 창조하는 기쁨에 들떴던 시절을 기억하는가? 부모님이 집에 돌아갈 시간이라고 말했을 때 실망했던 적이 있는가?

어린 시절 즐거운 추억을 떠올리라고 하면 우리는 흔히 친구들과 어울려 놀던 일을 떠올린다. 어린 시절은 어떤 의미에서 교우 관계가 전부라고 할 수 있다. 그런데 똑똑한 아이들 중에는 친구를 사귀고 유지하는 데 어려움을 겪는 아이가 많다. 지적 능력이 뛰어나다고 해서 꼭 사회성까지 뛰어난 것은 아니다.

영리해서 외로운 아이

교우 관계는 재미만 주는 것이 아니라 아이가 의미 있는 방식으로 자라도록 돕는다. 학령기 아이들이 가족 밖에서 자기가 누구인지 알아가고 정체성을 형성하는 데 중요한 부분이 바로 또래 친구들의 반응 방식이다. 아이들은 한 명 이상의 친구와 공통된 관심사를 나누며 소속감을 느낀다.

"나는 친구들과 축구를 해요."

"우리는 이런 음악을 좋아하죠."

"우리는 항상 장난치며 놀아요."

교우 관계는 자기비판에 빠지지 않도록 도와주는 안전한 피신처 역할을 하기도 한다. 이를테면 "미셸은 내 친구야. 나하고 놀고 싶어 해"라는 사실을 알면, 다른 사람에게 사랑받기 위해 완벽하지 않아도 된다는 사실을 이해할 수 있다. 또한 친구는 살면서 부딪치는 온갖 풍파를 견디도록 도와주는 든든한 지원군을 뜻하기도 한다. 덕분에 스트레스를 받거나 퇴짜를 맞거나 짜증스러운 일을 더 쉽게 견디낼 수 있다.

어쩌면 교우 관계에서 얻을 수 있는 가장 큰 혜택은 아이가 자기 자신만 아는 이기주의자가 되지 않게 하는 것일지 모른다. 교우 관계를 맺으면 자기가 원하는 것만 생각하는 데에서 벗어나 타인의 관심사까지 고려하는 공감 능력을 키울 수 있기 때문이다. 친구를 아끼고 그 친구와 놀고 싶어

하는 것만으로 이기적인 충동을 완화하고 협상과 타협, 나아가 관대함을 키우는 길을 닦을 수 있다.

요즘 아이들은 또래 친구들과 어울리는 법을 배우기가 갈수록 어렵다. 가족의 삶이 아주 분주하기 때문이다. 하루 종일 일에 매달리는 부모는 아이들을 온갖 스케줄로 꽁꽁 묶어놓는다. 학교를 마치고 나서도 갖가지 방과 후 활동에 참여하고 여기저기에서 내준 과제를 하느라 벅찬 하루를 보낸다. 그러니 친구들과 편하게 어울릴 시간이 점점 줄어든다. 또한 요즘 부모는 아이들의 활동을 세심하게 조직하려고 든다. 예전처럼 "그냥 나가서 놀아"라고 말하기보다는 온갖 프로그램을 아이에게 제공해야 책임을 다한다고 느낀다. 또한 가족 규모가 더 작아지고 더 넓게 흩어져 있어서 다른 아이들과 편하게 어울릴 기회가 점점 더 줄어든다.

지난 10여 년 동안 아이들의 사회생활에 엄청난 변화가 일어났다. 특히 남자아이들에게는 IT 기기와 관련된 놀이가 급격히 늘어났다. 남자아이들은 대부분 모바일게임과 컴퓨터게임을 즐겨 한다. 게임만 자주 하는 것이 아니라 대화도 거의 그런 내용이다. 어떤 아이들은 이러한 가상의 우정이 관계를 맺는 주요한 수단이다. 사회적으로 고립된 남자아이들은 흔히 이렇게 말한다.

"나는 게임을 하면서 항상 친구들을 만나요!"

그 아이들은 이런 식의 교류가 매우 희석된 형태의 사회적 접촉이라는 사실을 알지 못한다. 언제 어디에나 갖고 다닐 수 있는 스마트폰은 사회생활을 차단하는 손쉬운 수단이다.

'더 단순하고 소박했던' 시절을 회상하며 한탄해봤자 소용없다. 요즘 세태가 그런 것을 어찌하겠는가. 결국 요즘 아이들은 친구를 사귀고 유지하는 법을 배우기 위해 더 많은 지원을 받아야 한다.

친구 사귀는 법을 배우는 일은 여러 면에서 수학 문제 푸는 법을 배우는 일과 다르지 않다. 두 가지 모두 '파악하고 생각하고 해결하는' 세 가지 과정을 포함한다.

수학 문제를 풀려면 문제를 읽고 파악해야 한다. 이를테면 "아, 이 문제는 뺄셈 문제구나!"라고 파악해야 한다. 그런 다음 문제를 풀기 위해 적절한 방정식을 세울 전략을 생각해내야 한다. 마지막으로 그 전략을 활용해 많이, 아주 많이 연습해야 한다. 그래야 이런 유형의 문제가 나오면 정확하고 자신 있게 해결할 수 있다.

다음 그림에서 보는 것처럼, 이 세 가지 과정은 사회적 상황을 처리할 때도 적용된다. 첫째, 아이가 무슨 일이 벌어지는지 파악해야 한다. 이 말은 상황을 파악할 단서를 포착해야 한다는 뜻이다. 상황마다 다른 행동을 구사해야 하므로 아이는 자신이 처한 환경을 알아차려야 한다. 이를테면 운동장처럼 격식이 필요 없는 환경인지, 교실처럼 좀 더 격식을 갖춰야 하는 환경인지, 아니면 친한 친구나 지인과 함께 있는 환경인지 구분할 줄 알아야 한다. 다른 아이들이 무엇을 하는지 알면 그 상황에 어울릴 때 필요한 중요한 단서를 포착할 수 있다. 또한 문제의 원인이 될 만한 행동이 무엇인지도 알아차려야 한다. 다른 사람들의 반응을 순간순간 알아챌 수 있어야 일이 잘 돌아가지 않을 때 방향을 바꿀 수 있다. 사회적 상황에서 '파악하기'를 잘 못하는 아이는 사회적 단서를 의식하지 못하는 경향이 있다. 그래서 자기도 모르게 남의 기분을 상하게 하거나 다른 사람들이 이상하게 생각하거나 성가셔하는 행동을 지속적으로 반복한다.

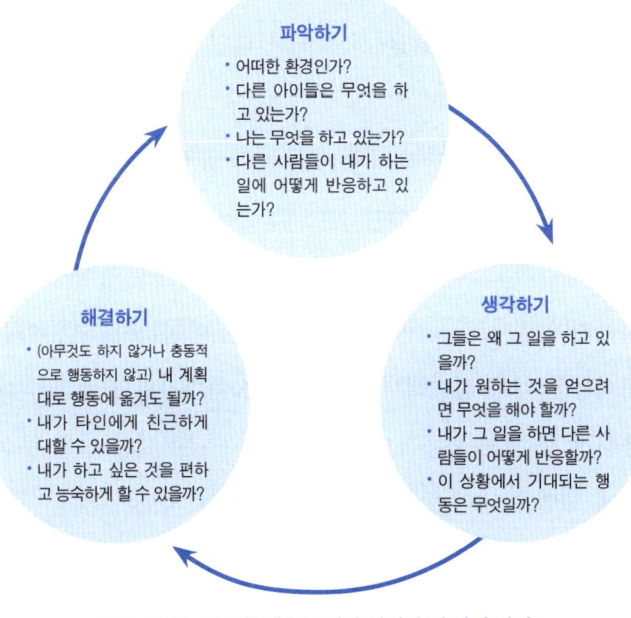

친구 사귀는 기술을 배우는 것과 관련된 세 가지 과정

아울러 아이는 사회적 상황에서 생각할 수 있어야 한다. 다시 말해서 다른 아이들의 행동을 해석하고, 그 의미가 무엇인지 이해하며, 그 아이들이 왜 그렇게 하는지 알아야 한다는 뜻이다. 예를 들어 또래 친구들이 지루해하는지 화가 났는지 우호적인지, 그리고 행동이 고의적인지 아니면 돌발적인지 파악할 줄 알아야 한다. 사회적 상황에서 생각하면 본인이 원하는 방식으로 또래에게 영향을 미칠 효과적인 전략을 고안할 수 있다. 그러려면 사회적 상황에서 기대되는 행동이 무엇인지 알아야 하고, 그 행동에 대한 다른 사람들의 반응을 예측할 수 있어야 한다. 연구에 따르면, 사회적으로 힘들어하는 아이들은 흔히 다른 사람의 의도를 해석하지 못하고, 사회적 딜레마에서 벗어날 다양한 해결책을 고안하지 못한다고 한다.

마지막으로 아이는 또래 친구들과 긍정적인 상호작용을 많이, 아주 많이 연습해야 한다. 그래야 사회적 상황에서 정말로 편안하고 자신 있다고 느낄 수 있다. 간혹 어떻게 해야 하는지 알면서도 실천에 옮기지 못하는 아이들이 있다. 이런 아이들은 너무 긴장해서 누가 친근하게 다가와도 적절히 대응하지 못한다. 충동적으로 행동하거나 부적절한 말을 무심결에 내뱉게 된다. 결국 어설프게 행동해 의도치 않게 다른 사람을 불쾌하게 하거나 짜증 나게 한다.

사회적 상황에서 계속 실패하면 아이들은 제대로 배울

수 없다. 아이들은 또래 친구들과 관계를 맺는 데 도움이 되는 행동을 '제대로 실행할 수 있도록' 안내받고 지원받아야 한다.

아이가 거부당했다고 느낄 때에는 부모의 사랑과 이해가 더 많이 필요하다. 그냥 이야기를 들어주고 공감해주기만 해도 크게 도움이 된다. 예를 들어 이런 말을 해주면 좋다.

"아주 힘든 하루를 보낸 것 같구나."

"그래서 무척 속상했겠구나."

"저런, 정말 쑥스러웠겠다."

"정말 실망했겠구나!"

아이의 기분에 공감해주는 것이 중요하긴 하지만, 그렇다고 과잉 반응을 보여서는 안 된다. 그런데 적절히 반응하는 것이 생각보다 쉽지 않다. 아이가 친구 문제로 힘들다고 하면 당신은 나서서 도와줄 수 없어 무력감을 느끼거나 맹렬하게 보호하려고 들 것이다. 때로는 당신이 어린 시절 겪었던 고통스러운 사건까지 떠올리며 이를 갈기도 한다. 하지만 당면한 문제에 대한 당신의 감정을 아이에게 전가하는 것은 전혀 도움이 되지 않는다.

아이가 당신의 간섭 없이 문제를 해결할 수도 있으므로 성급하게 조언하거나 제안하려는 충동을 억제한다. 친구 간의 문제는 대부분 곧 가라앉기 마련이다. 아이들은 흔히 금세 용서하거나 잊어버리고 다른 일로 넘어간다. 당신 아들이 오늘은 스튜어트가 못됐다고 비난하지만, 다음 주에는 제일 친한 친구라고 주장할지도 모른다. 누군가 당신 딸을 울게 한 사태 때문에 당신은 잠까지 설치며 고민하지만, 정작 본인은 이튿날 아무렇지 않게 "괜찮아요!"라고 말할지도 모른다. 그러므로 아이의 기분을 인정해주되 공연히 불행한 기분을 곱씹으며 고민하지는 마라. 《어른들은 잘 모르는 아이들의 숨겨진 삶Best Friends, Worst Enemies》의 공동 저자인 심리학자 마이클 톰슨Michael Thompson과 동료들은 "고통스러운 일을 취조하지 말라"고 경고한다. "오늘 누가 널 못살게 굴었니?"라는 질문은 아이가 자기가 당한 일에만 집중하고 자기가 피해자라고 생각하도록 조장한다.

아이가 교우 관계로 계속 힘들어하면, 아이를 가르치는 교사에게 연락해 사실 관계를 확인해봐야 한다. 교사는 당신의 아이가 매일 또래 친구들과 상호작용하는 모습을 지켜본다. 따라서 아이가 호소하는 문제가 얼마나 심각한지, 얼마나 오래 지속되었는지 알 가능성이 크다. 또한 당신의 아이가 (아마 자신도 모르게) 그 문제에 얼마나 기여했는지에 대한 정보도 가지고 있을 것이다. 또한 교사는 중요한 협력자가 되어 당신의 아이가 더 나은 선택을 하도록 인도하거나 다른 아이들과 논쟁을 벌일 때 중재할 수 있다.

교우 관계에서 생기는 문제는 사회적 상호작용이 복잡하게 얽혀 다양한 형태로 드러난다. 어떤 아이들은 변덕스럽거나 자기 방식만을 너무 고집해서 다른 아이들이 멀어지게 한다. 어떤 아이들은 너무 소심하고 어떤 아이들은 너무 나선다. 이 장에서 우리는 똑똑한 아이들에게 흔히 발생하는 교우 관계에서의 갈등을 살펴보고, 그 아이들이 또래 친구들에게 다가가는 법을 배우도록 도울 방법을 알려줄 것이다.

친구가 가장 어려워요

친구보다 관객을 구하고 있는 앤드루

"너희 집 컴퓨터는 뭐냐?" 앤드루가 물었다.

"응, 맥 컴퓨터야." 로버트가 대답했다.

"인텔 코어 2 듀오 프로세서를 답재한 거냐?"

"음, 몰라." 로버트가 어깨를 으쓱하며 말했다. "그냥 게임할 때만 사용하거든."

"우리 건 엔비디아 쿼드 그래픽 카드랑 피직스 가속기를 탑재한 델 XPS-700이야."

"음……?" 로버트가 중얼거리듯 말했다. "그럼 넌 게임은 없어?"

"오토데스크 3D 맥스 9을 이용해서 내가 직접 게임을 개발해. 정교한 3D 캐릭터를 디자인하기 위해 베이직 폴리곤 모델링을 사용해. 잘 봐. 내가 보여줄게." 앤드루가 컴퓨터를 켜면서 말했다.

"그냥 밖에 나가서 농구나 하는 건 어때?" 로버트가 창 밖을 내다보며 제안했다.

"응, 좀 있다가. 먼저 내 컴퓨터 성능을 보라니까."

이날 놀이는 썩 유쾌하지 않았다. 앤드루의 프로그래밍 지식은 고등학생 정도나 알아들을 수준이다. 초등학생인 로버트는 장황한 설명에 오히려 어리둥절할 뿐이다. 앤드루는 컴퓨터에 대한 관심과 조예는 친구들보다 훨씬 넓고 깊지만 또래와 어울리는 능력은 충분히 개발되지 못한 상태다.

앤드루는 자기가 컴퓨터로 무엇을 할 수 있는지 보여줘서 로버트의 마음을 얻고 싶지만, 능력을 인정받기는커녕 잘난 척하는 것으로 비칠 뿐이다. 앤드루는 먼저 로버트에게 컴퓨터 사양을 묻지만 진짜로 궁금해서 물어본 것이 아니라 형식적인 탐색에 불과하다. 결국 로버트와 이야기를 나누는 것이 아니라 일방적으로 떠벌리고 있다. 로버트는 분명 그런 상황에서 빨리 벗어나고 싶을 것이다.

친구보다 구경꾼을 원한다

앤드루는 잘난 척하는 겉모습과 달리 속으로는 불안해하고 약간은 필사적으로 매달리고 있다. 아마도 앤드루는 친구와 놀 생각에 무척 들떴고, 로버트가 자기를 좋아해주기를 간절히 바랐을 것이다. 하지만 놀이를 마친 후에 로버트가 자기를 거부하면 상처를 받고 몹시 당황할 것이다.

앤드루가 심하게 떠벌리는 이유는 거만해서가 아니라 무지하기 때문이다. 로버트가 자기를 좋아하도록 열심히 애쓰고 있지만 엉뚱한 데에서 헤매고 있다. 관계를 맺는 것이 아니라 강한 인상을 심어주려고 애쓰고 있기 때문이다.

똑똑한 아이들은 흔히 뛰어난 수행으로 어른들의 관심을 얻는다. 그래서 관계를 맺을 때도 그렇게 하면 될 거라고 믿는다. 부모나 조부모는 아이가 남다른 재능과 앞선 지식을 떠벌리는 모습을 감탄하며 바라보겠지만, 또래 친구들은 관객 역할을 하는 것에 전혀 관심이 없다.

사회적 피드백을 무시한다

앤드루가 친구를 사귀면서 저지른 가장 큰 실수는 떠벌리는 것이 아니라 친구들이 보내는 피드백에 제대로 대응하지 못한 것이다. 앤드루는 로버트가 난해한 컴퓨터 지식에 열의를 보이지 않는데도 무시하고 장황하게 설명한다. 로버트의 퉁명스러운 대답과 어깻짓, 무관심한 시선, 다른 활동을 하자는 제안은 모두 이렇게 외치고 있다.

"난 이런 데 전혀 관심 없어!"

하지만 앤드루는 이런 신호를 전혀 주목하지 않고 무시해버린다. 어쩌면 프로그래밍을 너무 좋아한 나머지 거기에 관심 없는 사람이 있을 거라고는 상상도 못 하기 때문인지도 모른다. 혹은 자기가 억지로 설명하면 로버트가 자신의 컴퓨터 기술에 감동할 거라고 기대하는지도 모른다. 그도 아니면 또래와 친해지는 방식을 전혀 모르는 것일 수도 있다.

친구를 사귈 때 가장 어려운 점은 사회적 신호를 계속 파악하면서 지속적으로 행동을 조정하는 것이다. 농담을 했는데 아무도 웃지 않거나 제안을 했는데 아무도 관심을 기울이지 않았던 경험이 누구에게나 있을 것이다. 보통은 그 순간 멈추고 행동을 조정하면 크게 문제가 되지 않는다. 하지만 부정적인 피드백을 무시하고 계속 떠벌리면, 다른 사람들을 짜증 나게 하거나 심지어 그 자리에서 벗어나고 싶게 할 것이다. 타인의 반응을 살펴보면 우리가 한 말이나 행동을 좋아하는지 아닌지 알아차릴 수 있다. 그에 따라 계속할지 방향을 바꿀지 결정하면 된다. 이러한 신호를 무시하면 눈을 감고 운전하는 것과 같다.

또래 친구들과 친해지는 방법

앤드루 같은 아이들은 또래의 반응에 맞춰 행동할 줄 알아야 관계를 맺을 수 있다. 조명을 같이 받으면 그 빛이 줄어드는 것이 아니라 더 빛나 따뜻한 우정을 나눌 수 있다는 사실을 알아야 한다.

활동에 기초한 놀이 계획하기_ 아이들은 대부분 같이 어울리고 놀면서 교우 관계를 유지한다. 따라서 아이가 활동에 기초한 놀이를 계획하도록 도와줘야 한다. 볼링을 치거나 스케이트를 타거나 미니 골프 게임을 하면 좋다. 영화를 보거나 농장 체험 활동을 가거나 개를 데리고 산책을 나가도 좋다. 이러한 활동은 재미도 있고 처음의 쑥스러운 분위기도 금세 없애준다. 그래서 활동에 기초한 놀이는 친구를 사귀는 데 그만이다. 처음에는 놀이 시간을 짧게 한다. 초등학교 아이에게는 두 시간 정도면 충분하다. 지겨워할 정도까지 끌고 가는 것보다는 아쉬움을 남긴 채 헤어지는 편이 낫다.

손님을 초대했을 때 지켜야 할 에티켓 설명하기_ 주인은 초대한 손님을 즐겁게 해줄 책임이 있다고 아이에게 설명한다. 어떤 아이들은 텃세를 부리려고 한다. "내 집이니까 내 맘대로야!"라고 주장하며 대장 노릇을 하려 든다. 그럴 때는 손님을 따뜻하게 대접하는 방법을 아이와 의논해보자. 아이가 다음과 같은 사항을 숙지하도록 돕는다.

- 손님이 도착하면 맛있는 간식과 음료를 권한다.
- 손님에게 두세 가지 활동 중에서 선택하라고 제안한다(단순히 "너 뭐 하고 싶니?"라고 물으면 "글쎄, 난 모르겠어"라는 대답밖에 이끌어내지 못한다).

- 손님이 먼저 하게 한다.
- 손님의 얼굴 표정과 몸짓을 주시한다. 손님이 지루해하거나 불만스러워하면 다른 활동을 제안한다("간식 먹을래?" 또는 "우리 다른 거 할까?").
- 게임에서 이기든 지든 "멋진 게임이었어!"라고 유쾌하게 말한다.
- "그건 만지지 마!"라는 말을 하지 않도록 공유하고 싶지 않은 것은 미리 치워둔다.
- 손님이 떠날 때 "와줘서 고마워"라고 말한다.

진심으로 칭찬하기_ 친구를 사귈 때 어떤 아이들은 강한 인상을 풍기면서 다른 사람의 마음을 끌려고 한다. 사실은 그 반대로 해야 한다. 친구를 사귀려면 자기가 다른 사람에게 다가가야 한다. 타인에게 쉽게 다가가는 방법은 바로 진심으로 칭찬하는 것이다. 아이에게 상황에 맞게 진심으로 칭찬하는 요령을 알려주자.

"네 스웨터 참 예쁘다."

"네 작품이 아주 멋지게 완성됐구나."

진심 어린 칭찬을 들으면 기분이 좋아지고, 칭찬해준 사람에게 호의적인 감정을 품게 된다. 한 가지 더 있다. 아이에게 한 번에 한 가지 칭찬만 하라고 알려주는 것도 잊지 말자. 연달아 칭찬을 해대면 상대가 그 진의를 의심하기 쉽다.

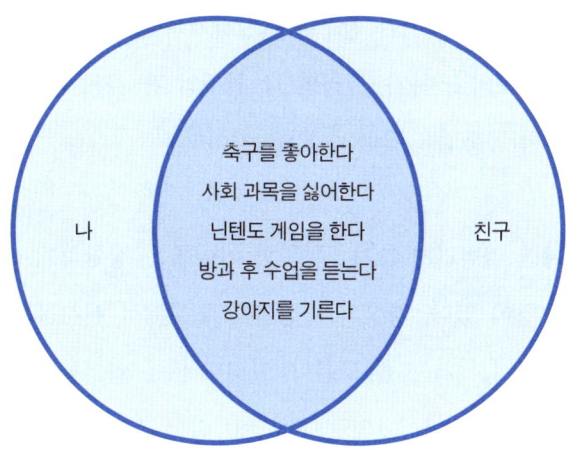

나와 친구의 공통점을 먼저 찾아보자

공통점 찾기_ 여러 가지 활동을 같이 하고 관심사를 공유하면 우정이 깊어진다. 앤드루는 로버트와 다른 점(또는 더 나은 점)을 강조했기 때문에 사이가 깊어지기는커녕 거리감만 키웠다.

아이에게 원 두 개를 겹쳐서 그리게 한다. 원 하나는 당신의 아이를 나타내고 다른 하나는 잠재적인 친구를 나타낸다. 겹치는 부분에는 그 친구와 자기의 공통점을 열거하게 한다. 대화할 때나 활동할 때 이러한 유사점을 강조한다면 우정을 쌓는 데 도움이 될 거라고 알려준다. 아이가 유사점을 찾을 만큼 잠재적인 친구를 잘 알지 못한다면, 친구의 얘기를 주의 깊게 듣거나 친구를 관찰하거나 친구에게 상냥하게 질문해보라고 하자. 그러면 그 친구의 관심사를 더 많이 알게 되어 공통점을 찾을 수 있을 것이다.

혼자만 떠벌리지 않기_ 똑똑한 아이들은 장황하게 떠벌리는 경향이 있다. 자신의 관심사에 흥분해서 시시콜콜 얘기하느라 시간 가는 줄 모른다. 그러다 다른 아이들이 외면하고 떠나버리거나 "그만 좀 떠들어!"라고 소리치면 영문도 모르는 채 상처를 받는다.

당신의 아이가 이런 성향을 보인다면, 대화는 마주 대하며 이야기를 주고받는 것이라고 설명해준다. 혼자만 떠벌리면 공놀이할 때 공을 독차지해서 게임을 망치는 것과 같다.

짜증 난다는 신호를 보내도 계속 혼자만 얘기한다면 상대를 몹시 화나게 할 수 있다. 말하는 중간에 듣는 사람의 반응을 살피고, 서너 문장을 말한 다음에는 상대에게 말할 기회를 줄 수 있게 질문을 던져야 한다. 상대가 고개를 돌리거나 지루해하는 것 같으면, 이야기가 끝나지 않았더라도 멈춰야 한다. 이야기를 마무리한다는 뜻으로 "자, 무슨 말인지 알아들었지?" 또는 "대충 그런 식이야"라고 말한다. 그런 다음에는 질문을 던져 상대의 반응을 주의 깊게 살펴야 한다.

아이가 간결하게 말하는 연습을 하도록 도와줄 수 있다. 아이가 최근에 있었던 사건이나 책, 영화에 대해 서너 문장으로 요약해서 말하게 한다. 문서 형태로는 목록을 장황하게 나열해도 되지만 대화할 때는 아주 짧은 목록이 아니면 일일이 읊지 말아야 한다고 알려주자.

유머 조심하기_ 유머 감각이 뛰어난 아이들이 인기가 많지만, 사교적이지 못한 아이들은 억지로 웃기려고 하다가 역효과만 가져온다. 유머로 남을 웃기기는 쉽지 않다. 타이밍도 맞춰야 하고 다른 사람들의 기분을 민감하게 포착해야 하기 때문이다. 또한 자극하지 않으면서 기분 좋게 놀라게 해 기대에 반하게 하는 탁월한 감각까지 필요하다. 분위기를 파악하지 못하는 아이들은 웃기려고 시도하면서 이런 점을 놓쳐 공연히 사람들의 기분을 상하게 하기 쉽다. 그러다 무심코 상스러운 말이나 상처를 주는 말을 하기도 한다. 전혀 우습지 않은 말이나 행동을 하려고 덤비다 재미를 주기는커녕 분위기만 깨고 마는 것이다. 그러고는 다른 아이들이 화를 내면 독선적으로 항변한다.

"그냥 농담한 거야. 넌 농담도 못 받아들이니?"

당신의 아이가 이렇게 행동한다면, 농담은 가족 앞에서만 하고 친구들 앞에서는 그냥 친절하게 행동하라고 조언하자. 친절을 베풀면 잘못될 일은 별로 없으니까.

다양한 관점에서 생각하게 하기_ 아이와 함께 책을 읽고 영화나 텔레비전 드라마를 보면 다른 사람의 입장에서 생각해볼 기회가 많아진다. 아이에게 여러 등장인물의 반응과 동기에 대해 질문을 던져보자.

"그 남자가 왜 그렇게 했다고 생각하니?"

"그 여자 기분이 어떨 것 같니?"

"그걸 어떻게 알았니?"

"그 여자가 그렇게 하면 사람들이 어떻게 반응할 거라고 생각하니?"

책이나 영화를 활용해 자연스럽게 감정에 대해 이야기하는 것은 좋지만, 질문을 너무 많이 하면 스토리의 재미를 훼손할 수 있다.

아이가 학교에서 일어난 사건을 얘기할 때도 다양한 관점에서 생각하도록 유도할 수 있다. 하지만 작심한 듯 덤벼들어서는 곤란하다. 가벼운 호기심을 보이며 한두 가지만 물어본다. 그리고 아이가 차분하고 협조적일 때만 시도한다. 공연히 꼬치꼬치 캐물어서 추궁한다는 인상을 주지 않도록 한다.

우정을 사려고 하지 않기_ 간혹 또래 친구에게 물건이나 돈을 주면서 우정을 사려고 하는 아이들이 있다. 상대 아이들은 대개 선물을 받기는 하지만 그것을 빌미로 자신을 조정하려 들면 불쾌하게 생각한다. 또한 지나치게 후한 선물을 주는 아이를 좋아하지도 않으며, 심지어 무시하기도 한다.

때로 아이에게 값비싼 장난감이나 수집품을 사다 주면서 우정을 사려고 하는 부모도 있다. 이 전략도 효과가 없기는 마찬가지다. 처음에는 다른 아이들의 관심을 끌 수 있겠지만 공연히 시기심을 유발하거나 진귀한 물건으로 우정을 사려 한다는 인상을 줄 수 있다.

많은 사람과 어울리기를 무서워하는 아이

단체 활동을 회피하려는 클레이

"봐, 클레이. 저기 너희 반 아이들이 잔뜩 있잖아."

클레이의 엄마는 학교 소풍을 맞아 야외로 나온 아이들에게 손을 흔들며 말했다.

"난 소풍이 싫어! 엄마가 나를 왜 여기 끌고 온 건지 모르겠어요."

"고집 좀 부리지 마! 저기 봐. 에이든이 남자애들이랑 원반던지기를 하고 있잖아. 가서 함께 놀지 그러니?"

"난 원반던지기 따위는 안 해요."

"그럼 프라나브랑 윌리엄이 고리 던지기 하는 데 가서 같이 하자고 해봐."

"싫어요."

"클레이, 넌 늘 친구가 없다고 불평만 하지 친구를 사귀려고 노력하질 않잖아!"

"내가 소풍에 따라오고 싶지 않다고 말했잖아요. 그냥 지금 집으로 가면 안 돼요?"

클레이 같은 아이들에게 대규모 사교 행사는 순전히 고문이나 다름없다. 클레이는 친구들과 어울리라는 엄마의 권유를 적극적으로 거부한다. 아는 아이를 봐도 몹시 불편해하며 달아나려고만 한다.

클레이가 대규모 행사에 참석하기를 꺼리는 것이 문제가 될까? 그럴 수도 있고 아닐 수도 있다. 아이들이 사회적 상황에서 늘 뒤로 빠지려고 한다면 틀림없이 다음 세 가지 이유 중 하나다.

1. 혼자 노는 것을 좋아하며, 조용하고 소규모로 이뤄지는 상호작용을 선호한다.
2. 속으로는 원하지만 불안해서 또래에게 다가가지 못한다.
3. 또래 친구들에게 거부당한 적이 있어서 다시 접근했다가 퇴짜를 맞을까 봐 걱정한다.

첫 번째 경우라면 굳이 문제 될 것이 없다. 두 번째와 세 번째 경우라면 문제가 될 수 있다. 부모는 아이에게 어떤 경우를 적용할지 알아내기 위해 탐정 노릇을 해야 한다.

내향성 vs. 외향성

심리학에서는 흔히 사람들을 내향적인 사람과 외향적인 사람으로 구분한다. 외향적인 사람은 주변 사람들에게서 에너지를 얻는다. 파티에서 신나게 놀고 돌아와서도 생기발랄하다. 외향적인 아이를 둔 부모는 아이가 아침에 눈을 뜨자마자 누구랑 어디서 무엇을 할지 계획한다고 말한다. 반대로 내향적인 사람은 혼자 하는 활동에서 에너지를 충전한다. 파티에서 돌아오면 조용히 있고 싶어 한다. 그렇다고 사람을 싫어한다는 말은 아니다. 내향적인 사람은 마음이 따뜻하고 다정한 친구가 될 수 있다. 나만 사람이 많은 곳에서는 금세 진이 빠지고 과도하게 자극받기 때문에 한두 사람과 어울리는 것을 더 좋아하는 것이다. 이런 사람들에게는 여러 사람과 어울리는 시간과 혼자 있는 시간 간에 균형이 필요하다.

미국 문화에서는 외향적인 사람을 더 좋아하는 경향이 있지만, 다른 여러 문화에서는 더 조용하게 교류하는 것을 선호한다. 내향성이든 외향성이든 어느 것이 더 낫다고 할 수는 없다. 사교적인 성격이 더 유리한 점도 있지만, 혼자서 만족감을 느낄 줄 아는 것도 중요한 기술이다. 내향성은 교우 관계를 맺는 데 문제가 되지 않으며 개인적인 특성일 뿐이다. 내향적인 사람은 주변 사람들 때문에 불안해하지 않는다. 다만 소수의 사람과 어울리는 것을 더 좋아할 뿐이다.

아이가 말수가 적은 것이 걱정할 정도인지 알아보기 위해 다음 질문을 살펴보자.

- 자신이 원할 때는 어떤 상황에서든 다른 아이들과 즐겁게 상호작용 할 수 있는가?
- 적어도 한 명의 친구와 친하게 지내는가?
- 점심시간에 같이 밥을 먹고 이야기를 나눌 친구가 있는가?

이 질문들에 모두 그렇다고 대답한다면 딱히 걱정하지 않아도 된다. 여러 사람을 조금씩 아는 것보다 한두 친구와 깊이 사귀는 것을 좋아하는 아이가 있는가 하면, 낯선 사람들과 새로운 환경에 놓일 때 처음에는 수줍음을 타지만 편해지면 금세 마음을 터놓는 아이도 있다. 이 역시 이상하거나 걱정할 일은 아니다.

자신을 억누르는 아이

조용하고 내성적인 스타일이 꼭 문제가 되는 것은 아니지만, 사회적 위축이 선택이 아니라 기질적인 아이도 있다. 이런 아이는 흔히 다른 아이들과 함께 있을 때 극도로 부끄러워하고 불편해하므로 도움이 필요하다.

연구에 따르면, 다섯 아기 중 한 명이 '억제된' 기질을 타고난다고 한다. 억제된 아기는 쉽게 놀라고, 낯선 사람을 보거나 새로운 장난감을 주면 당황하는 경향이 있다. 이론적으로 살펴보면, 이런 아기는 신경계가 더 예민해서 감정적으로 반응하고 달래기가 더 어렵다고 한다. 걸음마를 떼고 나서도 부끄럼을 많이 타고, 낯선 사람들과 말하지 않거나 쳐다보는 것도 꺼리며, 자라면서도 계속 불안감을 느낀다.

이런 아이는 흔히 계속해서 아웃사이더로 남는 악순환에 갇힌다. 사람들이 모여 있으면 불안감을 느끼고 불편해하는 아이는 그런 상황을 회피하는 경향이 있고, 그 때문에 다른 아이들과 어울리고 상호작용 할 방법을 알아낼 기회가 점점 더 줄어든다. 극히 중요한 교우 관계 기술을 배우지 못했기 때문에 또래에게 거부당하거나 무시당하기 십상이다. 따라서 이런 일이 자주 일어나면 늘 배척당할 거라고 예상하고 거부 조짐만 보여도 극도로 예민해진다. 그 때문에 더 불안해지고 불편해하며, 결국 사회적 상황을 더 회피하려 든다.

아이가 사회적으로 위축되어 있다고 부모가 감정적으로 대처하면 문제가 더 복잡해지기도 한다. 클레이의 엄마처럼 외향적인 성격의 부모는 아이가 위축되고 뒤로 빼기만 하면 좌절하거나 실망하거나 도저히 이해하지 못하거나 당황한다. 부모 자신도 사람이 많이 모이는 분위기를 불편해하는 경우, 대개 자신이 겪은 괴로움을 아이는 겪지 않게 하려고 고심한다. 행여 아이가 마음을 다칠까 봐 지나치게 조심하느라 아이가 두려워하는 상황에 아예 내보내지 않으려고 하기도 한다. 반대로 너무 부담을 주면서 아이에게 좀 더 사교적으로 행동하라고 강요하기도 한다. 두 반응 모두 아이의 불안감을 가중시킨다. 결국 또래와 접촉하는 것을 더 회피하게 만드는 것이다.

그런데 기질 연구에서 흥미로운 사실이 드러났다. 억제된 기질을 지녔던 아기와 어린아이 중 약 3분의 1이 나중에 학교에 들어가면 어쩐 일인지 그런 성향을 보이지 않았다. 이런 기질상의 개선은 부모가 아이의 기분을 인정하면서도 친구들과 조금씩 더 어울릴 수 있도록 은근히 유도해 밀고 당기는 전략을 균형 있게 실천한 덕분이었다. 그러므로 당신이 예전에 썼던 방식이나 다른 아이들이 행동하는 방식, 또는 아이가 사회적으로 어떻게 행동하면 좋겠다고 바라는 방식에 초점을 맞추는 대신에, 아이가 지금 처해 있는 상태에서 조금씩 앞으로 나아가게 해야 한다. 아이가 현재 느끼는 사회적 안도감 수준에서 한발 정도만 더 앞으로 나아가도록 격려하자. 그러면 작은 성공이 쌓이고 쌓여 아이에게 사람들과 자연스럽게 어울릴 자신감이 붙을 것이다.

단체 활동에 참여하게 하는 방법

억제된 기질의 아이를 억지로 사회적 상황에 밀어 넣는다고 사회성이 더 나아지지는 않는다. 그렇다고 사람들과 어울리는 것을 계속 피하도록 내버려두라는 말은 아니다. 클레이 같은 아이들은 친구들과 교류하도록 격려와 안내를 많이 받아야 한다. 그래야 불안감을 가라앉히고 또래와 편하게 어울리는 데 도움이 될 구체적인 전략을 배우고 실천할 수 있다. 이런 아이들을 도와줄 수 있는 방법을 살펴보자.

관찰한 다음 섞이기_ 운동장에 있는 아이들을 대상으로 실시한 관찰 연구에 따르면, 그룹에 가담하려면 일정한 절차대로 움직여야 한다. 먼저 무슨 일이 진행되는지 파악하기 위해 상황을 관찰한 다음 방해하지 않고서 그 활동에 자연스럽게 합류해야 한다.

관찰한 다음에 섞이는 절차는 차들이 쌩쌩 달리는 고속도로에 끼어드는 방법에 비유할 수 있다. 아이들이 그룹에 가담할 때 주로 저지르는 실수 두 가지와 연결해서 아이에게 다음과 같이 설명해보자.

1. 다른 아이들이 무엇을 하고 있는지 고려하지 않고 불쑥 끼어든다면, 그런 행동은 게임을 방해하기 때문에 다른 아이들을 짜증 나게 한다. 이는 교통 흐름을 확

인하지 않고 고속도로에 불쑥 끼어드는 운전자와 같다. 그리 좋은 방법이 아니다.

2. 뒤에서 망설이기만 할 뿐 놀이에 동참하려고 나서지 못한다면, 이는 교통 흐름에 합류하지 못하고 진입로에서 한없이 기다리는 운전자와 같다. 결국 가려는 곳까지 절대 도달하지 못한다.

먼저 쉬는 시간에 다른 아이들이 무슨 게임을 하며 노는지 관찰하게 한다. 그리고 아이가 그러한 활동에 섞여 들어갈 구체적인 방법을 계획하도록 도와준다. 이를테면 술래잡기에서는 새로운 사람이 술래를 한다는 사실을 파악한 뒤에 아이가 그 놀이에 뛰어들어야 한다. 멀리뛰기 시합을 할 때는 경계선에 바짝 붙어서 뛰는 친구들을 보면서 요령을 익힌 다음에 시도해야 한다. 나무 쌓기 놀이를 하고 싶으면 근처에 있는 막대를 잔뜩 들고 가야 환영받는다.

그냥 무턱대고 "나 좀 끼워줄래?"라고 물으면 게임 흐름을 방해하기 때문에 좋지 않다. 다들 하던 것을 멈추고 당신의 아이를 끼워줄지 말지 생각해야 한다. 개중에 짓궂은 아이라면 "싫어, 안 끼워줄 거야. 하, 하, 하!"하고 대답할지도 모른다.

혼자 노는 아이나 넷 이상 노는 그룹 찾기_ 앞서 소개한 운동장 연구에서는 혼자 노는 아이나 넷 이상이 노는 그룹에 가담하려고 시도할 때 성공할 가능성이 가장 높았다. 두세 명이 노는 그룹은 구성원 간의 친밀도가 아주 높기 때문에, 그 아이들과 잘 아는 사이가 아니라면 새로운 구성원으로 환영받기 힘들다. 이런 점을 알고 있으면 아이가 누구에게 접근하면 좋을지 파악할 수 있다.

아이가 접근한 아이가 놀기 싫다고 말하면 그냥 물러나서 다른 아이에게 시도하면 된다. 시도했다가 퇴짜 맞는 경우를 야구 게임에 비유해서 설명해주자. 다들 방망이를 휘두르지만 헛스윙을 할 때도 있고 '딱!' 하고 맞힐 때도 있다. 유치원 아이들을 대상으로 연구한 결과, 가장 인기 있는 아이도 놀이 그룹에 끼려고 시도할 때 네 번에 한 번은 실패했다.

친근한 몸짓언어 활용하기_ 감정을 가장 잘 전달하는 언어는 말이 아니라 몸이다. 아이에게 이렇게 물어보자.

"아무 말도 하지 않고 친하다는 뜻을 어떻게 보여줄 수 있을까?"

미소 띤 얼굴, 편안하고 개방적인 자세, 호기심 어린 눈맞춤, 긍정적인 목소리 등은 모두 친구가 되고 싶다는 신호를 전달한다.

몸짓언어는 부정적인 메시지를 전달하기도 한다. 아이가

다른 아이들과 어울리기를 거부하며 구석에 쪼그리고 앉아 책만 읽고 있으면, 말하지 않아도 "나는 너희와 어울리고 싶지 않아!"라는 메시지를 보낸다. 어른들은 그런 아이를 끌어들이려고 시도할지 모르지만, 아이들은 전혀 그러지 않는다. 무시하고 다른 친구들과 놀면 그만이다.

당신의 아이가 "그냥 난 쉬는 시간에 책 읽는 게 좋아요. 다른 놀이는 다 싫어요!"라고 항변한다면 어떻게 해야 할까? 아이에게 이것은 기본예절의 문제라고 알려준다. 당신의 아이도 학교 공동체의 일원이다. 공동체의 구성원들과 교류하지 않겠다고 하면 그들을 무시하는 것이다. 게다가 이런 행동은 문제를 더욱 악화시킨다. 아이가 아웃사이더처럼 굴면서 다른 아이들이 놀거나 이야기하는 동안 혼자 책을 읽으면 어울릴 기회는커녕 틈만 더 벌어질 것이다. 다른 아이들도 당신의 아이가 자기들을 좋아하지 않는다고 생각하고 좀처럼 다가오지 않을 수 있다.

책은 집에서 읽으면 된다. 학교에 있을 때는 읽기 시간에 읽으면 된다. 굳이 점심시간이나 쉬는 시간에까지 책을 읽을 필요는 없다. 아이가 다른 활동을 선택하도록 도와줘라. 그네나 미끄럼틀을 타는 것은 손쉽게 할 수 있다. 그것도 싫다면 최소한 즐거운 표정과 개방적인 태도로 운동장 주변을 걸어 다닐 수는 있을 것이다. 그러면서 다른 아이들이 얼마나 다양한 활동을 하는지 보고 어떤 놀이에 끼면 재미있을지(또는 적어도 끔찍하지 않을지) 결정하게 해라.

간단한 대화 문구 연습하기_ 대부분의 대화는 재치 있는 말재주로 이루어지지 않는다. 일상적인 대화는 오히려 정형화된 표현을 많이 쓴다. 흔히 상대방을 인식하고 관심을 표명하는 식이다. 그런데 누가 말을 걸면 어떻게 대응해야 할지 몰라 입을 닫아버리는 아이들이 있다. 그런 아이도 간단한 대화를 연습하면 다른 사람과 상호작용 하는 것을 더 편하게 느낄 수 있다.

사람들과 교류할 때 아이가 알아야 할 가장 중요한 말은 인사말이다. 부끄럼을 많이 타는 아이는 누가 인사를 건네면 그냥 얼굴을 돌리거나 아무 반응도 보이지 않는다. 남의 시선을 의식하기 때문이다. 역할 놀이를 활용해 아이가 "안녕, 아무개야"라고 말하며 인사말을 건네는 연습을 시킨다. 인사하면서 미소를 지으며 상대방을 쳐다보라고 말한다. 아이가 사람의 눈을 쳐다보지 못한다면, 콧등을 보라고 제안한다. 두려움은 줄고 친근감은 유지할 수 있다. 어떤 문화에서는 애들한테 어른이나 이성의 눈을 똑바로 쳐다보지 말라고 가르치기도 한다. 하지만 동성 어린이들 간에는 이런 문제에 개의치 않아도 된다.

당신이 다른 사람들과 인사하거나 대화하는 데 어려움이 없다면, 이런 일로 힘들어하는 아이를 보고 좌절감을 느낄 수도 있다. 그렇다고 아이를 너무 다그치지 않도록 주의하자. 또한 사람들 앞에서 공공연히 고쳐주려고 하지 말아야 한다. 당신의 목적은 아이가 사회적 상황에서 억눌리거나 당황하지 않고 편하게 느끼도록 돕는 것이다.

아이가 인사말에 숙달하면 다른 말을 연습할 수 있다. 아주 기본적인 표현이지만, 사람들이 말을 걸어올 때 어색해하는 아이들에게는 매우 중요하다. 흥미로운 대화로 이루어지지는 않지만 이런 간단한 말은 아이들이 일상적인 상호작용을 처리하고 처음에 느끼는 불편한 감정을 이겨내는 데 도움이 된다. 인사말을 할 때처럼 묻거나 대응할 때는 미소를 띠라고 말해주자. 당신의 문화에서 허용한다면 자연스럽게 눈을 맞추라고 격려한다. 달변가는 원래 상대방이 말하게 하는 데 능숙한 사람이라는 사실을 알면 아이가 마음을 좀 놓을지 모른다. 무슨 말을 할지 모르겠을 때는 질문을 되받아 넘기는 것도 좋은 방법이다. 이를테면 이런 식이다.

"별일 없니?" "응, 별로. 너는 별일 없니?"

"어떻게 지냈니?" "잘 지냈어. 너는 어떻게 지냈니?"

"학교생활은 잘하고 있니?" (어른의 질문) "예, 요즘 OO(과목)에서 OO(주제)를 공부하고 있어요."

"안녕!" "안녕! 나중에 봐."

"그 경기는 어땠니?" "끝내줬어. 우리가 이겼거든." 또는 "별로. 우리가 졌어."

"이번 주말에 뭐 할 거니?" "별 계획 없어. 넌 뭐 할 거니?"

"지난 주말에 뭐 했니?" "게임하고 놀았어." 또는 "할아버지 댁에 다녀왔어."

"수학 시험 잘 봤니?" "그럭저럭." 또는 "너무 어렵더라."

성향에 맞는 방과 후 활동 찾기_ 방과 후 활동을 하면 공동 관심사와 경험을 나눌 수 있어서 쉽게 친구를 사귈 수 있다. 또한 지도하는 어른이 있기 때문에 조직화되지 않은 상태에서 당황하는 아이들에게는 더 안심이 된다. 요즘에는 아이가 참여할 방과 후 활동이 굉장히 많다. 아이의 스타일에 맞는 활동을 하나쯤 찾을 수 있을 것이다. 운동 팀은 순식간에 공동체를 결성할 수 있다. 아이가 운동을 좋아하지 않으면, 미술 수업을 받거나 합창단에 들어가거나 동물 보호소에서 자원봉사를 해도 된다. 어린아이에게는 독서 프로그램도 좋다. 아이에게 몇 가지 선택 사항을 제시하고 직접 고르게 하자. 처음에는 제한된 시간 동안 한 가지 활동에만 참여하는 식으로 작게 시작한다. 당신의 목적은 아이가 자신감을 길러 사람들 앞에서 당황하지 않도록 돕는 것이란 사실을 잊지 말자.

목소리 녹음하기_ 말이 없는 아이들 중에는 자신의 목소리에 화들짝 놀라는 아이도 있다. 자기 목소리를 녹음해서 들으면 좀 더 편안하게 입을 떼는 데 도움이 되기도 한다. 스마트폰의 녹음 기능을 사용해보자. 녹음할 때 아이에게 여러 가지 억양으로 말하거나 효과음을 내보라고 한다. 우스꽝스러운 내용으로 번갈아가며 이야기를 이어가는 것도 좋다. 아이는 즐거워하면서 자신의 목소리에 익숙해질 것이다.

친구에게 거부당하거나 거부할 때

또래에게 거부당한다고 느끼는 아멜리아

"그게 도대체 뭐니?"

아멜리아가 힐책하듯 묻자 퍼트리샤는 못 들은 척 무시했다.

"말을 그린 것 같은데 목이 너무 짧잖아."

아멜리아가 집요하게 말했지만 퍼트리샤는 도화지를 가리며 프리아 곁으로 옮겨 갔다.

"저리 가, 아멜리아." 프리아가 말했다. "네가 무슨 생각을 하는지 아무도 신경 안 써."

"여기 있든 말든 네가 무슨 상관이니? 이 책상이 네 건 아니잖아. 나도 그림을 그리고 싶단 말이야."

아멜리아가 대꾸했다.

아멜리아가 크레용을 집으려고 손을 뻗었다. 그러자 프리아와 퍼트리샤가 책상 위로 상체를 구부리며 종이와 크레용을 가렸다.

"우리가 여기 먼저 왔어!" 퍼트리샤가 우겼다. "저리 가! 넌 만날 훼방만 놓잖아."

"그래, 아멜리아. 저리 가버려!"

프리아가 쐐기를 박았다.

"너흰 정말 못됐어!"

아멜리아가 외쳤다.

똑똑한 아이들은 다른 사람들에게 아주 비판적으로 굴기도 한다. 세상의 불완전함을 지적할 의무가 있다고 생각하는 것 같다. 뭔가 옳지 않으면, 그걸 공개적으로 알리지 않고는 못 배긴다. 그러면서 자신의 탁월한 안목을 인정받을 거라고 기대하지만 실은 주변 사람들을 짜증 나게 하고 미움만 살 뿐이다. 아멜리아의 비판은 친구에게 다가가고 싶다는 의도가 아니라 아무 이유 없는 공격으로 받아들여진다. 퍼트리샤는 자신의 완벽하지 못한 그림을 변호하려 들지도 않는다. 그냥 아멜리아가 다가오지 못하도록 밀쳐버린다.

아멜리아는 이 상호작용에서 자기가 피해자라고 생각한다. 다른 여자아이들의 거부에 상처받기만 할 뿐, 자기가 그러한 거부를 촉발했다는 생각은 조금도 하지 않는다. 마이클 톰슨과 동료들은 아이들이 갈등 상황을 이해할 때 흔히 갖는 편견을 이렇게 표현한다.

"이 싸움은 순전히 그 애가 나한테 반격했기 때문에 시작됐어."

아이들의 심술궂은 행동

우리가 아무리 막으려 해도 아이들은 흔히 서로에게 심술을 부린다. 심리학자 스티븐 애셔Steven Asher와 동료들은 소형 마이크와 원격 카메라를 이용해 3학년에서 6학년 아이들의 사회적 상호작용을 연구했다. 학기 초인 10월에서 이듬해 6월까지 점심시간과 쉬는 시간, 체육 시간에 학생들이 활동하는 모습을 카메라에 담았다. 그 결과, 놀랍게도 서른두 가지나 되는 거부 행동이 관찰됐다. 예를 들어 신체적 거부 행동으로는 때리기, 발차기, 거부당한 아이에게 물건 던지기, 물건 부수기 등이 있었다. 언어적 거부 행동에는 거부당한 아이를 나쁘다거나 버릇이 없다고 비난하면서 행동을 흉내 내거나 그 아이의 친구나 가족에게 모욕적인 말을 던지는 것도 있었다. 때로는 어떠한 말이나 직접적인 행동 없이 그냥 무시하는 식으로 거부하기도 했다. 등을 한 대 세게 치면서 나쁜 말을 툭 던지고 지나가는 식으로 순간적으로 이뤄지기도 했고, 때로는 말꼬리를 잡거나 무조건 반대하는 식으로 오랫동안 반복해서 이뤄지기도 했다. "난 네가 싫어!"라고 일대일로 거부하는 경우도 있고, "너는 우리 클럽에 들어올 수 없어!"라고 단체로 거부하는 경우도 있었다.

거부하는 행동은 점심시간에 같은 테이블에 앉지 말라고 큰 소리로 거부하는 것처럼 대부분 노골적이지만, 이따금 불분명한 경우도 있다.

이를테면 음식을 나눠 먹자는 제안을 거부할 경우, '세균'이 옮을까 봐 염려하거나 단순히 그 음식을 원하지 않을 수도 있다. 바보, 멍청이라고 부르는 것은 모욕을 주려는 속셈일 수도 있지만 그냥 친근함의 표시일 수도 있다.

애셔의 연구에서는 또래의 반감을 사는 아이가 거부 대상이 될 가능성이 높았다. 하지만 가장 친하다고 여기는 아이들끼리도 때로는 서로 못되게 거부하기도 했다. 이이들은 흔히 충동적이고 문제 해결 능력이 떨어지며 감정을 잘 다스리지 못한다. 또한 다양한 관점에서 생각하지 못하고 군중심리에 휩쓸리기 쉬우며 "내가 이렇게 하면 어떻게 될까?" 하는 호기심이 발동하기도 한다. 이 모든 이유로 아이들은 심술을 부린다.

애셔의 연구에서 한 가지 더 밝혀진 사실은, 거부에 대응하는 방식이 사태를 완화시키기도 하고 악화시키도 한다는 점이다. 어떤 아이는 거부당해도 그냥 무시하거나 농담조로 받아넘기며 아무렇지 않게 넘겼다. 하지만 벌컥 화를 내거나 복수하려 들거나 필사적으로 매달리는 아이들은 사태를 더 악화시켰다. 애셔는 다른 아이들의 마음을 사려다 더 따돌림을 당하는 여자아이를 예로 들었다. 그 아이는 다른 아이들한테 공으로 자신의 엉덩이를 맞히게 하면서 환심을 사려고 했지만, 오히려 더 무시당하고 놀림을 받았다. 이처럼 반복해서 매달리고 애원하면 받아들여지기는커녕 더 쉬운 먹잇감으로 전락하기 쉽다.

거부당하는 아이를 둔 부모는 다른 아이들이 얼마나 심술궂은지만 따지며, 전후 사정도 듣지 않고 격분한다. 물론 아무 잘못도 없이 부당하게 괴롭힘을 당하는 아이들도 없지 않다. 이를테면 학교에 새로 전학 왔거나 또래보다 체구가 작거나 나이가 어리거나 학급 친구 대부분과 다른 문화권 출신인 경우에 그런 일이 간혹 있다. 하지만 아이 본인이 거부당하는 데 어느 정도 역할을 하는 경우가 더 많다. 그렇다 하더라도 비열한 짓을 정당화하거나 용서할 수는 없다. 아이가 무슨 행동을 하더라도 심하게 대우해서는 안 된다. 하지만 현실적으로는 아이가 거부당하는 일을 덜 겪도록 최대한 중재하는 것이 고작이다. 아이가 문제에 어떻게 기여하는지 파악한다면, 문제를 줄일 중요한 단서를 포착할 수 있다.

부모는 자주 거부당하는 아이가 다른 학교로 전학 가면 괜찮지 않을까 궁금해한다. 존 코이John Coie와 제니스 쿠퍼스미트Janis Kupersmidt가 실시한 연구에 따르면 전학이 능사는 아니다. 두 연구자는 또래 평가를 활용해 그룹에서 자주 반감을 사는 초등학교 4학년 남자아이 넷을 골라 다른 놀이 그룹에 끼워놓고 관찰했다. 다른 놀이 그룹은 같은 반 친구거나 서로 모르는 아이 셋으로 구성되었다. 아이들은 6주 동안 매주 한 번씩 만나 놀았다. 학교 친구들에게 반감을 샀던 남자아이들은 만난 지 세 번도 안 되어 새로운 놀이 그룹에서도 비슷하게 미움을 받았다. 그 아이들이 학교에서 어떤 취급을 받는지 전혀 모르는 아이들도 그런 평가를 내렸다. 친숙한 친구와 낯선 친구 모두 그들을 싸움을 일으키는 말썽꾼으로 바라봤다. 아무튼 이 네 아이는 새로운 그룹에서도 평판이 좋지 못했다.

그렇다면 거부당하는 아이가 문제에 기여하는 점은 무엇일까? 여러 연구를 종합해서 살펴보면, 거부당하는 남자아이들이 어떻게 행동하는지 알 수 있다. 거부당하는 남자아이들 중 절반 정도는 공격적이었다. 그 아이들은 다른 남자아이들보다 더 때리거나 차거나 밀치고, 다른 학생들에게 시비를 걸어 지장을 주는 경향이 있었다. 놀이 그룹 연구에서 녹화한 비디오 화면을 보면, 반감을 사는 남자아이들은 적대적이고 공격적인 방식으로 상호작용을 하는 경향이 강했다.

그렇다고 거부당하는 아이가 모두 공격적인 것은 아니었다. 13퍼센트 정도는 소심하고 위축되어 있으며 비협조적이었다. 또 일부는 공격적이지도, 소심하지도 않았다. 또래 친구들은 그 아이들이 사교성이 떨어진다고 말했다. 이런 남자아이들은 일반적인 사회적 기대치에 맞게 행동하지 못한다. 지저분하거나 이상한 버릇이 있거나 다른 아이들을 당황하게 만드는 미숙한 행동을 저지른다.

여자아이들은 남자아이들보다 공격적인 성향이 약했다. 반감을 사는 여자아이들을 관찰한 결과, 다른 여자아이들보다 더 거만하고 부정적인 감정을 더 표출하며 규칙을 깨뜨리는 말을 더 많이 하고 갈등 해결 능력이 더 떨어지는 경향을 보였다. 또한 소문을 퍼뜨리거나 누구를 좋아하지 않도록 조장하는 등 우회적으로 공격성을 드러내는 특징이 있었다. 놀랍게도 이런 우회적인 공격성은 유치원 시절부터 드러난다고 한다.

약자를 괴롭히지 않도록 예방하기

최근에 학교와 학계, 언론에서는 약자를 못살게 구는 문제에 관심을 많이 기울이고 있다. 괴롭힘은 일부러 상처를 주는 행동이다. 지속적으로 또는 심하게 괴롭히는 행동은 피해자에게 상당한 고통과 피해를 안긴다. 그런 행동은 대개 괴롭히는 사람과 괴롭힘을 당하는 사람 간에 발생하는 힘과 세력의 차이에서 비롯된다. 약자를 못살게 구는 행동은 단순한 심술이 아니라 협박이자 괴롭힘이자 학대이며, 장기적으로 심각한 결과를 초래하기도 한다.

많은 학교에서 괴롭힘을 예방하는 프로그램을 운영한다. 그나마 희망을 주는 소식이다. 약자를 괴롭히는 일에 맞서려면, 종합적이고 체계적인 프로그램을 통해 그런 행위를 바로 포착하고 가벼이 넘기지 않아야 한다. 괴롭힘은 주로 주변에 어른이 없을 때 일어난다. 따라서 괴롭히는 행위에 직접적으로 가담하지 않는 아이들, 즉 방관하는 아이들에게 그냥 비웃거나 보고도 못 본 체하지 말고 대담하게 나서라고 격려해야 한다. 아이들이 직접 처리하기 어려운 문제 상황을 은밀히 또는 익명으로 어른에게 알릴 방법을 제공하면 도움이 된다. 학교와 지역사회, 가정이 힘을 모아 잔혹한 행위를 차단하도록 더 노력해야 한다. 또한 모든 아이가 잘 자랄 수 있는 따뜻한 환경을 조성해야 한다. 괴롭힘 예방 프로그램에 참여한 아이들은 학교가 더 즐겁고 교사와 또래 친구들이 더 좋아졌다고 말했다. 또한 읽기 점수와 수학 점수도 상당히 높아졌다.

거부당할 때 대처하는 방법

아이들을 모두 배려하는 공동체를 만들려는 학교의 다양한 활동을 지원하는 것도 중요하지만, 당신의 아이를 위해 사회적 상황을 개선하도록 직접적인 행동도 취해야 한다. 아이들은 누구나 때로는 거부당한다. 그런데 당신의 아이가 또래에게 자주 놀림을 받거나 배제된다면, 당장 아이의 담당 교사는 물론 상담 교사와 교장을 만나 아이가 친구들과 안전하게 어울리게 할 방도를 강구해야 한다. 아이가 거부당하는 일로 몹시 괴로워하거나 두통과 복통에 시달리거나, 학교에 가기 싫어하는 등 스트레스 징후를 보이거나 또래 문제로 고민하느라 학업을 충실히 따라가지 못한다면, 정신과 상담을 받게 할 것을 강력히 권한다. 아이가 거부당하는 것을 피하거나 대처하도록 도와줄 만한 아이디어를 몇 가지 살펴보자.

대체 가능한 교우 관계를 개발한다_ 아이들은 너 나 없이 교우 관계가 수시로 바뀐다. 따라서 부모가 취할 수 있는 최선의 조치는 아이에게 다양한 환경에서 다양한 친구를 사귈 기회를 제공하는 것이다. 친구가 단 한 명만 있어도 거부로 인한 아픔을 덜 수 있다. 친구가 여러 명이라면 또래 관계에서 겪는 우여곡절을 견디는 데 크게 도움이 된다. 어느 날 학교에서 어떤 친구가 특별히 불친절하게 대하면, 다른 아이들과 놀면 된다. 아니면 '진짜 친구'가 다른 곳에 있다고 생각하기만 해도 위로를 받는다. 아이들끼리 친해지도록 플레이데이트(playdate, 엄마들이 특정한 날 아이들을 모아서 놀게 해주는 것 — 옮긴이)를 잡아주거나 방과 후 활동에 참여시키면 교우 관계를 넓히는 데 도움이 된다.

우리는 이따금 특정 친구가 하루는 아주 상냥하게 대해

주다가 다음엔 못살게 군다고 불평하는 소리를 자주 듣는다. 아이는 이런 친구에게 혼란을 느낀다. 그럴 때는 늘 한결같은 사람이 있는가 하면 변덕이 심한 사람도 있다고 말해주면 된다. 이랬다저랬다 하는 친구는 아이디어가 넘치기 때문에 같이 놀면 재미있기는 하지만 종잡을 수가 없다. 한결같이 상냥한 친구를 선택하는 편이 더 쉽지만, 변덕스러운 친구가 상냥하게 굴 때는 같이 놀아도 된다. 그들이 심술궂게 행동할 때는 "그렇게 하면 나는 싫어"라고 딱 부러지게 말해야 한다. 계속해서 짓궂게 행동하면 조용히 물러나서 다른 친구를 찾는다.

협력자 근처에 머문다_ 괴롭힘을 당하는 아이들은 해결하기 어려운 딜레마에 빠져 있다. 대개 그 상황을 스스로 처리하기 벅차지만, 어른에게 알렸다가는 고자질하면 안 된다는 암묵적인 규약을 깨뜨리게 된다. 결국 더 거부당할 수도 있다. 반드시 어른에게 알려야 할 경우, 아이에게 은밀히 알리라고 미리 당부해둔다. 대놓고 "선생님한테 이를 거야!"라고 말할 필요는 전혀 없다.

물론 괴롭힘을 당할 일을 사전에 방지하는 것이 더 좋다. 쉬는 시간이나 수업 시작 전후 등 조직화되지 않은 시간에는 어른이나 친구들 근처에 머물기만 해도 예방 효과가 있다. 그러면 귀찮게 구는 아이의 먹잇감이 될 가능성이 줄어

든다. 행여 무슨 일이 생기더라도 목격자나 중재해줄 사람이 있기 때문이다.

괴롭힘에 시큰둥하게 대응한다_ 놀림이나 짓궂은 장난을 경험하지 않은 아이는 없다. 거기에 감정적으로 대응하는 아이는 반복해서 놀림을 받기도 한다. 반응이 크면 놀리는 아이가 더 좋아하기 때문이다. 예민해서 상처를 잘 받는 아이에게는 행여 놀림받더라도 무관심하게 반응하라고 가르쳐야 한다. 이를테면 따분한 표정을 짓거나 혐오스럽다는 듯이 딴 데를 보거나(이런 반응은 또래한테만 하고 어른에게는 절대로 하지 말라고 당부하라!), 또는 외면하고 태연하게 자리를 피하는 식으로 말이다. 짤막하게 한마디 던져줘도 좋다.

"그래서 어쨌다고?"

"뭐야?"

"좀 재미있는 얘기 할 때 불러라."

놀리는 말에 꼭 재치 있게 응수할 필요는 없다. 그냥 아무렇지 않은 척하면 된다.

아무 의미 없는 모욕적인 말을 활용해 아이에게 놀림에 대처하도록 연습시킨다. 의미 없는 모욕적인 말을 활용하는 이유는 그런 말로 아이를 자극하지 않을 목적도 있지만 원래 놀림이 아무 의미도 없다는 것을 알려주기 위해서다.

"넌 정말 비바야! 넌 쓸모 있는 시레기야!"

"넌 지지배배야! 넌 아무짝에도 쓸모없지 않지 않아!"
"하하하, 넌 멍충이야!"
"넌 빵꾸똥꾸야!"
"넌 난쟁이 똥자루 부대 자루 친구야!"

분위기에 동참한다_ 대화는 멜로디와 같아서 각 연주자가 곡조에 맞는 음을 연주해야 아름다운 하모니를 이룬다. 새로운 논평은 진행되는 대화의 분위기와 조화롭게 섞여야 한다. 그렇지 않으면 귀에 거슬리는 법이다.

예를 들어 다른 아이 모두가 시험이 너무 어려웠다고 불평한다면, 당신의 아이도 그런 식의 불평을 내놓아야 한다.
"맞아, 수학 문제가 정말 골치 아팠어."
"객관식 문제가 너무 헷갈리게 나왔어."

그런데 엉뚱하게 "난 이번 시험이 아주 쉬웠는데"라고 하면, 대화를 방해하고 다른 아이들을 짜증 나게 한다. 다른 아이들이 스포츠 팀에 대해 열정적으로 이야기한다면, 당신의 아이는 비슷한 열정이나 적어도 약간의 관심을 표현해야 한다. 거기에 대고 "스포츠는 너무 시시해"라고 말하면 누가 좋아하겠는가!

아이에게 분위기에 맞는 대화를 연습시켜도 좋다. 어떤 주제와 관련해 감정적으로 비슷한 논평 두 가지를 던져주고 아이에게 세 번째 논평을 말하게 한다. 그리고 아이가 분위기와 어울리는 말로 조화롭게 섞여드는지 살펴본다. 연습할 만한 대화 주제는 학급, 수집품, 텔레비전 프로그램, 비디오 게임, 음악 그룹 등 다양하다.

친구를 끌어당기는 행동과 밀어내는 행동을 파악한다_ 사람들과 잘 어울리려면 상대의 반응을 예측할 수 있어야 한다. 아이에게 자석 두 개를 주고 반대 극끼리는 끌어당기고 같은 극끼리는 밀어내는 실험을 하게 한다. 그리고 우리가 주변 사람들에게 어떻게 행동하느냐에 따라 친구를 끌어올 수도 있고 내쫓을 수도 있다고 설명한다. 아이들은 일반적으로 행복하고 즐거운 아이들 주변에 있고 싶어 한다.

다음에 나열된 행동 목록을 보여주면서 각 행동이 끼칠 영향을 예측하게 해보자.

이러한 행동은 친구를 끌어당길까 아니면 밀어낼까

- "아무도 나를 좋아하지 않아. 다들 나한테 짓궂게 굴어!"라고 소리치기 (밀어낸다)
- 게임에 지고 있을 때 "비겁해! 넌 속임수를 썼어!"라고 말하기 (밀어낸다)
- 다른 사람에게 "주말에 어떻게 지냈니?"라고 물어보기

(끌어당긴다)

- 누가 지시를 따르지 않는지 교사에게 이르기 (밀어낸다)
- 다른 사람에게 네 색연필을 쓰라고 권하기 (끌어당긴다)
- 네가 어지르지 않았어도 다른 사람이 치울 때 도와주기 (끌어당긴다)
- 누가 네게 말할 때 대답하지 않거나 고개를 돌리기 (밀어낸다)
- 누구를 놀리고 나서 "농담이야!"라고 말하기 (밀어낸다)
- "안녕, 아무개야!"라고 이름을 불러주며 인사하기 (끌어당긴다)
- 네 앞길에 방해가 된다고 다른 사람을 밀어버리기 (밀어낸다)
- 너를 쫓아오게 하려고 공놀이하는 아이들의 공을 낚아채서 도망가기 (밀어낸다)
- 네가 진다고 게임을 그만두기 (밀어낸다)
- 다른 사람에게 "네가 틀렸어!"라고 말하기 (밀어낸다)
- "네가 잘못했어. 너 때문에 내가 그랬잖아!"라고 말하기 (밀어낸다)
- "나한테는 좋은 일이 절대로 일어나지 않아"라고 말하기 (밀어낸다)
- "이건 정말 따분해"라고 말하기 (밀어낸다)

다른 아이들이 왜 그런 식으로 반응할지 아이에게 설명하게 해보자. 그런 행동 때문에 다른 아이들이 어떻게 느낄 것 같니? 그런 행동을 한 아이에게 어떤 인상을 받을 것 같니? 밀어내는 행동 대신에 어떻게 행동하는 것이 낫겠니? 그런 다음 아이더러 이튿날 학교에서 끌어당기는 행동을 하라고 조언한다. 또는 밀어내는 행동에 대한 긍정적인 대안을 선택하라고 격려한다.

위생에 신경 쓴다_ 많은 아이가 위생을 뒷전에 두는 시기가 있다. 그럴 때는 흔히 씻지 않고서 씻은 것처럼 보이려고 공을 들인다. 이를테면 샤워하면서 샴푸를 쓰지 않고 머리에 물만 묻히거나 칫솔에 치약을 살짝 발라 입속을 한 번 휘젓기만 하는 식이다.

사람들과 어울리려면 청결한 위생 상태는 기본이다. 날마다 샤워한다고 친구가 저절로 생기지는 않지만, 샤워를 건너뛰면 다른 아이들이 가까이 다가오려고 하지 않는다. 아이들은 커갈수록 친구의 위생 상태를 더 따진다. 냄새난다고 다가오지 않으면 무슨 수로 자신의 진가를 보여줄 수 있겠는가.

적절한 위생 습관을 익히도록 격려하기 위해 재미있는 노래를 활용해볼 수도 있다. 집 안의 전략적인 장소에 깨끗하게 하는 것이 사람들을 기분 좋게 한다는 내용의 글을 붙여두거나 재미있는 이야기를 들려주며 자기 몸을 스스로 관리하는 것이 얼마나 중요한지 말한다. 학교에서 위생 개념을 강조할 수 있도록 교사에게 이 노랫말을 알려줘도 좋다.

몇 년이 지나면 아이는 씻고 꾸미느라 화장실에서 많은 시간을 보낼 것이다. 하지만 당분간은 '믿어주되 검증하는' 정책을 구사해야 한다. 아이가 아무리 이를 닦았다고 우겨도 입냄새가 나면, 다시 화장실로 돌려보내야 한다.

행복한 관계를 기억하게 한다_ 공격적으로 나가면 거부당하기 십상이지만 그 반대의 경우도 흔히 일어난다. 거부당하면 화가 나거나 상처를 받기 때문에 거부한 사람에게 공격적으로 행동할 가능성이 크다. 진 트웬지Jean Twenge와 동료들이 대학생을 상대로 실시한 흥미로운 연구에 따르면, 어른과 짧지만 친근한 상호작용을 나누는 것, 또는 가족이나 친구나 유명인에 관해 글을 써보는 게 거부당한 뒤에 공격적으로 행동하려는 욕구를 누를 수 있다고 한다. 더 나아가, 아이와 함께 재미있는 활동을 하거나 아이가 좋아하는 사람과 나눴던 행복한 상호작용을 생생하게 기억하도록 도와주는 것만으로도 거부당한 아픔을 덜어주고 소속감을 키워주며 반격하고 싶은 충동을 눌러준다고 한다.

불친절한 행동을 인식하게 한다_ 아이들은 다른 아이가 짓궂게 굴었던 일은 쉽게 이야기하지만, 시선이 밖으로만 향하기 때문에 자신이 불친절하게 행동하는 것은 인식하지 못한다. 또는 자신이 저지른 사건은 대수롭지 않게 넘겨버린다. 다음의 목록은 우리가 '괴롭힘 예방 프로그램'에서 활용하는 질문이다. 아이에게 이러한 질문을 살펴보게 하되 일일이 대답하지는 않아도 된다고 강조한다. 이 활동 과제는 아이에게 잘못을 인정하라고 강요하는 것이 목적이 아니기 때문이다. 불친절한 행동을 인식하고 앞으로는 친절한 행동을 선택하도록 권장하려는 것이다.

괴롭힘을 당한 경험을 말로 다독여준다_ 부모는 흔히 아이가 괴롭힘을 당한 일로 계속 힘들어할까 봐 걱정한다. 괴롭힘이 멈춘 후에 아이가 불쾌한 사건을 이겨내고 나아갈 수 있게 하는 긍정적인 이야기를 개발하면 그런 일은 거의 일어나지 않는다.

다른 사람을 어떻게 대하는지 솔직하게 돌아보기

질문을 읽고 "한 번도 없다", "가끔 그랬다", "자주 그랬다" 중에서 해당하는 대답을 결정해보자. 솔직하게 대답하자. 답변 내용은 다른 사람에게 알리지 않아도 된다.

1. 상대가 화난 것을 알면서도 계속 놀렸던 적이 있는가?
   ☐ 한 번도 없다 ☐ 가끔 그랬다 ☐ 자주 그랬다

2. 누구를 괴롭히거나 괴롭힘을 당하는 것을 보고 동참한 적이 있는가?
   ☐ 한 번도 없다 ☐ 가끔 그랬다 ☐ 자주 그랬다

3. 상대의 남자친구/여자친구에 대해 불쾌하게 느낄 만한 말을 던진 적이 있는가?
   ☐ 한 번도 없다 ☐ 가끔 그랬다 ☐ 자주 그랬다

4. 실수하거나 힘들어하는 사람을 비웃은 적이 있는가?
   ☐ 한 번도 없다 ☐ 가끔 그랬다 ☐ 자주 그랬다

5. 다른 아이를 "싫어한다"라고 사람들에게 말한 적이 있는가?
   ☐ 한 번도 없다 ☐ 가끔 그랬다 ☐ 자주 그랬다

6. 상대가 그렇게 부르지 말라고 해도 계속해서 싫어하는 별명으로 부른 적이 있는가?
   ☐ 한 번도 없다 ☐ 가끔 그랬다 ☐ 자주 그랬다

7. 상대의 외모나 복장, 행동, 말투를 놀렸던 적이 있는가?
   ☐ 한 번도 없다 ☐ 가끔 그랬다 ☐ 자주 그랬다

8. 뒤에서 다른 사람을 욕한 적이 있는가?
   ☐ 한 번도 없다 ☐ 가끔 그랬다 ☐ 자주 그랬다

9. 다른 사람을 비난하는 쪽지를 쓰거나 돌린 적이 있는가?
   ☐ 한 번도 없다 ☐ 가끔 그랬다 ☐ 자주 그랬다

10. 다른 아이와 함께 활동해야 할 때 "아휴, 싫어!"라고 말하거나 불평한 적이 있는가?
    ☐ 한 번도 없다 ☐ 가끔 그랬다 ☐ 자주 그랬다

11. 다른 아이에게 "아무도 널 좋아하지 않아"라고 말한 적이 있는가?
    ☐ 한 번도 없다 ☐ 가끔 그랬다 ☐ 자주 그랬다

12. 다른 아이가 행동하거나 말하는 모습을 우습게 흉내 낸 적이 있는가?
    ☐ 한 번도 없다 ☐ 가끔 그랬다 ☐ 자주 그랬다

주의: 모든 질문에 "한 번도 없다"라고 대답했다면 분명히 솔직하지 않았을 것이다. 누구나 때로는 실수를 저지르고 불친절한 행동을 한다. 중요한 것은, 그런 행동을 저지를 때 곧바로 인식하고 잘못을 바로잡으려고 노력하고 다음에는 친절하게 행동하겠다고 다짐하는 것이다.

인간은 의미를 창조하는 존재다. 경험을 바탕으로 구성한 이야기는 그 경험의 의미를 서술하고, 나아가 그 의미에 영향을 미친다. 아이들은 결말이 행복하면 어떤 어려움도 이겨낼 수 있다.

아이가 괴롭힘의 대상이었다가 지금은 아니라면, 다음과 같은 이야기를 그대로 들려주거나 각색해서 들려줘도 좋다.

넌 아주 힘든 시기를 보냈어. 그 아이들이 네게 한 짓은 옳지 않아. 내가 그 사실을 좀 더 일찍 알았더라면 좋았을 텐데. 네가 그런 일을 겪지 않았더라면 정말 좋았을 텐데. 하지만 네가 그렇게 힘든 일을 겪으면서 용기 내어 도움을 청했고, 또 슬기롭게 극복했다는 걸 너 스스로 알았으니 나는 정말 기쁘단다. 열 살밖에 되지 않은 네가 그런 일을 이겨내다니, 정말 자랑스럽구나.

* 부모 가이드 *
아이가 외롭지 않도록 도와주는 방법

학교를 졸업한다고 교우 관계의 중요성이 줄어들지는 않는다. 언제든 친구들과 함께라면 스트레스가 많은 시기를 더 잘 견뎌내고 즐거운 시기를 더 신나게 보낼 수 있다. 아이에게 교우 관계를 건전한 시각으로 바라보게 하려면, 당신이 일상생활에서 그런 모습을 보여주는 것이 가장 좋다.

● **친구를 위한 시간 내기**

아무리 바빠도 친구와 어울릴 시간을 마련하는 모습을 아이에게 보여줘라. 꼭 힘들게 시간을 정해 만날 필요는 없다. 밤중에 마트에 갈 때 친구에게 전화해서 같이 가자고 청하자. 그 친구도 틀림없이 사야 할 물건이 있을 것이다. 다른 가족을 초대해서 피자를 주문해 나눠 먹거나 친구와 만나 아침을 먹자. 여름에는 야외에서 이웃과 조촐한 파티를 열어도 좋다. 각자 음식을 조금씩 가져와서 나눠 먹으면 서로 부담 없이 즐길 수도 있을 것이다.

● **이웃에게 관심 보이기**

이웃에게 친절을 베풀 방법을 찾아서 아이와 함께 실천하는 것도 도움이 된다. 갓난아이가 있는 가정이나 배우자와 떨어져 있는 가정에 음식을 만들어 갖다주거나 새로 이사한 사람에게 당신을 소개하고 동네 정보를 알려주자. 나이 든 이웃에게 차편을 제공하거나 쇼핑에 따라가 거들어주는 것도 좋다. 여행을 떠난 이웃을 위해 고양이를 돌봐주거나 아픈 이웃에게 빨리 회복하라는 응원 카드를 보내보자. 이런 작은 친절로 공동체의 유대는 더욱 돈독해진다.

● 가족에게 친절하게 대하기

이런 관계에서 가장 중요한 것은 가족이다. 사람들은 서로 익숙해지면 무신경하게 대하는 경향이 있다. 그래서 낯선 사람에게는 친절하고 정중하게 대하면서 가족에게는 퉁명스럽게 대하기도 한다. 누구나 집에서만은 편하게 쉴 수 있기를 바란다. 하지만 사랑하는 가족에게는 최악의 모습이 아니라 최고의 모습을 보여야 마땅하다. 아이들은 보는 대로 행동하기 마련이다. 당신의 집에 늘 빈정대는 소리와 욕설과 고함이 난무한다면, 이런 소리가 아이의 또래 관계에까지 이어질 가능성이 농후하다. 가족이 늘 애정과 관심과 친절을 보인다면, 아이가 학교에서 그렇게 행동할 거라고 100퍼센트 보장은 못 하지만 반드시 도움이 될 것이다. 아이가 그런 모습이 '정상'이라고 생각할 테니 말이다. 친절을 베풀든 받든 간에 집에서 친절한 행동을 많이 접하면, 아이가 다른 사람에게 친절하게 다가갈 가능성이 크다.

또래와 관계 맺는 법을 배우는 것은 복잡하다. 또래와 손쉽게 어울리는 아이가 있는가 하면 어울리기 무척 힘들어하는 아이도 있다. 이를테면 어떤 아이들은 너무 강해서 또래 아이들을 자극하고 또 어떤 아이들은 너무 움츠러들어서 또래들 사이에 쉽사리 끼지 못한다. 상황 파악을 잘 못하고, 다른 사람들의 반응을 예측하거나 해석하지 못하기도 한다. 적절한 전략을 도출하지 못하고, 설사 전략이 있어도 실행하지 못하는 아이도 있다. 이 장에서는 이런 아이들이 사회적 상황을 파악하고 방법을 생각해내 실천하도록 도와줄 방법을 살펴보았다. 다음 장에서는 아이들이 격한 감정을 다스리도록 도와줄 방법을 알아볼 것이다.

— 3장

영리함이 상처가 되지 않으려면

: 예민함 다스리기

* Check List *
"우리 아이도 예민한 성향일까?"

- [ ] 감정적으로 격하게 반응하는가?
- [ ] 사람들 앞에서도 자주 우는가?
- [ ] 다른 사람이 속상해할 때 덩달아 속상해하는가?
- [ ] 다른 아이들보다 감정적으로 더 깊이 느끼는 것 같은가?
- [ ] 사소한 일에 흥분하는가?
- [ ] 계획을 바꾸면 잘 적응하지 못하는가?
- [ ] 또래 아이들은 대부분 더 이상 그러지 않는데 아직도 발끈해서 한바탕 성질을 부리는가?
- [ ] 너무 예민해서 쉽게 상처를 받는 것 같은가?
- [ ] 가벼운 지적에도 마음의 상처를 입는가?
- [ ] 부당한 대우나 배신행위를 쉽게 감지하는가?
- [ ] 다른 사람의 실수에 너그럽지 못한가?
- [ ] "저 애는 더 이상 내 친구가 아니야"라고 성급하게 결정하는가?
- [ ] 비극적 사건과 전 지구적 위기에 애를 태우는가?

다른 아이들에 비해 감정이 예민하거나 격하게 타고난 아이들이 있다. 그 아이들은 일반적으로 더 길고 더 빈번하고 더 격렬하게 반응한다. 그냥 좀 속상해하는 정도에 그치는 경우가 잘 없다. 쉽게 흥분해서 정신을 못 차리기 때문이나. 또한 나른 아이들이 어깨를 으쓱하며 넘길 일에도 깊은 상처를 받는다. 이렇게 예민한 아이들에게 감정은 해일과 같다. 갑자기 밀어닥쳐서 도무지 통제할 수가 없다.

예민한 성격의 부정적인 면

감정적 반응에 대처하는 기술이 부족한 아이는 자기 자신은 물론 주변 사람까지 힘들게 한다. 사소한 일에도 쉽게 좌절하고 압도되기 때문에 불행한 기분에 젖어 있는 시간이 많다. 자주 토라지는 사람 주변에 있으면 재미가 없으니 주변에 친구도 별로 없다. 또래 친구들 앞에서 울거나 성질을 부리니 약자를 괴롭히는 아이들의 먹잇감이 되기도 한다. 짓궂은 아이들은 재미로 예민한 아이를 약 올리고 자극한다.

과도한 흥분

일부 이론가는 감정적으로 '과도하게 흥분하는 것'이 능력을 발휘하는 데에는 반드시 필요하다고 주장한다. 하지만 그런 말은 단지 책임 회피에 지나지 않는다. 물론 똑똑한 아이들이 너무 예민해서 힘들어하는 모습을 많이 보아왔지만 "아, 걔들은 원래 그래요"라며 그냥 넘긴다면, 그 아이들이 평생 고통스러운 삶을 살도록 방치하는 것이다. 속상한 일에 더 격렬하게, 더 자주 대응하는 아이도 자기 자신을 달랠 방법을 익힐 수 있고, 또 반드시 익혀야 한다. 건강하게 성장하려면 불편과 실망을 건설적인 방식으로 다스릴 수 있어야 한다. 이런 능력을 익히는 데 남들보다 더 애써야 하는 아이들이 있다.

감정을 터뜨리지 말고 다스리기

이 장에서 우리는 감정 분출이 아니라 감정 대응에 초점을 맞춘다. 이따금 부모들 중에 예민한 아이가 고함을 지르거나 물건을 발로 차거나 베개를 치는 식으로 '감정을 분출할 수 있도록' 도와줘야 하는지 묻는 이들이 있다. 그런데 화를 분출해서 얻는 이점에 대한 실증적 증거는 어디에도 없다. 물론 아이가 학급 친구를 마구 때리는 것보다는 책상을 두드리는 것이 낫기는 하겠지만, 어떠한 전략도 상황을 개선하거나 아이에게 자신감을 갖도록 도와주지는 못한다. 두드리거나 구르거나 소리치면서 억울한 일을 떠올리는 것은 부정적인 기분을 되새기게만 할 뿐이다. 더 나아가 사람들 앞에서 감정을 분출하는 아이는 다른 아이들이 피하거나 조롱하기 쉽다.

기분은 없앨 수 있는 것이 아니다. 오히려 주변 환경과 우리 자신에 관한 정보의 출처가 된다. 우리는 어떤 식으로든 우리를 위태롭게 할 만한 나쁜 일이 일어났음을 감지하면 기분이 찜찜해진다. 아이에게 기분을 어떻게 나스릴지 가르치는 것은 '괴로움'을 드러내게 하는 게 아니다. 그보다는 자신의 반응을 이해하고, 상황을 다르게 해석하며, 불만을 참아내고, 긴장을 덜어줄 휴식을 언제 어떻게 취할지 알아내고, 생산적인 방식으로 문제에 대응하도록 도와주는 것이다.

감정 코칭

워싱턴 대학교의 존 고트먼John Gottman 박사는 자신이 명명한 '감정 코칭'에 관한 흥미로운 연구를 실시했다. 감정 코칭은 아이의 감정에 공감하면서 동시에 아이가 부정적인 기분에 대처하도록 적극적으로 가르치는 것이다. 박사는 감정 코칭을 다음 두 가지 방법과 대비해서 설명한다.

1. 아이의 감정을 묵살하기
2. 아이의 감정을 따뜻하게 받아주되 아이가 자기 기분을 처리할 방법을 스스로 파악하게 하기

고트먼은 연구에서 다섯 살짜리 아이를 둔 부모들의 감정 코칭 정도를 측정했다. 그 결과, 감정 코칭을 많이 한 부모의 자녀들이 자기감정을 더 잘 다스렸고, 학업성적도 더 우수했으며, (교사가 평가했을 때) 또래 관계도 더 원만했고, 신체도 더 건강했다.

이 장에서는 감정 코칭에 입각해 아이가 부정적인 감정에 잘 대처하도록 가르칠 방법을 소개한다. 인생은 고통의 연속이므로 부정적인 감정에 대처하는 기술은 반드시 익혀야 한다. 아이가 괴로움을 참아내고 다스리는 법을 배우도록 활용할 수 있는 전략은 아주 많다. 다른 사람의 관점을 이해하고 감정을 효과적으로 전달하기 위한 훈련 과제뿐만 아니라 자기 자신을 달래는 기법도 있다.

기분이 금방 상하는 아이

배신행위에 민감한 마리오

마리오는 같이 놀던 아이들에게 등을 돌리고 자전거가 있는 곳으로 성큼성큼 걸어갔다.

"마리오, 너 가는 거야?" 겐지가 불렀다. "왜, 무슨 일인데?"

"너희가 나를 비웃었잖아."

"우리가 언제 널 비웃었다고 그래. 그냥 우스워서 그랬어. 네가 넘어질 때 네 얼굴을 봤어야 하는 건데!"

겐지가 낄낄 웃었다.

"아니, 나는 전혀 우습지 않았어." 마리오가 주장했다. "내가 다칠 수도 있었잖아!"

"하지만 안 다쳤잖아." 겐지가 지적했다.

"아니, 다칠 수도 있었어."

"마리오, 그냥 하던 게임이나 마저 하자."

"아니, 됐어. 난 더 하고 싶지 않아. 집에 갈 거야."

친구가 넘어질 때 옆에서 웃는 게 그다지 따뜻하거나 배려심 깊은 반응은 아니지만, 마리오가 감지하는 것처럼 참담한 배신도 아니다. 다른 아이들은 마리오가 넘어졌을 때 놀라기는 했지만 마리오의 표정이 우스꽝스러워서 웃었다. 웃

(영리함이 상처가 되지 않으려면)

었다고 해서 마리오를 신경 쓰지 않았다거나 다치기를 바랐다는 뜻은 아니다. 단지 즉흥적으로 일어난 반응이었을 뿐인데 마리오에게는 게임을 끝낼 만큼, 아니 어쩌면 교우 관계를 끝낼 만큼 기분 나쁜 반응이었다.

외부로 향하는 완벽주의

마리오는 아이들의 웃음을 일부러 상처 주려는 것으로 오해해 잔뜩 화가 났다. 사람들은 늘 의도적으로 행동하며, 그 행동은 옳거나 그르거나 둘 중 하나라고 생각하기 때문이다. 마리오에게 아이들의 웃음은 참을 수 없을 만큼 잘못된 행동이다. 마리오의 반응은 외부로 향하는 완벽주의다. 여기에 사로잡혀 있으면 늘 상처와 실망을 맛보게 된다.

어떤 아이들은 분노를 참지 못한다. 사람들이 어떻게 행동해야 하는지 마음속으로 구체적으로 정해놓았지만, 그 기준에 미치지 못하면 어떻게 처리해야 할지 몰라 당황한다. 상황이 좋아지도록 기다리는 대신 화를 내며 뛰쳐나간다. 상처받은 마음을 달래고 진정하는 대신 원칙을 고수하면서 관계를 단절한다.

"걔들이 그렇게 하지 말았어야 했어!"

똑똑한 아이들은 또래보다 일찍 추상적인 사고를 하는 바람에 가끔 오해를 사기도 한다. 이 아이들은 교우 관계에서 감정적 교류와 관련된 높은 이상을 꿈꾸지만, 또래 아이들은 친구를 그저 '같이 놀 사람'으로 여긴다. 결국 또래 아이들과 말이 통하지 않아 실망하고 상처를 받게 된다. 게다가 인지적 성숙도와 감정적 성숙도가 일치하지 않기 때문에 융통성이 부족하다. 친절하고 충실하고 이해심 많은 친구를 찾는 것도 중요하지만, 그러한 자질을 완벽하게 갖춘 사람은 없다는 사실을 인정하는 것도 중요하다. 어떤 관계에서나 실수와 의견 충돌과 오해가 있기 마련이다. 친구가 저지른 실수는 대부분 이해하고 용서해줘야 한다. 그런 것 때문에 교우 관계를 끊어서는 안 된다.

적 아니면 아군이라는 생각에서 벗어나기

마리오 같은 아이들은 교우 관계를 '내 편 아니면 적'으로 분류하는 습성을 버려야 한다. 아울러 참을성을 기르고 의견 충돌을 처리할 적절한 방법을 개발해야 한다.

아이가 친구에게 부당한 취급을 받았다고 느낄 때는 일단 공감해주자. 그 기분을 인정하되 상대 친구가 못된 괴물이라는 주장에 동의하거나 그렇다고 암시해서는 안 된다. 아이에게 먼저 이런 식으로 말한다.

"그 애가 그렇게 말해서 기분이 나빴구나."

"그 애가 계획을 바꿔서 화가 많이 났구나."

"그 애들이 너를 끼워주지 않아서 소외감을 느꼈구나."

짜증 나 있는 동안에 아이는 어떠한 조언도 받아들이려

하지 않는다. 감정이 해일처럼 밀려들어 명쾌하게 생각하거나 효과적으로 문제를 풀 수 없기 때문이다. 아이의 감정을 이해한다고 말한 다음, 아이에게 진정할 시간을 준다. 그러고 나서 상황을 좀 더 차분하고 책임감 있게 바라보도록 이끈다. 시도해볼 만한 전략을 몇 가지 소개하겠다.

상대의 관점 고려하기_ 공감 기술은 분노를 누그러뜨릴 수 있다. 상대의 관점을 이해하도록 도와주면 아이는 상대를 동정하고 교우 관계를 유지하거나 개선하는 방향으로 대응할 수 있다. 역할 놀이는 이런 기술을 익히는 데 유용하다. 당신이 아이 역을 맡고 아이는 상대편 친구 역을 맡아 문제 상황에 대해 이야기한다. 아이에게 그 친구가 무슨 생각을 하고 어떤 기분이 들지 활발하게 상상하라고 격려한다.

자주 화를 내는 아이들은 흔히 상대가 악의적으로 그런 행동을 한다고 가정한다. 하지만 매번 작정하고 못되게 구는 것은 아닐 것이다. 오히려 그럴 의도가 전혀 없는 경우가 더 많다. 아이가 좀 더 그럴듯한 이유를 생각해내도록 도와줘라. 그냥 사고나 오해는 아니었을까? 그 상황에서 못되게 굴 만한 다른 일이 있었나? 아니면 그렇게 행동하면 상대가 다칠 수도 있다는 사실을 몰랐던 건 아닐까? 실수로 그렇게 행동했다가 지금쯤 후회하지 않을까? 역할 놀이를 시작할 때 미리 아이에게 이렇게 말해둔다.

"그 친구가 일부러 그랬던 건 아니라고 가정하자. 그때 벌어진 일에 대해 네 친구가 뭐라고 해명할 것 같니?"

친구 역할을 맡은 아이가 악의 없는 그럴듯한 설명을 도출해내는지 살펴보자.

대인 관계 기술 강조하기_ 아이에게 "두 손뼉이 맞아야 소리가 난다"라는 속담을 말해준다. 처음에는 아이가 의견 충돌이 전적으로 상대편 잘못이라고 우길 공산이 크다. 하지만 한쪽의 잘못이 더 적다 해도 갈등이 일어나려면 적어도 두 사람이 필요하다.

뚜렷이 드러나지는 않더라도 양쪽이 모두 문제를 일으키는 데 어느 정도 기여할 수 있다. 아이가 그런 행동을 알아차리도록 도와줘야 한다. 이를테면 아이가 다음과 같이 행동했는지 생각해보게 한다.

- '부당한 취급을 받은 것'에 대해 감정적으로 과민하게 반응했는가?
- 상대가 어떤 것을 하자거나 하지 말자고 한 요구를 반복해서 무시했는가?
- 상대를 여전히 괴롭히는 과거의 행동에 대해 사과하지 않았는가?
- 사과를 받아주지 않거나 과거의 불만을 털어내지 않았

는가?
- 상대와 말하지 않겠다고 했는가?
- 사소하거나 이해할 만한 실수에 대해 상대를 가혹하게 비판했는가?
- 짜증 나게 하는 상대의 행동을 그동안 묵묵히 참아줬는가?
- 다른 아이들에게 상대를 힘담했는가?
- 문제를 해결하려고 애쓰지 않고 다른 아이에게 고자질했는가?

갈등 상황에 기여한 점이 무엇인지 파악한다면 정신적으로 성장하고 책임감을 키울 수 있다.

"두 손뼉이 맞아야 소리가 난다"는 말은 결국 어느 쪽이든 상호작용을 더 나은 방향으로 바꿀 힘이 있다는 뜻이다. 이는 불쾌한 대인 관계 패턴을 타파하기 위해 아이가 문제 상황을 더 건전한 방식으로 바라보도록 도와준다.

화해하는 법을 알려주자

아이들은 경험이 부족하고 흔히 흑백논리에 사로잡혀 있다. 그래서 때로는 갈등을 겪기도 하지만 그 갈등을 얼마든지 해결할 수 있고, 그 과정에서 더 깊은 관계를 맺기도 한다는 사실을 이해하지 못한다. 좋은 친구가 되려면 틈이 벌어졌을 때 관계를 바로잡으려는 조치를 취해야 한다고 설명해주자. 아이가 혼자서 혹은 부모와 함께 시도해볼 만한 방법을 몇 가지 소개하겠다.

받아주고 용서하기_ 친구 사이라면 서로 약점을 받아주고 실수를 용서해줘야 한다. 당신의 아이에게는 다른 아이가 '개선할 수 있는' 점이 수없이 많이 보이겠지만 진정한 친구는 상대를 있는 그대로 받아들일 줄 알아야 한다. "나는 네가 ○○하면 친구가 되어줄게"라거나 "네가 ○○한다면 내 친구가 아니야"라고 조건부로 좋아하는 것은 오만하고 비열하다는 것을 아이가 이해하도록 도와준다. 다른 사람이 완벽해지기를 기대하는 것은 현실성이 없다. 친구가 되려면 상대의 별난 점까지 모두 받아줘야 한다. 하지만 받아주고 용서한다는 사실을 공개적으로 떠벌릴 필요는 없다.

"나는 네가 생각이 없고 사려 깊지 못한 점을 용서할게."
"나는 네가 나만큼 다정하지 못한 점을 다 받아줄게."

이렇게 대놓고 말하면 상대가 오히려 거부할 수도 있다. 그냥 상대를 받아주겠다고 속으로 결심하고 겉으로는 다정하게 대하면 된다. 다른 아이에게 웃으며 인사하거나 어떤 활동을 함께 하자는 식으로 마음을 드러내라고 말해보자. 이런 단순한 행동으로도 틈을 메우려는 아이의 의지가 드러난다.

친근하게 자기주장 하기_ 때로는 자기 행동이 당신의 아이를 화나게 한다는 사실을 상대가 깨닫지 못할 수도 있다. 그럴 경우, 아이가 상대를 자극하지 않으면서 감정을 분명하게 전달할 방법을 생각해내도록 도와준다. 다음과 같은 표현을 활용하면 좋다.

"네가 나를 바보라고 부르면 나는 기분이 안 좋아. 제발 내 이름을 불러줘."

"네가 말도 없이 내 공을 가져가면 나는 화가 나. 제발 나한테 말하고 빌려가."

아이는 이러한 표현을 통해 감정 상태를 확실히 드러낼 수 있다. 또한 상대의 성격적 단점을 지적하는 것이 아니라 구체적인 문제 행동을 지적하고 바람직한 행동을 제시할 수 있다. 이는 비난이 아니라 정중한 요청이다.

변화에 대한 요청은 어떤 것을 하지 말라는 식보다는 어떤 것을 하라는 식으로 할 때 더 효과적이다. 따라서 아이에게 "제발 _____" 부분을 긍정문으로 표현하게 한다. "제발 귀찮게 하지 마"보다는 "제발 저쪽으로 가줄래"라는 말이 따르기 더 쉽다.

여기에서 한 가지 명심해야 할 점이 있다. 이러한 감정은 아끼는 사람하고만 의논해야 한다는 것이다. 이런 표현이 친구와 맺은 관계를 바로잡거나 개선할 때는 좋지만, 약자를 괴롭히는 사람에게는 받아들여지지 않는다. "네가 나한테 욕하면 나는 기분이 나빠"라고 말하면 못된 아이들은 틀림없이 이렇게 말할 것이다.

"잘됐어. 내가 원하는 게 바로 그거야!"

사과하기_ 아이가 관계를 바로잡을 때 마지막으로 고려해야 할 전략은 사과하기다. 대인 관계 기술에서 이야기했던 것처럼, 당신의 아이도 문제 상황에 어떤 식으로든 기여한다. 그러니 상대와 다시 연결되기 위해서 당신의 아이가 사과할 부분이 반드시 있을 것이다.

보통 잘못을 적게 한 사람이 먼저 사과하는 것이 좋다는 점을 아이에게 알려줘라. 잘못을 덜 저지른 사람이 먼저 나서기가 쉽다. 그러면 상대방도 덩달아 사과할 마음이 들 것이다. 일단 서로 사과한 다음에는 다시 그 사건을 거론하지 말아야 한다는 것도 제대로 말해줘야 한다.

합리적 의혹 강조하기_ 아이가 사소한 모욕에 과잉 대응하지 않도록 사법제도를 예로 들어 설명한다. 사법제도에서는 유죄가 증명될 때까지는 무죄로 간주한다. 판사는 배심원들에게 피의자가 범죄를 저질렀는지에 대해 합리적 의혹이 있을 경우에 유죄를 선고해서는 안 된다고 당부한다. 또한 법에서는 계획적인 범죄와 우발적인 범죄를 구분한다. 아이에게 이러한 법률을 뒷받침하는 근거를 설명해보라고 해보

자. 만약 사법제도에서 무죄가 증명될 때까지 유죄로 간주한다면 어떻게 될까? 그릇되게 유죄를 선고하는 것과 그릇되게 무죄를 선고하는 것 중에서 어느 것이 우리 사회에 더 해로울까? 의도와 상관없이 행동의 결과로만 사람을 판단하는 것이 정당할까?

아이가 합리적 의혹을 연습할 수 있도록 잘못된 행위가 일어났을 때 가혹하게 판단하는 사례를 몇 가지 살펴보자. 이러한 잘못된 행위에 대해 아이가 호의적인 설명을 몇 가지나 도출하는지 살펴보자. "어쩌면……"이라고 말하면서 가능한 이유를 열거하게 한다.

예) 잘못된 행위: "제이슨이 일부러 나한테 부딪혀서 내 책을 떨어뜨리게 했어!"라고 라울이 말한다.

예) 호의적 설명:
어쩌면 제이슨이 라울을 못 봤을 거야.
어쩌면 바닥이 미끄러워 제이슨이 넘어졌을 거야.
어쩌면 누가 제이슨에게 먼저 부딪혀서 넘어지다가 그만 라울에게 부딪혔을 거야.
어쩌면 라울이 앞을 제대로 보지 않았을 거야. 오히려 라울이 제이슨에게 부딪혔던 거지!

다음 세 가지 경우를 통해 호의적 설명으로 바꾸는 연습을 해보자.

잘못된 행위: "카라는 이제 더 이상 나를 좋아하지 않아. 그래서 휴식 시간에 아파르나랑 놀았어"라고 캐시가 말한다.

잘못된 행위: "스티븐이 내 연필을 가져갔어! 일부러 훔쳐갔다고!"라고 니코가 말한다.

잘못된 행위: "내가 '안녕!'이라고 인사할 때 마리사가 일부러 나를 무시했어. 정말 거만하기 짝이 없어!"라고 칼라가 말한다.

우정 지도를 만들어보자

당신의 아이가 마음이 통하는 단짝만을 유일한 교우 관계의 모델로 삼고 있을지도 모른다. 하지만 실제 삶에서는 다양한 종류의 친구를 사귈 수 있다. 음악 시간에 함께 앉을 친구도 있고, 동네에서 함께 노는 친구도 있고, 스카우트 활동을 하며 만나는 친구도 있고, 학교 프로젝트를 함께 할 친구도 있다. 이러한 아이들은 단짝은 아니지만 즐겁게 가벼운 우정을 나눌 수 있는 친구들이다. 진정한 단짝은 아주 멋지지만 평생 살아가면서 손에 꼽을 만큼 드물다. 따라서 가벼운 우정을 나눌 만한 친구를 두루 사귀는 것이 좋다. 아이가 이러한 가벼운 교우 관계의 장점을 이해하도록 도와주자.

다양한 교우 관계를 강조하는 우정 지도를 만들게 한다. 커다란 종이 한가운데에 아이의 이름을 적거나 사진을 붙인다. 그런 다음 주변에 다른 친구의 이름을 적거나 사진을 붙이고 중심에서 선을 그어 이어준다. 중심에 가까이 놓이는 친구도 있고 멀리 놓이는 친구도 있지만, 모두 다 가치 있는 우정임을 강조한다. 아이에게 각각의 친구와 즐겨 하는 활동을 메모하게 한다.

모든 것을 비판으로 받아들일 때

건설적 피드백에 반발하는 제시카

"잘 썼구나, 제시카." 아버지가 말했다. "그런데 이 단락은 무슨 말인지 이해가 가지 않는구나. 이 부분을 조금만 보완하면 좋을 것 같아."

"저는 분명하게 이해할 수 있는데요." 제시카가 주장했다. "도대체 뭐가 이해가 안 간다는 건데요? 뻔히 보이는 걸요."

"너한테는 뻔히 보일지 모르지만 독자에게는 그렇지 않

아. 한두 가지 예를 더 들어주면 분명해질 것 같은데."

"그냥 놔두세요. 아빠는 매번 내 글을 트집 잡으려고만 하시잖아요."

"얘야, 네가 글을 잘 쓴다는 건 알아. 그냥 내용을 좀 더 분명하게 전달하기 위해 조금만 고쳐보라는 거야."

"아, 됐다고요!" 제시카가 눈물을 참으며 말했다. "애초에 아빠한테 보여드리는 게 아니었어요!"

비판에 극도로 예민한 아이들이 있다. 부모는 아이가 이렇게 예민하게 구는 모습을 자주 목격한다. 건설적인 피드백을 제공했을 뿐인데 아이는 방어적인 태도로 화를 내거나 눈물을 흘린다. 아버지가 작문 과제를 개선할 제안을 내놓을 때, 제시카는 자존심이 부적 상한다. 아버지의 말을 인신공격으로 생각한다. 아버지가 가볍게 한 논평에 제시카는 상처를 받는다. 아버지가 "잘 썼구나"라는 말로 시작했다는 것은 완전히 무시한다. 개선의 여지가 있다는 사실 때문에 긍정적인 반응은 전혀 귀에 들어오지 않는다.

비판을 거부로 이해한다

똑똑한 아이들은 칭찬받는 데 익숙하기 때문에 별 다섯 개짜리 평가가 아니면 분노로 이글거리며 그런 평가를 모욕으로 받아들인다. 자아 존중감이 수행 능력과 밀접하게 연결된 아이는 부정적인 피드백을 견디지 못한다. 부모나 코치가 개선할 방법을 제안하거나 그들의 수행이 완벽하지 못하다는 뜻을 넌지시 내비치면, "그들은 나를 좋아하지 않아"라는 식으로 해석한다. 이런 아이들은 실망스러운 등급을 받으면 개선할 방법은 생각하지 않고 이렇게 결론 내린다.

"선생님이 나를 미워하나 봐!"

그런 아이들은 자기 자신과 자신이 수행한 것을 구분하지 못한다. 그래서 수행력을 비판받으면 거부당했다고 느낀다.

제시카와 아버지 간에 다툼이 벌어진 또 다른 이유는 제시카가 작문 과제를 보여준 동기를 아버지가 오해했기 때문이다. 아버지는 딸이 작문을 개선하기 위한 조언을 구한다고 생각했지만, 제시카는 그저 아버지와 공유하고 싶었을 뿐이다. 어쩌면 제시카가 아버지에게 의견을 구했지만 막상 원하던 피드백이 아니자 화가 났는지도 모른다.

제2장에서 살펴본 것처럼, 부모가 해주는 피드백에는 감정이 실리기 마련이다. 따라서 아이가 교사나 코치에게 조언을 구하게 하는 것이 더 좋다. 아이는 실력을 키우기 위해 피드백을 받아야 하지만, 그 피드백이 꼭 당신에게서 나와야 하는 것은 아니다. 그러니 아이가 청하지도 않은 피드백을 굳이 해주겠다고 덤비지 마라.

작문 과제나 프로젝트를 살펴봐달라고 요청하면, 아이가

당신에게서 원하는 것이 무엇인지 명확히 해야 한다. 애초에 이렇게 물어보자.

"네가 이걸 내게 보여주는 이유가 단순히 공유하고 싶어서야, 아니면 무엇을 개선하면 좋을지 조언을 얻고 싶어서야?"

아이가 "그냥 공유하고 싶어서요"라고 말하면 그 점을 존중해줘야 한다. 조언하고 싶은 욕구를 참는다. 긍정적인 논평을 비롯한 어떠한 언급도 자제한다. 긍정하는 말 역시 평가에 해당하며, 아이가 당신에게 원하는 바가 아니다. 단순히 관심을 표현하거나 아이의 노력을 칭찬한다.

"나는 해파리의 종류가 이렇게 많은지 몰랐구나."

"참고 문헌을 아주 열심히 찾았나 보구나."

아이가 "조언을 얻고 싶어서요"라고 말하면 정말로 그런지 다시 물어본다. 그리고 과제를 보기 전에 이렇게 말한다.

"내가 이걸 살펴보면서 개선할 방법을 찾으려고 하면 뭐든 찾아낼 거야. 어떤 프로젝트든 늘 개선의 여지가 있기 마련이거든. 네가 원하는 게 정말로 그거라고 확신하니?"

또한 이런 점도 물어볼 수 있다.

"아직 과제를 수정할 시간과 힘이 남아 있니?"

"내 제안을 듣고도 속상해하지 않을 자신 있니?"

아이가 자신 없다는 표정을 짓는다면 '단순 공유' 방법으로 받아들인다.

아이가 비판에 대처하도록 도와줄 전략

비판받는 것을 좋아할 사람은 없지만 살다 보면 이런저런 비판을 받을 수밖에 없다. 제시카 같은 아이들은 건설적인 피드백에 대처할 전략을 개발해야 한다. 그러려면 그 누구도 항상 완벽하게 수행하지는 못한다는 점을 받아들이도록 도와줘야 한다. 또한 부정적인 피드백을 받을 때 괴로움을 다스리고 적절히 대응할 방법도 가르쳐줘야 한다. 다음에 제시하는 전략이 아이가 균형 잡힌 시각으로 비판을 받아들이도록 도와줄 것이다.

조심스럽게 피드백 전하기_ 아이가 작문 과제에 대해 당신에게 피드백을 받고 싶다고 하면, 어떤 종류의 제안을 받고 싶은지 분명히 확인한다. 어린아이라면 맞춤법에 초점을 맞춰주기를 바랄 것이다. 나이가 좀 있는 아이라면 글의 구성이나 명료성을 개선할 아이디어를 얻고 싶을 것이다. 아이가 딱히 개선하고 싶은 부분이 있는지도 먼저 물어본다. 아이가 원하는 것을 분명히 밝히면, 작문 과제에 대한 상호작용이 더 순조로울 것이다. 어떻게 피드백을 할지 구체적으로 합의하면, 그 피드백을 받아들일 마음이 확고하기 때문에 잘 견뎌낼 수 있다.

피드백을 받기로 결정한 다음에는 언쟁하지 않고 귀담아들어야 한다는 사실을 아이에게 상기시킨다. 당신이 해주는 피드백으로 무엇을 할지는 아이가 결정하면 된다. 하지만 일단 피드백을 받겠다고 요청한 이상, 아이는 불평하지 않고 그 피드백을 들어야 한다.

작문 과제에서 잘했다고 생각하는 부분을 먼저 언급해 긍정적인 분위기를 조성한다. 아이들은 다 좋거나 다 나쁘다고 생각하기 쉽다. 긍정적인 의견으로 시작하면 이런 성향을 누그러뜨려 비판을 더 잘 견디게 해준다. 이때에는 최대한 구체적으로 말한다.

"생생한 사례를 여러 가지 제시했구나. 네가 무슨 말을 하는지 머릿속에 확실히 그려진다."

"세 가지 사실을 들어서 네 아이디어를 뒷받침했구나."

"주제문이 확실히 드러났네. 네가 무슨 말을 하는지 정확히 알겠어."

"문장이 아주 매끄럽게 연결되는구나."

제안할 때는 부드럽고 건설적인 방식으로 하고, 아이가 문제점을 고치기 위해 할 수 있는 것에 초점을 맞춘다.

"이 문장은 등장인물이 한 말이니까 큰따옴표를 붙여야지."

"이 부분은 이해하기 어렵구나. 더 구체적인 예를 들어줄 수 있겠니?"

말은 적을수록 좋다. 완벽하게 만들겠다고 가능한 모든 제안을 던져 아이를 압도하는 것보다는 아이가 받아들일 만한 몇 가지 제안만 하는 것이 더 효과적이다. 아이의 작문 과제는 완벽한 작품이 아니라 배우는 도구일 뿐임을 기억해라.

아이가 당황하는 눈치를 보이면, 정말로 피드백을 받고 싶은지 다시 물어본다. 어쩌면 아이가 지금 당장은 더 많은 제안을 참을 수 없을지도 모른다. 아니면 아이가 당신에게 바라던 게 그것이 아니었을지도 모른다. 멈출지 아니면 계속할지 아이 스스로 결정하게 한다. 아이가 여전히 피드백을 달라고 우긴다면, 마음을 가라앉히도록 잠시 휴식을 취하거나 물을 마시거나 화장실에 다녀오라고 권한다. 다시 피드백을 줄 때는 고칠 것이 아무리 많아도 짧게 끝낸다.

피드백 시간이 길든 짧든, 질문 형식이든 구체적인 지적이든 아이가 조언을 구한 용기를 인정해준다. 이런 말로 칭찬할 수 있다.

"비판에 귀를 기울이는 것은 아주 어려운 일이야. 네가 화를 내지 않고 끝까지 내 말을 듣는 모습을 보니 대견하구나."

간혹 아이를 이렇게 다루면 버릇이 나빠진다고 주장하는 사람도 있다. 학교나 직장에서는 지적할 때 이렇게 부드러운 방법을 쓰지 않기 때문이다. 그렇다면 아이를 강하게 키우려고 일부러 험하게 다뤄야 할까? 우리는 부모가 다른 사람들보다 자기 자식을 더 이해하고 감싸주는 것이 마땅하다고 여긴다. 중요한 점은 아이를 '강인하게' 키우는 것이 아니라 대처하는 능력을 기르도록 돕는 것이다. 아이가 상냥하게 피드백받는 연습을 많이 하면 선의에서 나온 비판을 참아낼 역량을 키울 수 있다. 하지만 가혹한 평가를 받으면 사소한 피드백도 두려워하거나 심지어 회피하려 들게 된다.

의도에 집중하기_ 아이들은 빨간 펜으로 잔뜩 지적받은 작문 과제를 돌려받으면 본능적으로 움찔한다. 그래서 어떤 교육서는 교사에게 다른 색 펜을 사용하라고 권하기도 한다. 그런데 문제는 무슨 색 펜을 사용하느냐가 아니라 아이들이 그런 표시를 어떻게 해석하느냐다. 아이들은 그런 표시를 보면 금세 이렇게 생각한다.

"선생님이 나를 좋아하지 않나 봐."

"선생님은 내 글이 형편없다고 생각하나 봐."

피드백은 관심과 애정이 있기 때문에 주는 거라는 사실을 아이에게 이해시킨다. 교사는 그냥 작문 과제 상단에 등급만 써 넣는 것이 훨씬 더 쉽다. 논평을 하려면 과제 내용을 심사숙고해야 한다. 시간을 들여 논평을 써주는 교사는 아이가 더 잘할 수 있다고 믿으며 하나라도 더 가르치려고 공을 들이는 것이다. 아이에게 숨을 깊이 들이쉰 다음, 선생님의 사려 깊은 메시지를 잘 읽고 새기라고 말한다.

똑똑한 아이는 간혹 자기 작품이 반 친구들 작품보다 나은데 뭣 때문에 더 노력해야 하느냐며 따지기도 한다. 선생님의 일은 모든 학생이 더 나아지도록 돕는 것이라고 아이에게 설명해주자. 다른 아이가 잘하느냐 못하느냐와 상관없이 자신의 실력을 더 키우려고 노력하는 것이 중요하다.

내용에 집중하기_ 아이들은 지적당하는 것이 두려워 본능적으로 자신을 방어하거나 도망치려 든다. 이럴 때는 구체적인 비판 내용과 개선 조치에 초점을 맞추면, 투쟁·도피식으로 반응하지 않게 도와줄 수 있다.

피드백을 받아들이려면 세 단계를 거쳐야 한다. 첫째, 교사가 무엇을 원하는지 이해한다. 둘째, 교사의 비판 내용을 어떻게 처리할지 파악한다. 셋째, 적절한 행동을 취한다. 어린아이거나 지적 사항이 비교적 적을 때는 이 절차대로 이야기만 하면 된다. 교사의 논평을 두고 "문제점이 뭐지? 그 문제점을 고치려면 내가 무엇을 해야 하지?"라는 질문에 답하게 한다. 그런 다음 아이에게 머릿속으로 고치게 한다. 수정한 과제를 다시 제출해야 한다면 작문 과제를 고쳐 쓰게 한다. 아이가 무엇을 해야 할지 정확하게 알면, 대개 스스로 해결할 수 있다.

나이 든 아이가 교사의 광범위한 수정 요구에 당황한다면, 이 절차를 종이에 적게 한다. 빈 종이에 세로로 세 칸을 나눠 '문제점', '해결책', '난이도'라고 제목을 붙인다. 교사의 첫 번째 지적을 문제점 칸에 간단히 적게 한다. 그리고 아이에게 이렇게 말한다.

"반발하거나 변명하지 마. 그냥 사실만 요약해서 적으면 돼. 지금부터 선생님이 지적하신 사항을 여기에 죽 적어봐."

그다음, 이러한 지적 사항을 해결할 구체적인 전략을 떠올려서 해결책 칸에 적게 한다. 이것은 글쓰기 과제가 아니라 생각하는 훈련이다. 그러니 문제점과 해결책 칸에는 핵심 단어나 어구만 적으라고 말한다. 마지막으로 난이도 칸에는 그 해결책이 쉬운지, 보통인지, 어려운지 적게 한다. 지적 사항마다 해당 난이도를 적어야 한다.

이런 식으로 연습하면 아이가 "난 못해!" 또는 "이렇게 많이 지적하다니 선생님이 나빠!"라는 식으로 반응하지 않게 될 것이다. 아이는 교사의 논평을 요약하면서 잘못을 알아차릴 수 있다. 논평을 처리할 구체적인 방법에 집중힘으로써 비판을 회피하거나 물리치지 않을 수 있다. 또한 문제점·해결책·난이도 측면에서 각 논평을 따지며 교사의 비판을 해결 가능한 지적으로 인식하고, 그중 상당수를 실제로 처리할 수 있다. 아이 혼자 해결하기 어려운 문제라도 일단은 시도할 것이다. 교사는 이렇게 노력하는 학생을 좋아한다. 비판에 적절히 대응하는 것이 노력하고 배워나가는 가장 중요한 방식임을 아이에게 알려주자.

(영리함이 상처가 되지 않으려면)

변화에 예민하고 루틴을 고집하는 아이

계획 변경에 짜증을 내는 사미르

"하지만 아빠가 그렇게 말했잖아요!" 사미르가 큰 소리로 투덜거렸다. "상점에 가서 닌텐도 DS용 게임팩을 살 거라고 아빠가 오늘 아침에 분명히 말했잖아요!"

"그래, 그럴 계획이었지. 하지만 계획은 얼마든지 바뀔 수 있는 거야." 아버지가 대답했다.

"그 게임팩을 사려고 돈도 다 모았단 말이에요. 오늘 사러 갈 거라고 아빠가 분명히 말했다고요! 왜 지금 사러 가면 안 된다는 거예요?" 사미르가 계속 우는소리를 했다.

"지금은 상점 문이 닫혔잖아. 내일 가거나 주말에 가면 되잖아."

"난 지금 당장 그 게임팩을 원한다고요." 사미르가 우겼다.

"알아. 하지만 고모랑 사촌형들이 놀러 와서 오늘은 갈 수가 없었잖아. 아까 형들이랑 즐겁게 놀았으면서 그러니?"

"게임팩을 살 수 없다는 걸 알았다면 그러지 않았을 거예요. 아빠는 순 거짓말쟁이야! 맨날 그래! 오늘 사러 갈 거라고 분명히 말했으면서!"

사미르는 화가 나서 폭발하기 일보 직전이다. 그런데 원하는 게임팩을 제때 얻지 못한 실망감치고는 너무 격한 반응이다. 아이는 상황을 너무 고지식하게 해석하고 있다. 살다 보면 일이 틀어지거나 늦춰질 수 있는데 그것을 대단히 불행하거나 부당한 일로 바라보고 있다. 아이는 너무 속상한 나머지 아버지가 설명하는 합리적 이유를 들으려고도 하지 않는다.

짜증도 소통하려는 방식이다

부모는 자식의 온갖 짜증을 받아주는 일이 그리 유쾌하지 않다. 사미르는 "아빠는 거짓말쟁이야!"라는 도발적 비난으로 아버지를 화나게 할 작정인 것 같다. 성난 감정을 맹렬히 터뜨리고 있으니 말이다. 지금 사미르에게 아버지는 손쉬운 표적이다.

아이들은 자신이 겪는 것과 비슷한 감정을 믿을 만한 어른에게서 이끌어냄으로써 자기 기분을 간접적으로 표출한다. 이런 식의 간접적 의사소통은 의도하지 않거나 심지어 의식하지도 못한 채로 흔히 일어난다. 예를 들어, 아이들은 좌절할 때 고집스럽게 협력하지 않으면서 부모 역시 똑같이 좌절하게 한다. 절망감을 느낄 때는 부모가 어떤 해결책을 제시해도 거부함으로써 부모 역시 절망감을 느끼게 한다. 사미르는 일이 계획대로 돌아가지 않자 화가 많이 났다. 그래서 아버지에게 온갖 비난을 퍼부어 자기와 똑같은 기분을 맛보게 하려는 것이다.

이러한 상호작용을 처리할 때는 말려들지 않는 것이 상책이다. 물론 말은 쉽지만 행하기는 어렵다. 거짓말쟁이라고 불리면 기분이 나쁘고 불쾌하다. 더 차분한 상황에서라면 사미르의 아버지는 "네가 아무리 화가 났다고 해도 그렇게 말하면 못쓴다. 가족에게 거짓말쟁이라고 말하는 것은 예의에 어긋난 짓이야"라고 분명히 나무라야 한다. 하지만 이성을 잃고서 쏟아내는 비난에 일일이 대응하다간 대화가 비생산적인 방향으로 흐르기 십상이다. 사미르의 아버지가 화가 나서 "나는 거짓말쟁이가 아니야! 아버지한테 어떻게 감히 그런 말을 하는 거냐!"라고 반박한다면, 사미르는 "아뇨, 아빠는 거짓말쟁이가 맞아요! 항상 거짓말만 하니까요!"라고 대꾸할 것이다. 따라서 지금은 사미르 아버지의 정직함을 논할 때가 아니다. 쟁점은 화가 잔뜩 난 사미르가 그 감정을 다스릴 수 있느냐다.

감각 과부하

사미르가 터지기 일보 직전까지 화가 난 데에는 감각 과부하感却過負荷 탓도 있다. 사촌 형들이 방문했으니 말할 것도 없이 흥분해서 신나게 놀았을 것이다. 그런데 그런 상태가 갑자기 끝났다. 사미르의 정신적 와해는 게임팩과는 별로 관계가 없고 과도한 흥분 후에 마음을 가라앉히지 못한 것과 더 관계가 있다.

자극에 특히 민감한 아이들은 시끄러운 소리, 밝은 빛, 냄새, 감촉, 활동, 급격한 변화에 예민하게 반응한다. 극단적인 경우, 이런 아이들은 감각통합장애sensory integration disorder 진단을 받기도 한다. 하지만 이러한 장애가 완전히 진행된 경우가 아니더라도 과도한 자극에 취약한 아이가 많다. 일반적으로 이렇게 민감한 아이를 대할 때는 견디기 힘든 상황을 파악해 아이에게 미리 경고하거나 필요할 때 휴식을 취하게 하거나 스스로 자제하는 전략을 개발하도록 도와줘야 한다.

마음을 진정시키는 방법

민감한 아이들은 스트레스를 다스리고 분노 폭발을 예방하거나 적어도 최소화할 실질적인 전략을 배워야 한다. 이런 아이들은 인생이 고난의 연속이며 일이 마음먹은 대로만 흘러가지는 않는다는 사실을 받아들여야 한다. 자제력의 중요성을 인식하고, 이러한 자제력을 발휘하기 위해 남보다 더 많이 노력해야 한다는 사실을 깨달아야 한다. 이런 아이들을 도와줄 수 있는 아이디어를 몇 가지 살펴보자.

기분은 알아주되 감정의 강도는 인정하지 않는다_ 아이가 폭발하기 일보 직전일 때에는, 누가 그 기분을 알아주기만 해도 진정하는 데 도움이 된다. 차분하지만 부드럽게 다음과 같이 말한다.

"너는 ○○해서 실망했구나."
"너는 ○○했기 때문에 불만이 많구나."
"네가 ○○ 때문에 얼마나 짜증이 났는지 알겠다."
"너는 ○○ 때문에 몹시 화가 났구나."

이러한 표현이 심리 치료사들이나 쓰는 말 같아 처음에는 어색하겠지만, 실제로 써보면 매우 효과적이라고 생각할 것이다. 이런 표현을 쓸 때 우리는 아이의 감정이 합당하다고 동의하지는 않지만 그런 감정이 있음을 인정해준다. 아이들은 누가 자기 말을 들어주고 기분을 알아주면 금세 마음을 푸는 경향이 있다. 아이가 자기 얘기를 다 들어주었다고 느낄 때까지 이런 말을 여러 번 해야 할지도 모른다. 아이가 화를 누그러뜨리는 모습은 쉽게 감지할 수 있다. 몸의 긴장이 풀어지고 목소리도 더 부드러워지고 느려질 것이다.

아이에게 그런 식으로 느끼면 안 된다고 주장하는 전략은 역효과를 낳을 공산이 크다. 아이들은 자기 말을 들어주지 않는다고 생각하면 더 크게 소란을 피우곤 한다.

때로 어떤 부모는 아이가 속상해하면 문제를 즉시 풀어주려고 한다. 사소하고 쉽게 풀리는 문제라면 이런 전략이 효과적일 수 있다. 하지만 극도로 분노한 상황에서는 어떠한 해결책도 소용이 없다.

아이의 기분을 먼저 알아주면 아이가 해결책을 고려할 수 있을 만큼 마음을 가라앉히는 데 도움이 된다. 하지만 아이가 직면하는 문제를 당신이 다 해결해줘야 한다고 생각하지는 마라. 때로는 피할 수 없는 문제도 있다. 아이는 그저 당신이 이해한다는 사실을 알기만 하면 된다. 자기 얘기를 들어주고 기분을 알아주면 아이 스스로 해결책을 찾아내기도 한다.

행동을 규제한다_ 화를 잘 터뜨리는 아이는 흔히 부모를 인질로 삼는 경우가 많다. 부모는 또다시 소동이 일어날까 봐 살얼음을 딛듯이 조심하면서 아이를 실망시키지 않으려고 장시간 공들인다. 그 때문에 아이가 집안에서 과도하고 부석설한 힘을 휘두르게 된다. 아이가 집안을 뒤흔들면 아이나 부모 모두에게 좋지 않다.

당신이 아이의 기분을 두려워하지 않으며 부적절한 행동을 규제할 수 있다는 사실을 아이에게 확실히 심어줘야 한다. 짜증 부린다고 원하는 것을 손에 넣지는 못한다는 점을 알게 한다. 아이의 행동이 도를 넘으면 이런 식으로 단호하게 말한다.

"네가 화난 것은 안다. 그렇다고 내게 소리를 지르거나 물건을 던지면 못써. 네 방에 가서 마음을 좀 가라앉혀라."

말만 엄하게 하고 집행하지 않으면 소용이 없다. 아이를 제 방까지 데려다주거나 상점 밖으로 데리고 나가거나 신나는 야외 놀이를 취소해라. 아이의 감정 폭발에 전전긍긍해서는 안 된다. 아무리 똑똑하고 영악해도 아이는 미숙하기 때문에 멀리 내다보지 못하며 경험에서 우러나오는 어른의 판단력을 따르지 못한다. 아이가 집안을 제대로 다스릴 수는 없다.

진정시키는 혼잣말을 가르친다_ 아이가 차분한 상태일 때, 풍선을 활용해 생각이 감정에 미치는 효과를 설명한다. 우리는 머릿속에서 자기 자신에게 말을 하고, 그러한 혼잣말은 우리가 느끼는 방식에 영향을 미친다. 때로는 혼잣말이 우리를 더 긴장하고 속상하게 하기도 한다. 흥분한 목소리로 다음과 같은 말을 내뱉으며 매번 풍선에 바람을 불어넣는다. 풍선이 터질 듯이 부풀어 오를 때까지 계속하며 그 모습을 아이에게 보여준다.

끔찍해!
정말 말도 안 돼!
최악의 상황이야!
있을 수 없는 일이야!
도저히 참을 수 없어!
나는 되는 일이 하나도 없어!

우리는 차분해지도록 도와줄 혼잣말을 하기도 한다. 달래는 말투로 다음과 같은 말을 하면서 매번 풍선에서 바람을 조금씩 뺀다. 풍선의 공기가 완전히 빠질 때까지 진정시키는 혼잣말을 들려준다.

마음에 들지는 않지만 난 참을 수 있어.
최악의 상황은 아니야.
더 힘든 일도 겪어냈어.
이 일로 죽지는 않을 거야.
나는 이겨낼 거야. 영원히 이 상태로 머물지는 않아.
원하던 바는 아니지만 난 처리할 수 있어.

풍선의 바람이 완전히 빠져 늘어진 모습을 보여준다. 아이에게 흥분시키는 표현과 진정시키는 표현을 말해보라고 하면서 이 활동을 다시 한다.

필요할 때 사용할 수 있도록 진정시키는 표현을 목록에 적어두면 도움이 된다. 좋다고 아무 표현이나 다 효과가 있는 것은 아니다. 효과가 있을 거라고 믿을 만한 표현이어야 한다. 속으로는 잔뜩 실망하면서 무턱대고 "정말 좋아!"라고 혼잣말을 해봤자 소용없다. 반면에 "나는 이겨낼 거야"라는 혼잣말은 불안감을 덜어줄 수 있다.

고통 감내 전략을 계획한다_ 폭발한 뒤에 수습하는 것보다는 폭발하기 전에 막는 것이 상책이다. 아이가 자신을 달래줄 다양한 전략을 고안해내도록 도와준다. 이러한 전략을 큰 종이에 적어 벽에 붙여놓거나 작은 색인 카드에 적어 소책자로 만들어서 수시로 참고하게 해도 좋다. 스트레스 수치가 낮을 때 이러한 전략을 사용하는 것이 효과적이라고 아이에게 일깨운다. 감정이 폭발한 뒤에는 이런 혼잣말도 별 소용이 없을 것이다.

우리가 아이들에게 스스로를 달래는 전략으로 자주 권하는 예를 몇 가지 살펴보자. 당신의 아이에게 가장 효과가 있을 만한 전략을 골라보자. 어떤 아이에게 진정 효과가 탁월한 전략이 다른 아이에게는 오히려 화를 자극하기도 한다. 마음을 완전히 가라앉히려면 20분 이상 걸릴 수 있다고 아이에게 반드시 설명한다. 아이가 단 몇 초 만에 효과를 기대했다가는 "에이, 전혀 효과가 없잖아"라고 성급하게 단정 지어버릴 것이다.

- 마음을 진정시키는 상자: 베개가 들어갈 만한 커다란 상자를 준비한다. 잡지에서 오린 사진이나 스티커를 상자 안쪽에 붙이거나 혹은 직접 그림을 그려 상자 안쪽을 꾸미게 한다. 상자 입구를 옆으로 해서 바닥에 놓고 안쪽에 편안한 베개를 놓는다. 아이에게 머리를 상

자 안쪽에 넣고 누우라고 한다. 아이가 분노의 감정이 들기 시작할 때 은신처로 사용하면 그만이다.

- 물: 물이 마음을 가라앉히는 효과가 있다는 아이가 많다. 어린아이는 싱크대에 물을 가득 받아놓고 계량컵을 가지고 놀면 차분해지기도 한다. 세제 한 방울을 뿌려주면 거품 놀이도 할 수 있다. 나이가 더 많은 아이는 샤워나 목욕을 하면 좋다. 화가 나기 시작할 때 물을 이용해도 좋지만 일반적인 이행 과정에서 늘 써먹어도 아주 좋다. 우리가 아는 어떤 가정에서는 아들이 학교 갔다 와서 늘 샤워를 한다고 한다. 그러면 아이가 하루의 긴장을 풀고 가족과 더 즐겁게 오후를 보낼 수 있다는 것이다.

- 깃털: 아이의 호흡을 진정시킬 방법으로는 깃털이 그만이다. 공예품 가게에서 부드럽고 화려한 깃털을 구입해 봉투에 담아 집 안의 적절한 장소에 놓아둔다. 아이에게 아무 소리도 내지 말고 깃털을 부드럽게 어루만지라고 한다. 그러면 아이는 깃털을 만지거나 얼굴을 간질이면서 즐거운 시간을 보낼 수 있다.

- 거품 놀이: 날씨가 따뜻하면 아이에게 나가서 거품 놀

이를 하라고 한다. 숨을 천천히 길게 뱉으면서 작은 거품을 연속적으로 만들거나 한 번에 훅 뱉으면서 커다란 거품을 만들어보게 한다.

- 율동적 동작: 갓난아기를 살살 흔들어주기만 해도 울음이 그치는 것처럼, 나이 든 아이도 율동적인 동작으로 평정을 되찾을 수 있다. 흔들의자에 앉거나 그네를 타도 좋다. 실내용 고정 자전거나 야외에서 진짜 자전거를 타도 진정시키는 효과가 있다.

- 무거운 물건 들어 올리기: 어떤 아이는 꽤 무거운 물체를 들어 올리기만 해도 마음이 안정된다고 한다. 어린 아이가 정식으로 역기 운동을 하는 건 무리지만, 적절한 안전 조치를 지킨다면 책장을 정리하거나 지하실에서 물건을 나르거나 장작을 쟁이거나 차고에 쌓아둔 상자를 옮기는 정도는 할 수 있다. 마음도 가라앉히고 정리도 하고 일석이조다.

- 로션: 로션을 몸에 문지르면서 마음을 진정하는 아이도 있다.

- 음악: 음악은 기분을 다스리는 데 탁월한 효과가 있다.

실제로 심리학자들은 기분을 유도하는 실험에서 신중하게 선별된 음악을 활용한다. 광고계 종사자들은 소비자에게 제품 이미지를 심어주고자 음악을 적극 활용한다. 영화 제작자들도 장면의 분위기를 조성하기 위해 음악을 활용한다. 우리는 배경음악만 들으면 눈을 감고서도 좋은 일이 일어날지 나쁜 일이 일어날지 알아차린다.

아이에게 좋아하는 음악을 선택해 쉽게 들을 수 있도록 저장해두라고 권해보자. 따로 플레이리스트를 만들어도 좋다. 경쾌하고 신나는 음악도 좋고, 느리고 마음을 달래주는 음악도 좋다.

- 독서: 독서도 기분에 강력한 영향을 미친다. 좋아하는 이야기는 마음을 사로잡고 화난 상황에서 잠시 벗어나게 해준다. 특히 재미있는 만화책은 아이의 마음을 가볍게 해준다.

감각을 자극하는 소품을 수집한다_ 아이들은 물건 모으는 것을 좋아한다. 그러니 갖고 놀 소품을 수집하면서 마음을 진정하게 한다. 오감을 골고루 자극할 수 있는 흥미로운 소품을 수집하도록 도와준다. 그런 소품을 가지고 놀다 보면 잠시라도 긴장 상황에서 벗어나고 마음을 가라앉힐 수 있다.

수집할 만한 소품에는 다음과 같은 것이 있다.

- 촉각: 스트레스 볼 세트(손으로 주무르면서 긴장을 완화하고 혈액순환을 촉진할 수 있다), 공작용 점토, 실내용 모래 놀이 세트, 옷감 카드(벨벳 같은 부드러운 옷감, 새틴 같은 윤기 나는 옷감, 꺼끌꺼끌한 옷감, 털로 덮인 옷감 등 다양한 재질의 옷감을 두꺼운 종이에 잘라 붙인 것)

- 후각: 잡지에 광고용으로 실린 향수 샘플 카드, 향기 나는 펜, 향초

- 미각: 다양한 풍미의 사탕(사탕을 깨물어 먹지 말고 입안에서 오래도록 녹여 먹게 할 것)

- 시각: 작은 사진첩(특별한 사진을 넣은 앨범, 또는 동물·성·그림·해변 등 좋아하는 물건이나 장면이 나오는 엽서를 넣은 앨범)

- 청각: 다양한 모양의 뮤직 박스

멈춤 전략을 계획한다_ 아이가 화만 나면 충동적으로 행동하거나 과격하게 행동한다면, 달리 행동할 동작을 고안하

게 한다. 이를테면 자신을 꼭 안아주듯이 팔짱을 끼고 단단히 조였다가 천천히 팔과 어깨의 긴장을 푸는 동작을 반복하게 한다. 비슷한 동작으로, 손깍지를 끼고 단단히 조였다가 힘을 빼게 해도 좋다. 후회할 만한 행동을 하지 않고 잠시 여유를 갖도록 그냥 손을 깔고 앉기만 해도 된다. 나이 든 아이들은 눈에 덜 띄는 멈춤 전략을 선호한다. 예를 들어 발을 땅속 깊이 뿌리내리거나 단단히 고정시키는 상상을 하는 식이다. 깊은 바닷속을 천천히 헤엄치는 상상을 하거나 혀가 입천장에 들러붙었다고 상상해도 효과가 있다.

최고의 멈춤 전략으로 그냥 상황을 잠시 벗어나는 것도 좋다. 이렇게 일시적으로 벗어나는 것이 최선일 때가 언제일지 아이와 이야기한다. 집에서라면, 가족의 상호작용이 바람직하지 않은 방향으로 흐를 때 잠시 타임아웃을 활용할 수 있다. 하지만 이 전략은 열기를 일시적으로 식혀주는 것일 뿐, 필요한 과제나 대화를 회피하는 용도가 아니라는 사실을 아이에게 분명히 말해줘야 한다.

사후 검토 시간을 마련한다_ 아이가 한바탕 소란을 피웠다면, 차분해졌을 때 더 나은 대처 방법을 고안하도록 사후 검토 시간을 마련하는 것이 좋다. 운동선수들은 경기력을 향상시키려고 게임이 끝난 후에 비디오 영상을 검토한다고 아이에게 설명한다. 매우 화가 난 상황에서는 명료하게 생각하기 어렵다는 점을 이해해주자. 그러고 나서 사후 검토 시간을 마련해 어떤 사태가 벌어졌으며 다음에는 어떻게 대처하는 것이 나을지 파악하도록 도와준다. 사후 검토 시간에는 아이가 주로 말하게 한다. 당신은 차분하고 사무적이며 약간 궁금해하는 태도를 보이는 것이 좋다. 아이에게 이렇게 물어본다.

"화를 터뜨리기 전에 무슨 일이 있었지?"

"그때 너는 어떤 기분이었니?"

"네가 어떻게 행동했더라면 더 나은 선택이 되었겠니?"

"사태를 호전시키려면 네가 지금 (혹은 앞으로) 어떻게 하면 좋겠니?"

마지막 질문이 가장 중요하다. 그렇지만 온갖 질문을 던지면서 너무 장시간 논의하지는 마라. 말을 많이 하면 잔소리를 늘어놓는다고 생각할 것이다. 아이가 대안을 떠올리고 앞으로 나아가도록 격려하는 것이 목적이다.

아이들은 소란을 피운 후에 자기 자신을 책망하기 쉽다. 사후 검토 시간을 갖자고 하면 이런 식으로 말할지도 모른다.

"전 멍청한 놈이에요. 더 이상 할 말이 없어요. 제가 얼간이라고요, 됐어요?"

천만에, 아무것도 되지 않았다. 아이에게 이런 일은 '멍청한 것'과는 하등 상관이 없으며, 그저 부정적인 감정을 다스리도록 배우면 된다고 말해주자. 불만스러운 상황을 바르게 다스릴 수 있다는 믿음을 심어주되 시간이 걸리고 연습이 필요하다는 점을 알려준다. 아이는 순조롭게 흘러가지 않았던 상황을 돌아보면서 다음에는 어떻게 행동하는 것이 나을지 생각할 것이다. 쉽게 익히는 기술도 있지만, 많은 노력과 연습이 필요한 기술도 있다. 좌절감을 안기는 상황에 대처하는 기술은 후자에 속한다.

"더 나쁠 수도 있어!"를 되뇐다_ 당신과 아이가 함께 어려운 상황을 견디고 있다면, "더 나쁠 수도 있어!"라는 게임으로 아이의 상상력과 유머를 발동시킨다. 만일 길게 늘어선 줄 맨 끝에 서 있다면, 이렇게 말한다.

"더 나쁠 수도 있어. 우리가 눈보라 치는 날씨에 밖에서 기다린다고 생각해봐."

앞서 한 말을 반복하면서 더 나쁜 상황을 추가해 아이와 교대로 말한다.

"더 나쁠 수도 있어. 우리가 눈보라 치는 날씨에 밖에서 수영복을 입고 기다린다고 생각해봐."

"더 나쁠 수도 있어. 우리가 눈보라 치는 날씨에 밖에서 수영복을 입고 열두 명의 냄새나는 사람들에게 둘러싸여 기다린다고 생각해봐."

'더 나쁜' 상황은 우스꽝스럽거나 충격적인 내용이어도

상관없다. 이런 말을 주고받다 보면 현재 상황이 아주 가볍게 여겨질 것이다.

이 게임은 힘든 상황이 함께 겪고 있을 때만 써먹는다. 아이가 혼자 견디는 상황이 더 나쁠 수도 있다고 말한다면, 아이의 좌절감을 무시하는 것으로 비칠 수 있다.

통제할 수 있는 상황과 없는 상황을 구별한다_ 아이가 차분한 상태일 때 어떤 일은 통제할 수 있고 어떤 일은 통제할 수 없는지 의논한다. 아이더러 각각의 상황에 대한 사례를 얘기해보라고 한다. 다음 표의 사례를 참고한다.

통제 상황의 사례	
내가 통제할 수 있는 상황	내가 통제할 수 없는 상황
내가 하는 행동	다른 사람의 행동
내 숙제를 빨리 제대로 하기	숙제가 있을지 없을지 여부
내 형제자매를 대하는 방법	내게 형제자매가 있을지 여부
좌절했을 때 대처하는 방법	좌절할 상황이 일어날지 여부
친구를 초대할지 여부	그 친구가 올지 여부
친구를 용서할지 여부	친구가 나를 용서할지 여부

통제 가능 여부를 구별하는 이유는 상황마다 대처 전략이 다르기 때문이다. 문제가 통제 가능한 상황일 경우, 우리

는 계획을 세우고 열심히 노력하고 도움을 청하고 새로운 전략을 시도하면서 상황을 적극적으로 바꿔볼 수 있다. 문제가 통제 불가능한 상황일 경우, 우리는 바꿀 수 없는 것을 감내하고 받아들이도록 노력해야 한다.

아이가 상황을 통제할 수 없다는 사실을 인정하는 표현을 고안하도록 도와준다. 예를 들면 다음과 같은 표현이 있다.

"그래, 달리 도리가 없지."

"이 상황을 있는 그대로 받아들이고 헤쳐나가야지."

"내가 어떻게 할 수 없는 일이야."

종교를 믿는 가족이라면 이러한 쟁점을 다룬 '평온을 비는 기도'를 아이에게 가르쳐준다. 기독교 신앙을 현대 정치와 외교에 접목시킨 신학자 라인홀드 니부어Reinhold Niebuhr가 쓴 기도문의 원문은 다음과 같다.

> 하느님, 바꿔야 하는 것은 바꾸는 용기를,
> 바꿀 수 없는 것은 받아들이는 평온을,
> 또한 그 차이를 구별하는 통찰력을 주소서.

아는 것이 많은 만큼 고민도 많다

세상 고민을 다 짊어진 콜린

"엄마, 잠이 안 와요."

"콜린, 너 아직도 안 자니? 지금 시간이 몇 신데! 무슨 걱정이라도 있니?"

"전쟁 때문에요. 아프가니스탄의 아이들이 자꾸 생각나요. 그 애들은 아무 잘못도 저지르지 않았는데 다치거나 굶어 죽기까지 하잖아요. 그 애들의 부모도 마찬가지로 죽어가고 있어요. 누가 그 애들을 돌봐줄까요?"

"특별히 걱정할 만한 내용을 읽거나 봤니?"

"아뇨, 그냥 그런 생각이 들었어요. 그랬더니 잠이 안 와요. 아이들이 그렇게 고통받는 것은 옳지 않아요."

어떤 아이들은 마음이 참으로 따뜻하다. 학교에서 다른 아이가 다치거나 야단맞는 모습에도 눈물을 떨어뜨린다. 무섭거나 비극적인 영화를 보면 몹시 슬퍼한다. 다른 사람이 고통받는 모습을 보거나 상상하기만 해도 똑같이 고통스러워할 정도로 공감 능력이 탁월한 것이다.

자신이 다룰 수 없는 문제에 빠질 때

콜린 같은 아이들은 감정적으로 대처할 준비가 되기도

전에 냉혹한 현실에 눈뜬다. 또래 아이들은 기아나 오존층 감소, 아동 학대, 음주운전, 전쟁 등의 문제를 의식하지 못하거나 그런 문제들과 무관하게 살아가지만, 이런 아이들은 어른들이 고민해야 할 문제를 걱정하느라 밤잠을 설친다.

세상에는 끔찍한 상황에 정말로 맞서야 하는 아이들이 있다. 하지만 일부 예민한 아이들은 그런 상황을 직접 겪지 않는데도 몹시 힘들어한다. 읽기 능력이 뛰어나서 이런 문제를 다룬 기사나 책을 일찍 접하거나 우연히 그런 정보를 듣거나 보고 상심하기도 한다. 콜린은 아프가니스탄에 가본 적도 없고 전쟁을 경험한 적도 물론 없지만, 아프가니스탄의 아이들이 겪는 고통에 무척 가슴이 아프다.

콜린은 엄청난 이슈를 머리로는 이해할 수 있지만, 너무 어려서 감정적으로는 대치할 수 없다. 아직은 이러한 고동과 두려움에서 자기 자신을 지킬 만한 능력이 없다.

공감 능력이 중요하기는 하지만 한발 물러나서 타인의 고통과 심리적 거리를 두는 것도 반드시 필요하다. 다른 아이들이 고통받고 있을 때 행복하게 지내는 것은 옳지 않다고 생각하는 아이들이 있다. 그들은 자신의 경험과 타인의 경험을 충분히 구별하지 못한다. 가슴 깊이 느끼지만 자기가 원하거나 필요할 때 한 걸음 물러나 생각하는 능력이 아직 부족하다. 그런 기술은 자라면서 점차 개발된다. 그래서 나이 든 아이들은 아기 사슴 밤비의 엄마가 죽는 모습을 보고 슬퍼하기는 해도 비탄에 빠지지는 않는다. 반면에 어린아이들은 엄마 사슴이 죽는 장면에 압도당한다.

큰 걱정거리에 대처하는 방법

콜린 같은 아이를 굳이 강해지게 단련시킬 필요는 없다. 그 아이들의 동정심은 사랑스러운 자질이며 존중해줘야 한다. 다만 그 아이들이 겪는 고통을 최소화하기 위해 괴로움을 다스릴 대처 전략을 가르쳐야 한다. 또한 아직 어린 나이인 만큼 큰 걱정거리는 어른한테 맡겨도 된다는 사실을 이해시켜줘야 한다.

속상하게 할 자료에 노출시키지 않는다_ 어떤 아이도 폭력이나 살인에 노출되어서 좋을 것이 없지만, 당신의 아이가 유난히 심약하다면 다른 사람들이 대수롭지 않게 여기는 대중매체에도 노출되지 않도록 제한하는 것이 좋다. 교실의 다른 아이들이 모두 '소름 끼치는 책'을 좋아한다고 해서 당신의 아이가 무섭게 생각하는 것을 억지로 읽힐 필요는 없다. 인기 있는 신작 영화가 폭력적이라면 다른 아이들이 아무리 열광해도 당신 아이에게는 보지 말라고 권하자.

또한 아이가 자기주장 기술을 적절히 개발하도록 도와줘야 한다. 다른 아이들의 반응을 거스르지 않으면서 자신의 선호도를 드러내는 표현을 연습시킨다. 이런 식의 표현이 가능하다.

"나는 공포 영화는 싫어해."

"난 그런 종류의 영화에는 관심 없어."

"난 좀 빠져도 될까? 무서운 영화랑은 코드가 안 맞거든."

"난 코미디 영화가 더 좋아."

뉴스도 조심해야 한다. 특히 텔레비전 뉴스에는 어리거나 예민한 아이를 놀라게 할 영상이 자주 등장한다. 아이에게 세상 돌아가는 내용을 알려주는 것은 좋지만, 특정 나이에 감당할 수 있는 정보의 양과 종류를 잘 알고 결정해야 한다.

내용과 함께 직접성도 고려해야 한다. 직접성이란, 정보가 얼마나 생생하고 개인적이냐는 것이다. 예를 들어 산불이 발생했다는 뉴스가 있다고 가정하자. 믿을 만한 어른인 당신이 먼 곳에서 산불이 발생했다고 말하는 것은 그 산불의 상세 기사를 보는 것보다 직접적인 영향을 덜 미치고, 기사를 읽는 것은 화재로 무너진 집의 사진을 보는 것보다 영향을 덜 미치며, 사진을 보는 것은 화재 피해자가 불 속에서 아이들이 타는 모습을 설명하며 흐느끼는 비디오 영상을 보는 것보다 영향을 덜 미친다. 아이들은 대부분 화재 소식을 그냥 듣는 것은 견뎌낼 수 있다. 하지만 생생한 비디오 영상을 견딜 수 있는 아이는 거의 없다. 생생하고 자극적인 정보를 아이에게 노출시켜서 좋을 것이 하나도 없다. 아이에게 노출할 적절한 정보 수위를 결정하되 시간이 지나고 아이가 성숙하면서 달라져야 한다는 점을 명심한다.

삽화를 이용해 누가 안전하게 지켜주는지 설명한다_ 예민한 아이들은 세상에서 일어나는 온갖 사건에 겁을 먹는다. 두려움을 느끼면서 어떤 식으로든 해결해야 한다는 책임감을 느끼기 때문이다. 이렇게 겁먹은 아이를 다독이기 위해 보호 장치가 겹겹이 구축되어 있다는 사실을 알려준다.

종이 하단에 작은 막대 그림을 그려놓고 이렇게 말한다.

"이게 너야. 지금부터 누가 너를 안전하게 지켜주고 있는지 이야기해보자."

아이 그림 위에 부모를 나타내는 막대 그림을 추가로 그린다. 그리고 아이에게 안전을 책임지는 사람들 이름을 더 대보라고 말한다. 부모 그림 위에 그들을 나타내는 그림을 더 그린다. 최종적으로는 친척, 친구, 이웃, 교사, 지역사회 근로자, 정부 관료 등을 나타내는 그림이 그려질 것이다. 이런 그림은 아이와 위험 사이에 보호해줄 사람들이 층층이 쌓여 있다는 걸 보여준다.

우리는 아이들에게 그림으로 설명하는 것을 좋아한다. 우리 두 사람이 다 딱히 그림에 소질이 있지는 않지만, 탁월한 미적 감각이 중요한 것은 아니다. 아이들에게는 말을 많

누가 나를 안전하게 지켜줄까?

 대통령

 군대

  경찰관, 소방관

 할아버지, 할머니, 삼촌, 고모, 이모

 엄마, 아빠

 나

이 하는 것보다 생생한 이미지를 보여주는 것이 더 효과가 좋다.

긍정적인 조치를 취한다_ 사람들은 문제를 해결하려고 어떤 식으로든 조치를 취하고 나면 기분이 나아진다. 따라서 큰 이슈로 고민하는 아이를 도와줄 다른 방법은 아이가 문제를 해결하는 데 기여할 적절한 방법을 찾아보는 것이다. 예를 들어 아이가 정부 관료에게 편지를 쓰거나 학교 신문에 기사를 기고하게 하자. 가족이 후원할 자선단체를 선택하게 하거나 가족 봉사 프로그램에 참여시키는 것도 한 방법이다. 이런 조치로 세계적인 문제를 해결하기는 어렵지만, 작은 도움이 모이고 모여 큰 문제를 해결하는 데 기여할 수 있다고 설명한다.

걸핏하면 우는 아이

예민한 아이들 중에는 걸핏하면 우는 아이가 있다. 그들은 큰 이슈에만 흔들리는 것이 아니라 사소한 이슈에도 격렬하게 반응한다. 그 아이들에게 사소한 문제는 하나도 없다.

집에서는 아이가 이따금 울어도 괜찮지만, 초등학교 1~2학년쯤 되어 사람들 앞에서 울어버리면 흔히 부담이 따른다. 학급 친구들은 어쩌다 누가 울면, 특히 다쳐서 우는 경우에는 다정하게 대응해주지만, 자주 우는 아이라면 무시하거나 때로는 놀리기도 한다. 아무리 상냥한 아이도, 때로는 어른도 줄곧 우는 아이에게는 동정심이 줄어들기 마련이다.

슬프면 눈물이 날 수 있지만, 자주 울다 보면 더 슬퍼지기도 한다. 울며 보내는 시간 동안은 아이가 공부하거나 친구와 놀거나 얘기하거나 다른 즐거운 활동을 하지 않는다는 뜻이다. 결국 눈물을 덜 흘릴수록 더 행복하다고 생각하면 된다.

눈물이 많은 아이에게 "울지 마"라고 말하는 것은 전혀 도움이 되지 않는다. 누구나 때로는 울기 마련이니 그런 말은 현실적으로 다가오지도 않고 배려한다고 여겨지지도 않는다. 이 아이들은 눈물에 호소하지 않도록 대체 행동을 개발해야 한다. 속상할 때 달리 취할 만한 행동이 필요하다.

대처 전략을 그림으로 그려 정리하면 아이가 사람들 앞에서 피로움을 다스리고 눈물을 참도록 도와줄 수 있다. 천천히 심호흡을 하는 것은 쉽게 활용할 수 있는 전략이다(아이에게 조용히 실천하라고 미리 일러둔다). 관심을 딴 데로 돌리는 것도 괜찮은 전략이다. 울고 싶은 충동이 가라앉을 때까지 바닥의 타일을 세거나 구구단을 외운다. 또는 친척이나 같은 동네 사는 사람들, 생일파티에 왔던 친구들 명단을 속으로 작성해도 좋다. 앞서 언급했던 진정시키는 혼잣말을 하는 것도 도움이 된다. 최후의 수단으로, 마음을 가라앉히기 위해 잠시 화장실에 다녀와도 좋다. 아이가 조금이라도 진정하고 나면 해당 문제에 맞는 대응 전략을 구사하기가 더 쉽다. 이를테면 고장 난 물건을 고치거나 다른 것을 선택하거나 도움을 요청할 수 있다.

아이의 눈물샘을 자극하는 상황을 알고 있다면 미리 그 점에 대해 얘기한다. 예를 들어 아이가 축구 시합을 하면서 걸핏하면 울 경우, 아이와 함께 울음을 터뜨리게 하는 특정 상황을 파악하고 구체적인 대응 방법을 계획한다. 만일 팀원이 골을 막지 못했을 때 눈물이 난다면, 그 팀원에게 "넌 열심히 했어"라고 말해주거나 시합에서 이기는 것보다 정정당당하게 시합하는 것이 더 중요하다는 점을 떠올리기로 약속하는 식이다. 아이가 교사의 지시 사항을 못 알아들을 때 눈물이 쏟아진다면, 아이에게 손을 들고 "선생님, 이해가 잘 안 돼요. 다시 한번 설명해주세요"라고 말하는 연습을 하게 한다.

아이가 예전 같으면 사람들 앞에서 울음을 터뜨렸을 상황인데 용케 참아낼 때마다 칭찬을 아끼지 마라. 이런 식으로 말하면 된다.

"네가 많이 컸구나. 이번 일로 무척 실망했을 텐데 울지 않고 끝까지 참아냈어. 울고 싶은 것을 어떻게 이겨냈니?"

또한 우는 습관을 이겨내는 과정을 격려하고 달리 대처할 수 있다는 말로 자신감을 북돋운다.

"선생님 말로는, 네가 학교에서 이번 주에 한 번도 울지 않았다고 하시더라! 이젠 문제가 생겨도 울컥하지 않고 잘

해결하니까 아주 대견해."

아이들은 다르게 대처할 수 있다는 것을 알기만 해도 용기가 나고 힘이 생긴다.

＊ 부모 가이드 ＊
아이가 스스로 감정을 관리하도록 도와주는 방법

아이들은 우리가 감정을 다루는 모습을 늘 주시하고 그대로 따라 한다. 그러니 우리가 기분을 다스리는 모습을 보이지 못하면서 아이더러 제대로 하라고 가르칠 수는 없다. 친구와 갈등을 빚고 나서 해결하고자 용기를 내고 배려하는 태도를 보여주자. 감정을 건전한 방식으로 다스리는 본보기를 보여주기 위해 신중하게 처신하자.

● **상대방을 측은히 여기는 태도 보여주기**

초조하게 차례를 기다리는데 누가 끼어들었다고 하자. 무턱대고 화를 낸다면 아이가 어떻게 생각하겠는가? 상대의 무례한 행동이 마음에 들지 않아도 참고 배려하는 모습을 보여주고 나중에 이렇게 설명한다.

"어쩌면 그 사람이 나를 보지 못했나 봐."

"그 사람은 너무 피곤했거나 새치기를 할 만큼 급한 일이 있었을 거야."

● **잠시 중단하고 열 식히기**

아이 때문에 몹시 화가 나면 이렇게 말한다.

"나는 지금 너무 화가 나. 나중에 후회할 말을 내뱉기 전에 잠시 진정할 시간이 필요해. 좀 차분해지면 그때 다시 이야기하자."

● **적절한 친구 선택하기**

똑똑한 아이들은 복잡한 질문을 하거나 어려운 말을 쓰기 때문에 분별력도 뛰어날 거라고 생각하기 쉽다. 하지만 그래 봤자 아이는 아이다. 부부간의 심각한 갈등이나 건강 문제, 직장에서의 불안한 위치 등 당신이 직면한 심각한 문제를 무심코 아이 앞에서 이야기하지 않도록 하자. 그렇다고 이런 문제를 꼭꼭 숨기라는 말은 아니다. 어느 정도 공유할지 신중하게 판단해야 한다. 아이가 일어날지도 모르는 나쁜 상황을 시시콜콜 알아야 하는 것은 아니다. 당신이 겪는 문제를 누구와 이야기해야 한다면 적절한 사람을 선택해 아이가 듣지 않게 조심해서 말하자.

● **힘든 상황을 이겨낸 사람들의 이야기 들려주기**

당신이 예전에 어려움을 겪었던 시기를 떠올려보자. 그 상황을 어떻게 이겨냈고, 무엇이 필요했으며, 어떤 점을 배웠는지 아이에게 이야기한다. 당신의 부모나 조부모가 겪었던 난관을 들려줘도 좋다. 이런 식의 '가족 영웅담'은 아이를 격려하고 자극할 수 있다. 누구나 힘든 일을 겪게 되고, 그런 역경을 이겨내려면 용기와 인내와 시간이 필요하다는 중요한 메시지를 전달할 수 있다.

어떤 아이는 감정을 매우 격렬하게 표출한다. 그런 아이는 반드시 감정에 대처하는 법을 익혀야 한다. 그러려면 생각과 감정이 어떻게 관련되어 있는지 알아야 한다. 아이가 사건과 행동을 더 건전하게 판단하고 더 자비롭게 바라볼 수 있다면, 주체하지 못할 정도로 화를 터뜨릴 일도 줄어들 것이다. 감정에 적절히 대처하려면 좌절감을 견디고 문제를 해결할 전략이 필요하다.

4장

승부에 목숨 거는 아이들

: 경쟁심 조절하기

* Check List *
"우리 아이의 경쟁심은 적절한 수준일까?"

- ☐ 양보하는 데 어려움을 느끼는가?
- ☐ 다른 아이들을 쥐고 흔들려고 하는가?
- ☐ 다른 아이들의 의견이나 바람을 멍청하다고 무시하는가?
- ☐ 매사에 경쟁하려 들어 다른 아이들을 짜증 나게 하는가?
- ☐ 경쟁해야 하는 일을 앞두고 극도로 불안해하는가?
- ☐ 패배를 인정하지 못하는가?
- ☐ 또래의 노력을 무시하는가?
- ☐ 형제나 부모가 성공한 분야에는 발도 들이지 않으려 하는가?

아이들이 술래잡기를 한다고 가정해보자. 우선 규칙을 정하기 위해 협동해야 한다. 얼마나 멀리까지 숨어도 되지? 출발점은 어디로 하지? 술래한테 잡히면 어떻게 되지? 그다음에는 누가 술래가 될지 결정하기 위해 경쟁한다. 이때도 결정 과정에 합의하기 위해 협동해야 한다. '가위바위보'로 결정할까, 아니면 '손바닥 뒤집기'로 결정할까? 이어서 술래가 출발점에서 눈을 가리고 정해진 구호를 외치거나 숫자를 세는 동안 다른 아이들은 숨기 위해 경쟁해야 한다. 놀이에 참가한 아이들이 모두 열심히 참여하지 않으면 게임이 재미있게 돌아가지 않는다. 또한 술래한테 잡힌 아이를 구하려면 협동심도 발휘해야 한다. 게다가 한 사람이 너무 오래 술래를 한다면 누군가 술래나 술래를 도와줄 사람으로 자청하고 나서줘야 한다. 고르게 경쟁하고 협동해야 다 같이 게임을 즐길 수 있다.

아이가 하는 여러 가지 활동에서 협동과 경쟁은 밀접하게 얽혀 있다. 아이가 배워야 하는 가장 중요하고도 어려운 기술이다. 문화적 배경에 따라 아이가 두 기술 중 한쪽을 익히기가 더 어려울 수도 있지만, 어쨌든 두 기술을 모두 익혀야 한다. 그런데 지나치게 공격적이고 자기중심적인 아이는 곧 그룹에서 배척당하는 자신을 발견할 것이다. 반대로 그룹에서 제 목소리를 내지 못하는 아이는 마땅한 자리를 찾는 데 어려움을 느낄 것이다. 아이가 다른 사람들과 즐겁게 어울리려면 반드시 협동심과 경쟁심을 자유자재로 구사할 줄 알아야 한다.

결과에 과도하게 집착하는 아이

똑똑한 아이들은 얼마나 잘하느냐에 지나치게 의미를 부여하기 때문에 협동하며 경쟁하는 일을 힘들어한다. 자기 자신을 끊임없이 증명해야 한다고 생각해 게임이나 프로젝트에 편하게 참여하지 못한다. 승리를 목숨보다 중요히 여겨 단순히 재미로 게임을 할 수가 없다.

똑똑한 아이는 성과에 과도하게 집착하느라 자기 자신과 다른 사람들을 일차원적으로 바라본다. 자신의 수행을 지켜보고 평가하는 거대한 점수판이 도처에 걸려 있는 것처럼 행동한다. 도움을 요청하거나 받아들이지 못해 사태를 더 어렵게 만든다. 늘 인정받고 싶어 안달하고 실패할까 봐 두려워 마음을 놓지 못한다. 잘하지 못하면 잠깐의 실패로 끝나지 않고 약점을 노출하거나 통제력을 잃었다고 느끼며 수치심과 굴욕감에 시달린다.

성과에 초점을 맞춘 아이는 다른 사람들에게도 가혹한 잣대를 들이댄다. 자기보다 못하는 아이에게 "멍청한 놈"이라거나 "쓸모없는 녀석"이라고 말하며 무시한다. 다른 사람의 실수에도 절대 너그럽지 못하다. 특히 다른 사람의 실수로 자신의 성과가 위태로워졌다고 생각할 때는 참지 못한다. 걸핏하면 다른 아이들을 밀쳐내고 제멋대로 하려 들어 또래의 원성을 산다. 반면에 위협적인 라이벌이 등장하면 심술과 시기심이 발동한다.

협동심이나 경쟁심을 발휘하는 활동은 이러한 아이들에게 부정적 감정을 강하게 일으키기 쉽다. 극도로 불안해하고 독선적으로 분노하며 남을 깔보거나 시기하고 낙담하고 비통에 잠기고 수치스러워한다. 반면에 승리에 따른 만족감은 순식간에 사라진다. 점수판의 점수가 언제 떨어질지 몰라 금세 불안해하는 것이다.

똑똑한 아이들 중에는 단체 활동이 너무 힘들어 일부러 피하는 아이도 있다. 하지만 협동과 경쟁은 죽을 때까지 필요한 기술이기 때문에 피하는 것이 능사가 아니다.

잘하는 것과 옳은 일을 하는 것

그렇다면 아이가 잘 대처하도록 부모가 무엇을 도와줄 수 있을까? 건전한 야망과 성과에 대한 불건전한 집착 간의 경계선을 알게 하려면 어떻게 도와야 할까?

협동과 경쟁은 똑똑한 아이에게 격한 감정을 일으키기 쉬워서 달리 반응하도록 유도하기가 쉽지 않다. 이런 아이는 다른 아이를 위협적 존재나 짜증스러운 존재로 여기는 통에 그 아이와 어울리라는 제안을 따르지 않는다.

똑똑한 아이가 잘하는 것과 옳은 일을 하는 것 사이에서 균형감을 찾도록 도와주어야 한다. 그러려면 다른 사람들의 감정을 인식하고 자기 행동이 다른 사람들에게 어떤 영향을 미칠지 생각하게 해야 한다. 항상 이기기는 어렵지만 도덕적으로 행동하고, 공손하고 책임감 있고 상냥한 태도로 행동할 방법은 항상 있다. 세상에 이름을 떨치는 데 꼭 대단한 성과물이 필요한 것은 아니다. 세상 사람들과 소통하는 방식도 우리를 알리는 데 중요하다. 리처드 와이스보드Richard Weissbourd는 "성과는 인생의 여러 구성 요소 가운데 하나일 뿐이다"라고 말한다. 더 큰 맥락에서 협동과 경쟁을 바라보면 똑똑한 아이도 좀 더 편안하고 능숙하게 이러한 과제에 접근할 수 있다. 또한 다른 사람을 따뜻하게 바라보면 자기 자신도 좀 더 너그럽게 바라볼 수 있다.

제 방식대로만 하려는 아이

자기 방식만 고집하는 스티븐

"아니야! 그렇게 하면 안 돼!" 스티븐이 소리쳤다. 엄마는 스티븐과 세 아이가 공룡 모형을 만들고 있는 거실로 뛰어갔다.

"뭐가 문제니?" 엄마가 물었다.

"스티븐이 자기가 가진 공룡 다리만 사용하려고 그래요." 마사가 불평했다. "공룡 다리가 넷이고 우리도 네 명이니까 각자 하나씩 만들면 되는데, 우리는 건드리지도 못하게 해요."

"너희 것은 공룡 다리처럼 보이지 않잖아!" 스티븐이 우겼다. "게다가 다리 모양이 서로 다른 공룡이 있다는 소리는 들어보지도 못했어. 그건 말도 안 돼!"

"네가 대장은 아니잖아, 스티븐!" 마사가 따졌다.

"스티븐, 이건 그룹 과제야." 엄마가 끼어들었다. "팀원들과 함께 만들어야지."

"하지만 쟤들은 작품을 망치려고 해요." 스티븐이 큰 소리로 투덜거렸다. "우리는 디플로도쿠스 모형을 만들어야 하는데 저 다리로는 디플로도쿠스를 만들 수 없단 말이에요. 닭 다리로 쓴다면 모를까!"

"어떻게 하면 공평하게 해결할 수 있을까?"

"전 그냥 혼자서 공룡을 만들고 싶어요!" 스티븐이 신음하듯 말했다.

똑똑한 아이들에게는 일을 어떻게 해야 한다는 확고한 신념이 있기 마련이다. 공룡 다리 네 개가 어울려야 한다는 스티븐의 주장은 원칙적으로 옳다. 하지만 이 경우 예술적 · 해부학적 원칙이 쟁점은 아니다. 스티븐은 다른 아이들의 기분과 그룹 과제라는 상황적 맥락을 고려해야 한다. 자기보다 못한 또래 친구들과 작업하려니 여러 가지로 못마땅할 것이다. 하지만 학교에서, 직장에서, 나아가 인생에서 살아남으려면 다른 사람들과 함께 작업하는 법을 배워야 한다.

교사는 흔히 그룹 활동을 낭만적으로 묘사하며, 각자의 아이디어를 모아 더 멋진 결과물을 만들어낼 거라고 역설한다. 하지만 똑똑한 아이에게는 교사의 말이 터무니없게 들린다. 그들은 혼자 하면 더 잘할 수 있다고 확신하며, 실제로도 그럴 가능성이 크다.

똑똑한 아이들은 능력주의를 신봉하는 경향이 있다. 타인을 배려하고 동정하면서 그러한 믿음을 누그러뜨려야 하지만 그럴 만큼 성숙하지 않다. 그들은 최고 적임자가 최상의 결과물을 산출하도록 다른 사람들은 방해하지 말고 물러나야 한다고 믿는다. 이런 말이 쩨쩨하고 거만하게 들리기는 하지만, 결과만 바라보는 편협한 시각 때문이지 작정하고 남을 무시할 의도는 별로 없다. 그 아이들은 결과물의 품질이 유일한 목표이기 때문에 다른 고려 사항은 간과하거나 무시한다. 결국 자기보다 못한 아이들을 방해물로 취급한다. 곁눈 가리개를 씌운 말처럼 목표물을 향해 외곬으로 질주한다. 자신의 완성품을 보고 어른들과 또래 친구들이 기뻐해주기를 진심으로 바란다. 그런데 자신의 행동 때문에 부정적 반응이 나오면 당황해서 어찌할 줄 모른다.

결과뿐만 아니라 과정에도 초점을 맞추기

똑똑한 아이들은 결과만 좋으면 과정은 나빠도 괜찮다는 생각을 버려야 한다. 스티븐이 박물관에 전시해도 좋을 만한 공룡 작품을 완성한다 해도 팀원들을 밀쳐내고 혼자 만들었기 때문에 친구들과 교사는 스티븐을 좋게 보지 않을 것이다. 어른들의 직장 생활을 예로 들어 설명해주자. 동료들을 화나게 하는 뛰어난 직원이 될지, 동료들과 잘 어울리는 덜 뛰어난 직원이 될지 물으면, 직장인들은 항상 잘 어울리는 직원이 되는 쪽을 택한다. 능력이 아무리 뛰어나도 다른 사람들을 힘들게 하는 직원은 결국 회사에 큰 손실을 끼친다.

아이가 다른 사람들과 함께 작업하는 것에 불평이 많다면, 그룹 활동의 어려움에 공감해주면서 사이좋게 어울리는 일의 중요성을 강조한다. 이 기술은 인생을 살아가는 데 매우 중요하다. 아이는 그룹 과제를 통해서 이 기술을 익히고 실천할 수 있다.

똑똑한 아이들에게 협동심 가르치기

처음에는 대부분의 아이가 그룹 활동에 자연스럽게 참여하지 못한다. 그룹의 일원이 되려면 다른 사람들이 무엇을 바라는지 인식하고 적절히 대응할 수 있어야 한다. 또한 자신의 바람보다 그룹의 이익을 앞세워야 한다. 처음부터 그렇게 행동할 만큼 성숙한 아이는 많지 않다. 아이가 협동심을 키우도록 돕기 위해 우리가 활용할 수 있는 전략을 몇 가지 살펴보자.

공정한 승부를 염두에 두라고 격려한다_ 초등학교 아이들은 공정함을 많이 따진다. 운동장에서 아이들이 노는 모습을 관찰해보자. 공정한지 공정하지 않은지 토론하느라 놀이의 상당 부분을 할애하는 것을 볼 수 있을 것이다. 이렇게 따지는 시간이 실제 노는 시간보다 더 걸리기도 한다! 공정함에 초점을 맞추는 것은 도덕적 사고의 초기 단계다. 아이는 '내가 원하는 것'과 '공정한 것' 사이에서 균형을 이뤄가면서 점차 이기심을 누그러뜨릴 수 있다.

공정함에 초점을 맞추다 보면 때로는 갈등 상황을 명쾌하게 정리할 수 있다. 아이가 형제나 이웃이나 친구와 다투면 이렇게 말한다. 반드시 양쪽 입장을 똑같이 언급해야 한다.

"너는 이것을 원하고 저 애들은 저것을 원한다 이거지. 공정하게 하려면 어떻게 하는 게 좋을까?"

사태를 해결하려면 집요해야 한다. 당신의 아이가 자기 주장이 옳다고 한사코 우기면서 어떤 얘기도 들으려 하지 않을지도 모른다. 아이의 격렬한 주장은 인정하되 공정함의 원칙에서 문제를 다시 언급한다. 이렇게 말할 수 있다.

"너는 그런 식으로 하는 게 옳다고 생각하지만, 쟤들은 작품을 함께 만드는 게 옳다고 생각해. 어떻게 하는 것이 공정한 해결책일까?"

"그래, 네가 원하는 대로 하는 것이 더 쉬울지도 몰라. 하지만 지금은 모두에게 공정한 해결책을 찾아내야 해."

어느 한쪽이 해결책을 제안하면 상대방에게 "물론 네가 원하는 것과 다르겠지만 이 제안을 받아들일 수 있겠니?"라고 물어본다. 아이가 싫다고 말하면, "그렇다면 공정한 해결책으로 너는 어떤 제안을 할래?"라고 물어본다. 아이들이 계속 다른 대안을 도출하지 못하면 다음과 같은 질문으로 협상을 유도할 수 있다.

"그렇게 하고 싶다면 쟤들한테 무엇을 제공할 수 있니?"
"그것을 공정하게 나눌 방법이 뭐가 있을까?"
"순서를 어떻게 정하는 것이 좋을까?"

시간 여유가 있다면 아이가 갈등을 건전하게 해결하도록

옆에서 참고 지켜보자. 처음에는 다른 사람들의 욕구를 고려해야 한다는 사실에 화를 내고, 자신이 원하는 것을 조금도 양보하지 않으려 들 것이다. 그러다 결국에는 타협안을 고려하려고 애쓸 것이다. 애초에 부모가 "알았어. 너는 이렇게 하고, 또 너는 저렇게 해!"라고 정해주는 것이 더 효율적일지도 모른다. 하지만 그렇게 하면 아이 나름대로 해결책을 찾아낼 기회를 빼앗아버린다. 아이는 타협의 필요성을 받아들이고, 대안을 협상하기 위해 문제를 차분히 논의하면서 도덕적으로 생각하고, 나아가 사회적 행동 규범을 내면화할 수 있다. 그러니 가능하면 다툼을 해결해주려고 덤비지 말고 스스로 타협안을 이끌어내도록 옆에서 조율해주자.

아이들이 공정한 해결책을 찾아내면 다툼을 용케 해결했다는 점을 칭찬하고 격려한다.

"양보하고 타협하는 것은 아주 어려운 일이야. 너희가 모두 받아들일 수 있는 해결책을 마련하다니 참으로 대견하구나."

그룹의 사기를 진작시키는 방법을 알려준다_ 그룹에 기여할 방법은 아주 많다. 아이디어를 짜고 실천하는 일은 똑똑한 아이들이 쉽게 해내는 일이다. 그렇지만 스티븐 같은 아이들은 흔히 그룹 활동의 다른 중요한 측면, 즉 그룹의 사기를 진작시키는 일에는 신경 쓰지 않는다. 그룹 구성원 한 사람 한 사람이 모두 소중하며, 가능하면 구성원 전체가 즐겁게 활동할 수 있어야 한다.

다음의 체크리스트는 그룹의 사기를 북돋울 방법이다. 당신의 아이는 어떠한 전략을 시도했는가? 당신의 아이는 다른 아이들이 어떠한 전략을 사용한다고 보았는가? 아이에게 학교에서 한두 가지 전략을 시도해보고 다른 아이들이 어떻게 반응하는지 관찰하라고 격려해보자. 언제, 누구에게 이러한 전략을 시도할지 구체적인 계획을 세우면 실천하기가 쉽다.

- 다른 아이들의 의견을 물어본다. "너는 어떻게 하기를 원하니?" "네 생각은 뭐니?"
- 다투지 말고 다른 아이들이 하는 말을 주의 깊게 듣는다.
- 다른 아이들의 제안에 동의한다. "좋은 생각이야!"
- 다른 아이들의 노력에 고맙다고 말한다. "고마워! 네가 그 점을 아주 열심히 조사했구나."
- 불평하지 말고 즐겁게 활동한다.
- 작업의 가장 재미난 부분을 함께 하자고 제안한다. "이 부분을 같이 하자!"
- 작업에 열의를 표한다. "야, 정말 재미있다!"
- 타협안을 제시한다. "내 방식과 네 방식을 동시에 적용

해서 하는 건 어떨까?"
- 다른 아이들이 반대하면 상냥하게 양보한다. "알았어. 네가 그렇게 하고 싶다면 그렇게 하자."
- 다른 아이들의 작은 실수나 사소한 결함은 무시한다.
- 다른 아이들의 작업을 고치기 전에 허락을 받는다.
- 다른 아이들의 작업을 칭찬한다. "그렇게 하니까 멋지다!"

친절한 태도와 인간의 존엄성을 강조한다_ 인간은 누구나 존중받을 권리가 있고 늘 친절하게 행동해야 한다는 사실을 당신이 알려주지 않으면 누가 알려주겠는가? 이러한 태도는 도덕성과 관계가 있다. 부모는 간혹 도덕성에 대해 논하는 것을 어색해하지만, 똑똑한 아이들은 이러한 메시지를 듣고 배워야 한다. 능력이 뛰어나다고 다른 사람에게 무례하거나 잔인하게 굴어도 되는 것은 결코 아니다. 똑똑한 아이들은 다정한 어른에게서 그 경계선을 배워야 한다. 아이에게 이렇게 말한다.

"그 애에게 멍청하다고 하거나 그 애의 작품이 형편없다고 말하는 것은 옳지 않아."

"그 애들과 함께 활동해야 하는 것이 싫어도 대놓고 불평하는 것은 좋지 않아."

'팀을 깨뜨리는' 행동과 대체 행동을 파악한다_ "팀과 그룹의 차이점이 뭘까?" 아이에게 이렇게 물어보면 필시 공동 목표라든가 서로 돕는 것이라는 말을 늘어놓을 것이다. 한 무리의 사람들이 팀인지 그냥 그룹인지 결정하는 것은 각자의 행동에 달렸다고 설명해주자. 다음 그림은 팀을 깨뜨리는 행동을 하는 아이들의 사례를 보여준다. 딱히 못된 것은 아니지만 그 아이들은 중요한 팀워크 기술을 배우지 못했다. 각 인물이 하는 말을 큰 소리로 읽어주고, 그런 말이 그룹의 다른 구성원들에게 어떤 영향을 미칠지 물어본다. 그리고 팀을 깨뜨리지 않고 더 단단하게 구성하려면 각 인물이 어떻게 행동해야 할지 제안하게 한다.

다툼을 대체할 행동을 찾는다_ 네일 카네기는 이렇게 썼다. "당신은 논쟁에서 절대로 이길 수 없다. 논쟁에서 지면 지는 것이고, 설령 이긴다 해도 그 역시 지는 것이다."

이 인용문이 무슨 뜻인지 아이에게 설명해보라고 한다. 논쟁에서 이길 때 사람들은 무엇을 잃을까? 논쟁에서 진 사람은 어떤 기분일까? 그 기분이 관계에 어떤 영향을 미칠까?

말재주가 뛰어난 똑똑한 아이들은 흔히 논쟁을 즐긴다. 그들은 더 빨리, 더 크게, 더 단호하게 말해 다른 사람들을

부정적인 네드

"그건 바보 같은 생각이야."
"그렇게 하면 절대로 안 돼."
"이건 정말 멍청한 짓이야."
"나는 이렇게 하는 건 정말 싫어."

아둔한 루시

"아무거나 해."
"그런 것 같아."
"난 모르겠어."
(한숨을 내쉬며 눈알을 굴림)

거만한 버트

"자, 지금부터 내가 책임자야.
너는 이걸 하고, 너는 저걸 해!"
"내 방식이 최고야!"
"그냥 시키는 대로 해.
안 그러면 네 친구 안 할 거야!"

**단짝하고만 노는
게일과 그레타**

"우리 둘만이 하고 싶어."
"싫어. 우리는 우리 식으로 할 거야."
"우리 둘이서 팀을 할 거야."
"이걸 끝내면 너 빼고 우리 둘이서만
재미있는 활동을 할 거야."

팀을 깨트리는 행동을 하는 아이들: 이 친구들의 행동이 팀 구성원들에게
어떤 영향을 미칠까? 달리 어떻게 행동하는 것이 좋을까?

제압하려 든다. 자기주장의 '정당성'에만 초점을 맞추다 보니 자기들의 강압적인 술책으로 야기되는 분노를 무시하거나 파악하지 못한다.

때로는 여론을 무시하고 원칙을 고수해야 한다. 어떤 일이 도덕적으로 옳지 않거나 개인적인 신념에 어긋난다면 무턱대고 다수의 의견을 좇아서는 안 된다. 하지만 이런 상황은 흔치 않다. 초등학교에서는 더더욱 드물다.

그렇다면 아이가 논쟁 대신에 달리 취할 수 있는 행동은 무엇일까? 세 가지 가능한 방법이 있다.

- **질문 던지기**: 갈등은 두 사람이 한 상황을 달리 본다는 뜻이다. 상대가 그 상황을 어떻게 보는지 이해하려고 진심으로 노력한다면, 적개심을 분산시킬 뿐만 아니라 해결책을 찾아낼 길을 열어준다. 다음과 같은 질문은 아이가 상대방의 관점을 이해하는 데 도움이 될 것이다.

  "너는 어떻게 하길 바라니?"
  "네게 가장 중요한 것은 뭐니?"
  "너한테는 어떤 것이 더 중요하니?"

- **타협안 제시하기**: 타협은 네가 원하는 것과 다른 사람이 원하는 것을 절충하는 것이라고 아이에게 설명한다. 두 사람의 바람을 모두 존중하지만, 어느 쪽도 자신

이 원하는 그대로 하지는 못한다는 것을 이해시키자.

- **상냥하게 양보하기**: 관계를 유지하거나 상대를 배려하기 위해서 때로는 양보의 미덕을 발휘해야 한다. 양보는 관대한 행동이며 친구에게 줄 수 있는 최고의 선물이다.

"알았어. 이건 너한테 아주 중요하니까 네 방식대로 하자."

분쟁 해결 의식을 가르친다_ 여러 사람이 일하거나 놀 때는 다툼이 일어나기 마련이다. 다행히 다툼을 처리할 수 있는 의식이 아주 많다. 이를테면 동전을 던지거나 가위바위보를 하거나 1에서 1000까지 숫자 중 하나를 고르는 식이다. 아이가 이러한 의식에 익숙해져서 또래와 다툼을 해결할 때 활용하거나 제안할 수 있도록 집에서 연습시킨다.

진정한 리더십을 논의한다_ 똑똑한 아이들은 흔히 리더가 되고 싶어 한다. 리더가 명령하면 다른 아이들이 순순히 복종할 거라는 헛된 희망을 품고 있다. 하지만 또래 아이들은 이런 식으로 행동하는 사람을 리더로 따르지 않는다.

다음에 열거해놓은 진정한 리더의 특징에 대해 아이와 이야기해보자. 그리고 아이에게 진정한 리더의 예를 제시해보라고 한다. 아마 이러한 자질을 보여준 교사나 코치, 스카우트 지도자나 또래를 얘기할 것이다. 당신도 당신이 아는 지도자 중에 이러한 자질을 갖춘 사람에 대해 이야기한다. 훌륭한 지도자의 전기를 함께 읽으며 이러한 자질을 찾아본다. 그리고 아이가 현재 참여하는 그룹 활동에서 그러한 리더십 자질을 어떻게 적용할지 물어본다.

- 진정한 리더는 다른 사람들과 관계를 잘 맺는다. 사람들은 자신의 관심사를 이해하고 챙겨주는 리더를 따른다. 진정한 리더는 그룹을 잘 이끌기 위해 직접 참여해야 한다는 점을 잘 알고 있다. 관계는 영향력을 행사하는 데 필요한 밑바탕이기 때문이다.
- 진정한 리더는 말하기 전에 듣는다. 다른 사람들 말을 주의해서 들으면 정보에 입각해서 대응하고 판단힐 수 있고, 다른 사람들의 의견과 제안에 기초해 더 나은 조치를 취할 수 있음을 알고 있다.
- 진정한 리더는 적절한 질문을 던진다. 사람들에게 영향력을 행사하는 가장 효과적인 방법은, 그들이 스스로 답을 얻도록 적절한 질문을 던지는 것이다.
- 진정한 리더는 다른 사람들의 의견을 소중히 여기고 그들에게서 최상의 능력을 이끌어낸다. 사람들은 해결책을 마련하는 데 기여한다고 느끼면, 그것이 제대로 작동하도록 더 열심히 노력한다. 진정한 리더는 다른

사람들의 능력을 포착하고 끌어내는 데 능숙하다. 덕분에 사람들은 팀에 기여할 수 있고 소중한 구성원이라는 자부심을 느낄 수 있다.

- 진정한 리더는 따르는 사람들보다 더 하지는 않더라도 최소한 그만큼은 일한다. 소매를 걷어붙이고 협력하는 리더는 다른 사람들에게 좋은 본보기가 된다. '우리는 한 팀으로 열심히 노력해야 한다'는 메시지를 행동으로 보여준다.

질 줄 모르는 아이

패배를 인정하지 않는 아니타

"한 칸, 두 칸, 세 칸, 네 칸! 미안! 넌 처음으로 다시 돌아가야 해!" 카르멘이 고소하다는 듯이 말했다.

"아냐, 이건 불공정해! 넌 비열해!" 아니타가 불평했다.

"왜, 너도 좀 전에 내 말을 몰아냈잖아!"

"그래, 하지만 너는 꼭 그럴 필요는 없잖아! 다른 말을 움직여도 되잖아."

"그러면 네가 이기잖아!" 카르멘이 항변했다. "난 네 말을 따라잡으려고 또 애써야 한다고. 그럴 수는 없지."

아니타가 갑자기 게임 판을 확 밀쳐버렸다. 말들이 바닥에 흩어졌다.

"야, 왜 그래?" 카르멘이 소리쳤다.

"더 이상 이 게임 하고 싶지 않아. 하나도 재미없어."

이기고 지는 문제를 제대로 다루지 못하는 아이가 많다. 발달 단계에 따르면 아이들은 여섯 살이 될 때까지는 '규칙대로 놀기'라는 개념을 이해하지 못한다. 또한 열 살이 될 때까지는 멋진 패자가 될 줄도 잘 모른다. 하지만 초등학교 1~2학년쯤 되면 이기고 지는 게임이 상호작용의 상당 부분을 차지한다.

아이들에게는 패배하는 것이 왜 그렇게 어려울까

아이들은 지면 무력감에 빠져서 힘들어한다. 잔뜩 희망을 품고 시도했고 이길 거라고 생각했지만 막상 지고 말았으니, 패배는 몹시 바라던 것을 얻지 못한 것과 같다. 아이들은 패배하면 상처받고 화나고 부당하게 빼앗겼다고 느낀다. 아니타처럼 패배를 인정하지 못하는 아이들은 "불공정해!"라고 소리친다.

아이들은 대개 찰나적으로 살기 때문에 패배로 인한 실망감을 참지 못한다. 패배를 견디지 못하는 아이에게는 속임수를 쓰고 언쟁을 벌이고 짜증 내고 게임 중간에 규칙을 바꾸거나 그만두는 행위가 모두 그럴듯한 전략이다. 이기고 지는 것이 일시적인 상태라는 점을 깨달아야 패배를 다루는 법을 배울 수 있다.

어떤 아이들은 패배에 너무 많은 의미를 부여해서 감당하기 어려울 정도로 힘들어한다. "내가 졌어"가 금세 "나는 못 해"로 돌변한다. 어른이 "괜찮아. 그냥 게임일 뿐이잖아!"라고 다독여줘도 위로가 되지 않는다. 그 아이들에게 패배는 흠이 있고 모자란다는 판단과 같다. 패배를 힘들어하면서도 자기가 승리했을 때 패자를 감싸 안아주지도 못한다. 멋진 패자가 되기 힘든 아이들은 보통 멋진 승자가 되지도 못한다.

아이가 경쟁할 때 부모의 반응은 이기고 지는 문제에 대한 아이의 관점에 영향을 미친다. 부모가 승리 여부를 너무 따지면 아이는 부담감을 느껴 경쟁 상황에 손쉽게 대처하지 못한다. 아이가 게임에 져 울음을 터뜨릴 때 부모가 곤란해하거나 짜증을 내면, 안 그래도 실망한 아이는 부모가 비난한다고 느껴 더 속상해한다. 그렇지만 이기고 지는 모든 상황을 아예 회피하는 식으로 아이가 실망할 일을 애초에 차단해버리면, 경쟁이 위험하다는 인식을 심어주게 된다. 아이는 패배를 견뎌낼 수 있는 기술을 점차적으로 익혀야 한다. 이상적으로 말하면, 부모는 아이가 느끼는 패배의 아픔을 받아주면서 동시에 그 아픔에 대처하는 법을 배우도록 도와줘야 한다.

패배에 대처하도록 도와줄 방법

아이들은 승리와 패배에 적절히 대응하는 법을 배워야 한다. 게임에 항상 이길 수는 없지만 항상 재미를 느낄 수는 있다고 설명해주자. 게임 결과가 어떻든 평정심을 유지하고 상대와 즐거운 시간을 보내는 데 초점을 맞춘다면 항상 재미있을 수밖에 없다. 아이가 경쟁적인 활동에 대처하도록 도와줄 방법을 몇 가지 살펴보자.

승리와 패배에 대한 시를 암송한다_ 아이가 아홉 살 이하라면 승리와 패배를 노래한 시를 함께 낭독한다. 가능하면 아이가 시를 암송하도록 도와준다. 아주 극적으로 낭독하거나 우스꽝스러운 동작을 하면서 낭독해도 좋다. 종이에 적어 예쁘게 꾸민 후 냉장고에 붙여놓아도 좋다.

승리와 패배

이기기를 바라지만 져도 괜찮아.
심술 부리지 않고 게임을 끝까지 할 거야.
함께 시간을 보내고 재미있게 논다면
누가 이기든 괜찮아.
한여름 스쳐 지나는 산들바람처럼
승리와 패배는 오래가지 않아.

다음엔 이길지도 몰라.
당장은 그냥 빙긋이 웃으며 "즐거운 게임이었어!"라고 말할 거야.

아이가 시에 관심을 보이지 않으면 당신 혼자서 틈날 때마다 암송하거나 더 어린 자녀에게 시를 가르쳐주자. 자주 듣다 보면 은연중에 아이의 머리에 박힐 것이다. 아이가 항상 지키지는 못하더라도 적어도 게임에서 기대되는 반응은 알게 될 것이다.

훌륭한 스포츠맨 정신을 가르친다_ 스포츠맨 정신을 위반한 상황을 제시하고 아이에게 각 상황에 대처할 더 나은 방식을 제안하게 한다. 제시한 방식이 왜 좋은 선택이 아닌지, 그 사람이 달리 어떻게 행동하는 것이 좋을지 물어본다. 그냥 답을 제시하는 것보다 아이 스스로 상황을 따져보게 하는 것이 과정을 이해하는 데 더 도움이 된다.

나쁜 플레이의 예: 달리 어떻게 행동해야 하는가?
1. 마빈은 게임에 지고 있어서 더 하고 싶지 않다. 마빈이 보드게임 판을 엎어버리자 말들이 사방으로 흩어진다.
2. 브랜든은 마이크의 말을 잡아 출발점으로 돌려보낼

때마다 "하하하!"라고 소리친다.

3. 첸은 집어 든 카드가 마음에 들지 않자 규칙을 어기고 다른 카드로 바꾼다.
4. 케빈은 게임을 계속하고 싶어서 공이 선을 넘어갔는데도 선 안에 떨어졌다고 우긴다.
5. 호세는 게임이 불리하게 돌아가자 미겔이 속임수를 쓴다고 비난한다.
6. 나탈리가 친구에게 말한다. "이 게임은 내가 너보다 훨씬 잘해." 엄마가 "그렇게 말하면 못써"라고 말해도 나탈리는 계속 우긴다. "정말로 그런걸요."
7. 찰스는 게임에서 지지 않으려고 게임 중간에 규칙을 바꾸려고 한다.
8. 샤샤는 카드 세임을 하나가 마리아에게 에이스를 빼앗기자 울음을 터뜨리며 비열하다고 말한다.

아이가 팀 스포츠에 크게 관심이 없더라도 스포츠를 다룬 소설을 읽으면 협동과 경쟁을 배울 수 있다. 이러한 책은 경쟁에서 느끼는 흥분과 재미, 팀원과 협동하는 일의 가치, 너그러운 사람이 되어야 할 이유 등을 담고 있다. 이는 이기고 지는 문제를 간접적으로 경험할 기회다. 또한 인기 스포츠에 친숙해져서 또래와 관계를 맺을 때 써먹을 수도 있다.

이러한 책을 함께 읽으면 아이가 스포츠에 관심을 갖고

토론할 기회도 생긴다. 아이가 많이 생각하도록 질문을 던지되 스토리의 재미를 반감할 정도로 꼬치꼬치 캐묻지는 마라. 야구나 축구 같은 인기 종목에서 체조나 승마 같은 색다른 종목까지 다양한 이야기를 읽게 하는 것이 좋다.

패배에 대한 참을성을 키워준다_ 아이가 승리와 패배에 대처하는 법을 배울 가장 좋은 방법은 평소에 그런 연습을 많이 하는 것이다. 아이가 예민하다면 점차적으로 진행하자. 다음에 제시한 단계 중 어느 단계에서 시작할지 결정하기 위해 아이의 현재 대처 능력을 파악한다. 당신의 목적은 아이의 분노를 끌어내는 것이 아니라 참을성을 키워주는 것이다.

• **1단계: 최고 기록을 경신하게 하기** 아이에게 자신의 최고 기록을 경신할 기회를 주어 도전하는 데에서 오는 즐거움을 맛보게 한다. 이를테면 보도에 선을 긋고 아이가 얼마나 멀리 뛰는지 표시한다. 요령을 알려주거나 터득하게 해 다음에는 더 멀리 뛰라고 격려한다. 초시계를 이용해 어떤 활동을 얼마 만에 마치는지 잰다. 다음에는 더 빨리 혹은 더 오래 그 활동을 하도록 격려한다. 시간을 재는 활동은 아이가 즐거워하거나 재미있어하는 것이면 무엇이든 괜찮다. 숨을 참거나 장애물을 넘어 달리거나 포고스틱(스카이 콩콩)으

로 점프를 하거나 구구단을 외우는 등 수없이 많다. 아이가 기록 경신에 성공하거나 실패하도록 여러 번 실시한다.

- **2단계: 협동심을 발휘하는 게임하기** 승패를 장담하기 어려운 게임을 골라 아이와 팀을 이뤄 도전한다. 그러면 아이는 이따금 지더라도 당신과 함께 하기 때문에 두려워하지 않을 것이다. 패배로 엄청난 충격에 빠지지 않으면서 실망감에 대처하는 당신의 모습을 보고 배울 수도 있다. 다음과 같은 말로 패배의 아픔을 털어버리는 모습을 보여준다.

"이런! 거의 다 왔는데! 하긴 매번 이길 수는 없지. 다시 한번 해보자."

가족이 여가 활동에 활용할 만한 협동 게임이 많이 있다. 예를 들어 가족과 협동해 농작물을 수확하는 보드게임과 모래성을 쌓아 지키는 보드게임 등을 해본다.

- **3단계: 소규모로 경쟁하는 게임하기** 어른 한 명과 아이 한 명 이상으로 두 팀을 만든다. 어른은 아이들이 게임 결과에 대처하도록 도와줄 수 있다. '다수의 아이 대 다수의 어른'으로 팀을 나누면 더 재미있다. 팀을 이렇게 구성하면 게임에 져도 쉽게 승복할 수 있고, 이기면 더욱 신난다. 당신의 가족만으로 팀을 구성하기 어려우면 다른 가족을 놀이에 초대한다. 몸짓만으로 단어를 알아맞히는 게임이나 단어를

추리하는 게임을 해본다.

- **4단계: 짧게 일대일로 경쟁하는 게임하기** 게임이 짧게 끝나면 아이는 금세 다시 시도하려 든다. 운이 따르는 게임을 선택하거나 약한 선수에게 이점을 주는 식으로 아이가 이기거나 질 기회를 고루 경험하게 한다. 아이가 승패에 너무 연연하면 카드나 게임 도구를 내려놓고 실망한 표정으로 말한다.

"네가 너그러운 선수답게 행동할 때만 겨룰 거야."

"네가 울거나 떼를 쓰거나 항의한다고 승패가 달라지진 않아."

아이가 속임수를 쓰면 그냥 넘어가지 마라. 아이에게 규칙을 다시 설명하고 지키라고 말하자. 다른 아이들은 떼를 쓰거나 속임수를 쓰면 참지 않는다. 당신이 아이의 속임수를 눈감아준다면, 사회적 기대치에 대해 잘못된 메시지를 전하게 된다.

어떤 부모는 아이가 실망하지 않게 하려고 일부러 게임에서 져준다. 어린아이를 이겨서 뭐 하겠나 싶겠지만, 일곱 살 이상 된 아이와 게임할 때는 이기려고 애써야 한다. 당신을 상대로 하는 게임은 아이가 패배를 참아낼 수 있다고 배울 가장 안전한 상황이다. 그에 더해 당신의 사랑은 게임의 결과와 상관없이 변하지 않는다는 사실도 배울 수 있다.

- **5단계: 더 많은 사람과 더 길게 경쟁하는 게임하기** 가족끼리 혹은 친구를 초대해 게임 대항전을 연다. 차례가 빨리 돌아오는 게임을 선택한다. 손님을 초대할 경우에는 아이에게 누구를 초대할지 선택하게 한다. 게임 대항전을 시작하기 전에 아이에게 적절한 행동을 일깨우고자 몇 가지 질문을 던진다. 이를테면 "자, 내려놓은 카드를 다시 집어야 한다면 어떻게 할 거니?", "다른 사람이 이기면 뭐라고 말할래?"와 같이 묻는다. 게임을 마치고 나서 사람들을 대접할 방법도 함께 계획해보자.

- **6단계: 아이를 스포츠 활동에 참여시키기** 아이가 운동에 관심이나 소질이 있으면 YMCA 스포츠클럽 등 각종 스포츠클럽에 참여시킨다. 아이들은 운동을 하면서 사회성을 개발한다. 야구, 축구, 농구 등 간단한 도구만으로 즐길 수 있는 게임을 고르자. 청소년 스포츠 연맹은 운동 기술을 익히고 게임에 참여하고 팀의 일원이 되는 법을 아이들에게 가르쳐준다. 예를 들어 아이가 하키 팀에 소속되어 있다면, 퍽을 독점하지 않고 패스해 득점으로 연결시켜야 한다는 점을 코치에게 배울 수 있다. 또한 팀원이 실수를 저지르면 격려해줘야 한다는 점도 배울 수 있다. 게임이 끝나면 상대 팀 선수에게 하이파이브를 하는 등 일정한 의식으로 스포츠맨 정신을 익힌다. 아이가 너그러운 선수가 되도록 게임을 시작하

기 전에 대처 전략을 알려주자.

학교에서 일어나는 부정행위에 대해 말하기

남한테 지는 것이 죽기보다 싫을 때, 부정행위는 그야말로 구미가 당기는 대안이다. 게임에서 하는 부정행위는 사회적 문제를 야기하지만, 학교에서 하는 부정행위는 더 큰 파문을 몰고 올 수 있다.

학교에서 이뤄지는 부정행위에 대한 통계자료를 보면 몹시 걱정스럽다. 초등학교 아이들 중 3분의 1이 부정행위를 저지른다고 한다. 부정행위는 초등학교 1학년 때부터 시작되어 중·고등학교로 올라갈수록 늘어난다. 한 설문 조사에 따르면, 고등학교 학생 중 80퍼센트가 시험에서 부정행위를 저지른 경험이 있다고 한다. 어린아이들은 흔히 충동적으로, 또는 어떤 행동이 규칙에 어긋나는지 몰라서 부정행위를 저지른다. 그러나 아홉 살이나 열 살 정도 되면 계획적으로 부정행위를 저지른다. 따라서 이 문제에 대해 아이와 솔직하고 구체적으로 대화를 나눠야 한다.

아이에게 다른 사람이 부정행위를 저지르는 모습을 보거나 들은 적이 있냐고 물어보자. 아마도 신이 나서 다른 아이들의 범죄를 떠벌릴 것이다. 구체적인 부정행위 사례가 나오면 대화할 거리가 생긴다.

"친구에게 답안지를 베끼게 하는 것도 부정행위라는 사

실을 모르는 아이가 많더구나."

부정행위가 왜 나쁜지 아이더러 설명하게 한다. 단순히 "들키면 혼나니까요"라는 이유 말고, 아이가 적절한 이유를 댈 수 있도록 질문을 던진다. 예를 들어 이렇게 물어볼 수 있다.

"열심히 노력해서 잘할 때에 비해 부정행위로 잘할 때는 어떤 기분이 들겠니?"

"친구가 부정행위를 저지른 걸 알았을 때 다른 아이들은 어떤 기분이 들겠니?"

"부정행위가 학습에는 어떤 영향을 미칠까?"

"한번 부정행위를 저지른 사람은 다음에 또 저지를까, 안 저지를까? 왜 그렇게 생각하지?"

"배관공, 의사, 버스 운전사, 건축가 등 모든 사람이 시험에서 부정행위를 저지른다면 어떤 일이 벌어질까?"

사회학자 도널드 크레시Donald Cressey는 기업에서 부정을 유발하는 요소로 다음 세 가지를 꼽았다. 감지된 기회, 감지된 압력, 합리화. 이 세 요소는 학교에서 부정행위를 저지를 때에도 그대로 적용된다. 학교에서 부정행위를 몰아내는 데에는 교사가 주도적 역할을 하지만, 부모도 아이의 숙제에 얼마나 개입할지 윤리적 한계를 정함으로써 도와줄 수 있다. 또한 아이의 성공에는 가볍게, 실패에는 차분하고 건설적으로 대응함으로써 아이가 경험하는 학업 압력을 줄여줄 수 있다. 그렇지만 부정행위를 최소화하기 위해 부모가 취할 가장 중요한 조치는 바로 합리화에 대해 따져보는 것이다.

합리화는 잘못한 일에 대한 변명이라고 아이에게 설명해준다. 아이가 부정행위에 대한 합리화가 옳은지 깊이 따져볼 수 있도록 질문을 던진다. 나이가 어린 아이에게는 한두 가지 변명만 들어보면 된다. 이를테면 이렇게 질문한다.

"어떤 사람들은 부정행위를 저지르고 걸리지만 않으면 괜찮다고 말한단다. 너는 어떻게 생각하니?"

나이가 있는 아이에게는 좀 더 복잡한 합리화의 예를 제시하며 아이가 그것이 왜 틀렸는지 설명하게 한다. 이러한 문제를 따져본다고 해서 아이가 부정행위를 저지르지 않을 거라고 장담할 수는 없다. 그렇지만 적어도 유혹을 거부할 각오를 다지는 데는 도움이 될 것이다.

다음과 같은 합리화는 무엇이 문제인가?

"다들 부정행위를 저질러. 그러니까 크게 문제 되지 않아."

"부정행위 때문에 누가 다치지는 않잖아."

"다른 애들이 다 부정행위를 저지르니 성적을 올리려면 나도 속임수를 써야 해."

"선생님들은 부정행위를 막을 수 없으니까 아예 신경도 안 써."

"난 그냥 친구가 내 답안지를 베끼게 해줬을 뿐이야."

"이번 한 번만 할 거야."

"난 이 수업은 별로 신경 안 써. 그냥 속임수라도 써서 통과만 하면 돼."

"난 이 과목 선생님이 마음에 들지 않아. 그러니까 부정행위를 저질러도 돼."

경쟁을 혐오하는 경우

경쟁을 두려워하는 미샤

"난 수요일이 정말 싫어요!" 미샤가 엄마에게 투덜댔다. "수요일마다 학교에 가지 않으면 좋겠어요."

"왜 그러는데?" 엄마가 물었다.

"수요일마다 수학 퀴즈 대항전이 열리거든요. 두 명씩 일어나서 수학 문제의 답을 더 빨리 말하는 거예요. 이긴 사람은 다음 사람을 상대로 계속, 계속, 계속 문제를 맞혀야 돼요. 웃기는 게임이죠. 정말 싫어요!"

"하지만 미샤, 넌 수학을 잘하잖아. 그 게임에서 실력을 발휘할 수 있을 것 같은데."

"전 다른 애들이 저를 쳐다보는 게 싫어요. 너무 긴장해서 답이 바로 생각나지 않을 때도 있고요. 그러면 바로 자리에 앉아야 돼요. 게다가 제가 먼저 맞히면 애들이 얼마나 싫어하는데요. 전에 캐롤라인을 이겼는데 자리에 앉으면서 걔가 저를 얼마나 째려봤는지 몰라요. 어쨌든 매번 이기는 애는 정해져 있어요. 릴리아는 '식은 죽 먹기지. 모르는 애가 바보야'라면서 얼마나 잘난 척을 한다고요."

"반의 다른 아이들은 수학 퀴즈 대항전에 대해 뭐라고 하니?"

"좋아하는 애들도 있긴 해요. 마틴 선생님이 퀴즈 대항전을 시작한다고 하면 '아싸!'라고 말하는 애들도 있거든요. 하지만 전 정말 싫어요."

미샤는 급기야 눈물을 흘리며 호소했다.

"정말 그런 멍청한 게임 때문에 죽겠어요. 게임에서 저를 빼달라고 선생님께 편지 좀 써주세요!"

미샤가 정말로 고통을 겪고 있기는 하지만 그렇다고 엄마가 미샤를 게임에서 빼달라고 교사에게 편지를 써서는 안 된다. 미샤의 엄마는 미샤에게 이렇게 말해줄 수 있다.

"그 게임을 하는 게 아주 힘들겠구나."

"반 친구들과 경쟁해야 한다는 게 아주 불편한가 보구나."

하지만 "그까짓 게임이 뭐라고!" 또는 "바보같이 굴지 마. 그냥 게임일 뿐인데 뭘 그렇게 힘들어하니?"라고 말하면 아무런 도움도 되지 않는다. 미샤는 경쟁 때문에 정말로 불안감에 시달리고 있다. 어떻게든 그러한 불안감에 대처하는 법을 배워야 한다. 미샤가 "나는 경쟁에 대처할 수 없어"라고 결론짓게 내버려둔다면 너무 많은 것을 제한하게 된다. 즐기지는 못하더라도 최소한 참아내는 법은 배워야 한다. 좋든 싫든 경쟁은 삶의 일부이기 때문에 피할 수만은 없다.

경쟁하는 것 자체가 두려워요

똑똑한 아이들 중에는 경쟁을 혐오하는 아이가 있다. 자신을 평가한다는 사실만으로도 불안해하지만 자신의 부족한 점이 드러날까 봐 더 노심초사하기 때문에 경쟁하는 상황은 뭐가 되었든 피하려 든다. 참여하지 않거나 시도하지 않으려 하는 것이다. 미샤는 이기는 것과 지는 것을 모두 두려워한다. 질까 봐 두렵기도 하지만, 이기면 다른 아이에게 못되게 군 것 같아 미안하다. 간단한 수학 게임에 너무나 큰 의미를 부여한다. 다른 사람을 짓밟느냐 아니면 자신이 짓밟히느냐 선택의 기로에 선 것처럼 여긴다.

이따금 아이들은 경쟁적인 상황에서 너무 불안해하느라 최선을 다하지 못한다. 너무 긴장해서 바짝 얼어버린다. 완전히 노출되었다고 느껴 숨으려고 한다. 이런 아이들은 불안감을 정지신호라고 본다. 불안감을 느끼면 가능한 한 빨리 그 상황에서 벗어나야 하고 다음에는 무슨 수를 써서라도 그런 상황을 피해야 한다고 믿는다.

그러나 약간의 불안감은 오히려 도움이 된다. 관심과 힘을 집중시키고 어려운 일을 수행할 각오를 다지게 한다. 부모는 아이가 수행과 관련된 불안감 때문에 어는 대신 활력을 찾도록 도와주고 싶을 것이다.

경쟁을 건전한 기회로 받아들이게 하는 방법

미샤 같은 아이들은 경쟁 때문에 생기는 불안감을 다스릴 전략을 배워야 한다. 또한 경쟁을 좀 더 편안하게 받아들이고 경쟁의 이점을 인식할 수 있도록 균형감을 개발해야 한다. 승리하면 성공할 수 있다는 자신감이 붙고, 실패하면 실망에 대처하는 법을 배울 기회가 생긴다. 경쟁은 발돋움할 기회이기 때문에 즐겁게 받아들일 수도 있다. 아이가 경쟁을 더 건전하게 바라보고 수행에 따른 불안감을 줄이도록 도와줄 전략을 몇 가지 살펴보자.

불안에 따른 성능곡선을 설명한다_ 수행과 불안감 간의 관계를 설명하기 위해 아이에게 불안감에 사로잡힌 야구 선수를 상상해보라고 말한다. 실제로 당신이나 아이가 야구 선수 역할을 맡아서 동작을 취해도 좋다. 그 선수는 방망이를 꽉 움켜잡고 있고 몸은 바짝 경직되어 있다. 이를 악물고 불안한 눈으로 투수를 바라본다. 아이에게 "자, 공이 날아오면 무슨 일이 벌어질까?"라고 물어본다. 이 선수는 너무 불안한 나머지 팔이 경직되어 풀스윙을 할 수 없을 것이다.

이번에는 전혀 불안감을 느끼지 않는 야구 선수를 상상하게 한다. 기운 없이, 어쩌면 한 팔로만 방망이를 들어 대충 어깨에 걸치고 있을지도 모른다. 이 선수는 멀거니 구름을 보거나 손톱을 확인하면서 게임에 집중하지 않는다. 공이 날아오면 이 선수에게는 무슨 일이 벌어질까? 분명 몸이 공에 맞거나 기껏해야 방망이로 힘없이 공을 맞히는 데 그칠 것이다.

중간 정도의 불안감을 느끼는 야구 선수는 어떨까? 그는 열성적이다. 타석에 들어와 자세를 잡고 준비하지만 크게 긴장하지는 않는다. 무릎을 구부리고 몸을 약간 앞으로 숙이고 게임에 온 신경을 집중한다. 공이 날아오면 방망이를 힘껏 휘둘러 경기장 밖으로 날려버릴 준비가 되어 있다.

다음 그림에서 진한 곡선은 불안감과 수행 간의 관계를 나타낸다. 짧은 점선은 불안감이 높을 때 수행이 낮은 모습을 나타낸다. 앞서 긴장하던 첫 번째 야구 선수의 성능곡선이다. 마찬가지로 불안감이 낮을 때도 수행이 낮게 나타난다. 이것은 지루해하던 두 번째 야구 선수의 성능곡선이다. 긴 점선에서 드러난 최고 수행은 적정 수준의 불안감에 해당한다. 이것은 홈런을 칠 각오로 덤비던 세 번째 야구 선수의 성능곡선이다.

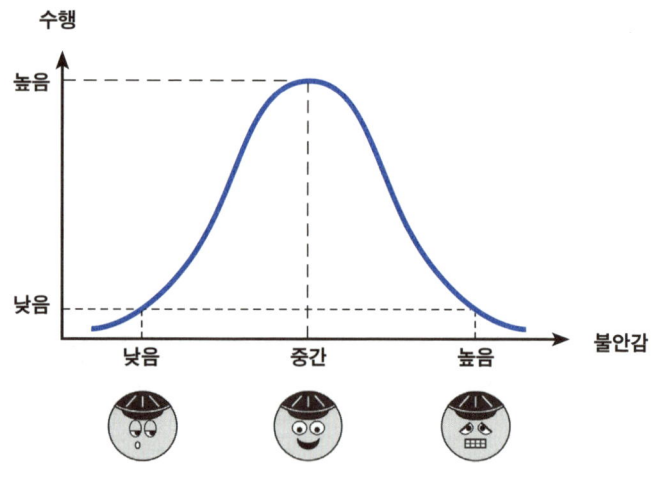

**불안감이 수행에 미치는 영향:
적당히 불안해야 좋은 성과가 난다는 사실을 알려주자.**

여러 연구에서 꾸준히 밝혀진 바에 따르면, 중간 정도로 불안감을 느끼는 사람이 대체로 과제를 가장 잘 수행한다고 한다. 아이가 불안감을 느끼기 시작할 때 괜찮다고 다독여주자. 몸이 알아서 어떤 일을 열심히 하려고 준비하는 거라고 알려주면 된다.

균형 잡힌 시각으로 근심거리를 바라본다_ 아이들의 근심은 상상력과 함께 커진다. 나이를 먹으면서 끔찍한 가능성을 상상할 수 있게 되어 아이들은 점점 더 다양하고 복잡한 근심거리에 시달린다. 놀이방 시절에는 유령과 괴물을 두려워한다. 일곱 살 정도 되면 몸이 다칠까 봐 걱정한다. 열 살에는 자신의 능력을 걱정한다. 열 살 이후로는 또래가 자기를 어떻게 생각할지 걱정한다. 아이들은 마음속에 끔찍한 상황이 떠오르면 실제로 그런 일이 일어날 거라고 믿기도 한다. 이러한 근심거리는 삶의 즐거움을 갉아먹는다.

균형 잡힌 시각에서 근심거리를 바라보면 좀 더 잘 감당해낼 수 있다. 아이가 경쟁이나 다른 상황에 대해 걱정하는 것 같으면 이런 질문을 던진다.

"이 상황에서 일어날 수 있는 최악의 사태는 무엇일까?"

아이가 여러 가지 가능성을 제시하면 목록으로 적는다. 그다음 걱정스러운 결과가 얼마나 나쁠지, 실제로 일어날 가능성이 얼마나 되는지 아이에게 말해보게 한다.

'나쁜 정도'를 판단하기 위해, 그 사건이 객관적으로 얼마나 고통스러운지가 아니라 그 사건이 삶을 부정적인 방식으로 얼마나 변화시키는지 따져보라고 한다. 사랑하는 사람이 죽는다면 정말로 끔찍하고 삶에도 엄청난 변화가 생길 것이다. 하지만 별로 중요한 변화를 일으키지 않는 사건은 그렇게 나쁘지 않다.

가능성을 판단하기 위해 아이에게 이렇게 물어본다.

"이런 일이 일어난 사람을 몇 명이나 알고 있니?"

"전에 너한테 이런 일이 몇 번이나 일어났니?"

아이가 전에 일어났던 사례를 많이 떠올리지 못하면, 아무리 생생하게 상상하더라도 그 사건이 일어날 가능성은 별로 없다.

그렇게 나쁘지 않거나 일어날 가능성이 별로 없는 문제는 걱정할 만한 가치가 없다. 일어나지도 않을 악몽의 시나리오에 사로잡히면 힘이 빠지고 의욕이 떨어진다. 아이들은 대부분 몇 번 연습하면 상황이 얼마나 나쁜지, 일어날 가능성이 얼마나 큰지 금세 가늠할 수 있다. 이렇게 따지고 나면 불필요한 두려움을 내려놓을 수 있다.

미샤의 경우, 퀴즈 게임에서 한 명만 빼고 모두 자리에 앉아야 하기 때문에 미샤도 자리에 앉을 가능성이 높다(가능성=높음). 하지만 그 결과가 딱히 나쁘다고는 할 수 없다. 그 후에 학급 전체가 다른 과목으로 넘어가는 것이 고작이다(나쁜 정도=낮음). 미샤는 "내가 이기면 캐롤라인이 나를 싫어할 거예요"라며 걱정한다. 두 사람이 친한 사이라면 이 일은 아주 나쁠 수 있지만(나쁜 정도=높음), 좋은 친구는 그렇게 쉽게 헤어지지 않는다. 따라서 일어날 가능성이 낮다(가능성=낮음).

당신은 나쁜 결과가 일어날 가능성을 낮출 전략을 아이가 고안해내도록 도와주고 싶을 것이다. 이를테면 퀴즈 대항전이 있기 전날 수학 공식을 복습한다면 미샤가 한 번에 자리에 앉거나 자기 차례에 머리가 멍해질 일이 줄어들 것이다.

관대한 패자와 선의의 경쟁자 사례를 알아본다_ 아이들이 다른 사람보다 잘하는 것을 두려워한다면 패자를 동정해서이기도 하지만 자기 자신의 두려움에서 비롯된 것일 수도 있다. 지는 것이 죽기보다 싫기 때문에 다른 사람들도 그럴 거라고 생각하는 것이다. 다른 사람이 패배로 실망은 하지만 완전히 의기소침해지지 않는 모습을 관찰하면 균형 잡힌 시각을 갖는 데 도움이 된다. 미샤의 경우, 다른 아이가 수학 퀴즈 게임에 졌을 때 어떻게 반응하는지 잘 살펴보라고 조언할 수 있다. 물론 속상해하는 아이도 있겠지만 대부분 수월하게 받아들인다. 입으로는 "제기랄!"이라고 투덜대지만 자리에 앉을 때 활짝 웃기도 한다. 지더라도 경쟁을 즐기는 것이다.

뉴스 기사를 읽을 때 선의의 경쟁을 다룬 기사가 있나 눈여겨보자. 운동선수든 과학자든 요리사든 각자의 분야에서 최선을 다해 경쟁하는 사람들의 이야기를 아이에게 읽어 준다. 그들은 한결같이 이기려고 최선을 다하는 과정에서 경쟁 상대와 승패를 주고받으며 즐긴다고 말한다. 정치인의 승복 연설도 관대한 패자의 본보기로 삼을 수 있다. 이러한 연설에서는 언제나 "선의의 경쟁"과 "선거에서는 졌지만 많은 것을 이루었다"라는 얘기가 빠지지 않는다. 그들은 실망했다고 인정하면서도 승리한 후보에게 희망의 메시지를 전하고 감사와 존경을 표한다.

그냥 재미로 하는 경쟁을 찾는다_ 지역마다 재미로 경쟁하는 대회를 다양하게 개최한다. 그림 그리기, 표어 짓기, 자전거 장식하기, 판지로 만든 보트 젓기 등 여러 가지 대회가 열린다. 아이가 경쟁에 앞서 지나치게 불안해한다면 이러한 대회에 출전시켜본다. 처음에는 그냥 관찰하면서 경기에 진 사람들이 즐겁게 참여하는 모습을 보여준다. 질 것이 뻔한 대회에 굳이 참여하지 않아도 되는데 사람들이 일부러 참여한다는 점을 지적하자. 그들은 희박하지만 이길 가능성이 있고, 또 최선을 다하는 데에서 기쁨을 얻을 수 있다고 생각하기 때문에 참여한다.

다음으로 아이에게 '그냥 재미로' 이러한 대회에 참여해보라고 격려한다. 아이가 혼자 참여하기 어려워한다면 부모·자녀 팀 경기를 먼저 시도해보자. 그러면서 점차 혼자 하는 경기에 도전하도록 유도한다. 결과에 상관없이 웃고 떠들고 즐기는 동안 불안감이 줄어들 것이다.

이기는 롤모델을 찾는다_ 예민한 아이들은 간혹 이겨도 된다는 허락을 받아야 하는 경우가 있다. 특히 여자아이들은 상대를 이기면 다정하지 않게 비칠까 봐 또래보다 잘하는 것을 내키지 않아 한다. 경쟁에서 이기는 것이 여자답지 않다는 통념에 사로잡힌 아이들도 있다.

당신의 아이를 위해 롤모델role model을 찾아보자. 아이가 좋아하고 따르는 사촌 형이나 누나, 이웃에 사는 오빠나 언니가 특히 효과적인 롤모델이 될 수 있다. 보통 여섯 살 이상 나이 차가 나는 것이 좋다. 그러면 경쟁의식이 줄고 상대 아이의 성과가 비교 기준이 아닌 자극제가 된다. 비교하지 않기 위해 형제자매가 아닌 롤모델을 찾는 것이 좋다. 나이가 더 많은 형제자매의 미술 전시회, 연극, 철자 맞추기 대회, 운동 시합에 동생을 데려갈 때는 신중하게 행동해야 한다. "너는 왜 형처럼 잘하지 못하니?"라는 말을 대놓고 하거나 은연중에라도 그런 뜻을 내비치지 않도록 조심한다. 당신의 목표는 특정한 길로 가도록 강요하는 것이 아니라 다양한 가능성에 아이를 노출시키는 것이다. 형의 노력을 격려하려고 그 행사에 참석한 것임을 강조한다.

어느 정도 나이가 있다면 아이에게 경쟁과 관련된 경험과 대처 전략을 이끌어낼 수 있는 질문을 몇 가지 던져도 좋다. 아이가 스스로 묻기 주저하는 질문을 대신해서 물어보는 것이다. 이를테면 아역 배우에게는 이러한 질문을 던진다.

"오디션 보기 전에 긴장을 어떻게 다스리니?"

"어떤 역을 맡고 싶어서 도전했다가 떨어진 적이 있니? 그럴 때는 어떻게 했니?"

"너랑 친구가 똑같은 역할을 맡으려고 경쟁한 적이 있니? 결국 어떻게 됐니?"

관찰할 만한 나이 많은 아이들을 여럿 찾는 것이 좋다.

그래야 당신의 아이가 다양한 영역에서 경쟁에 대처할 사례를 접할 수 있다. 이기는 롤모델을 여러 명 관찰하면 "이것만이 옳은 방식이야"가 아니라 "여러 가지 방법이 있다"라는 메시지를 얻을 수 있다. 롤모델의 경험이 얼마나 의미 있는지 아이 스스로 생각해보게 한다. 억지로 교훈을 주려고 하면 역효과를 낳기도 한다. "사만다가 하는 걸 보렴. 너는 왜 저 애처럼 하지 못하니?"라고 말하면 아이는 처방받은 대처 전략을 적극적으로 거부할 것이다.

본받을 만한 나이 많은 아이가 없으면 아이가 존경할 만한 유명인을 찾아봐도 좋다. 이번에도 가볍게 접근하는 것이 좋다. "네가 노력만 하면 이렇게 유명한 사람처럼 될 수 있잖아!"라고 압박하지 말자. 그저 롤모델이 밟아온 길에 흥미를 보이고 아이를 자극할 만한 경험담을 찾아보자. 여자아이의 경우, 다양한 분야에서 성공한 여성들의 인생 여정을 들려주는 것도 좋다.

가족도 경쟁자로 느낄 때

가족 간 경쟁에 시달리는 크레이그

"당신, 성적표 봤어?" 크레이그의 아빠가 엄마에게 소리쳤다. "받아쓰기에서 C? 사회는 D? 도대체 그 녀석 정신이 있는 거야, 없는 거야?"

"나도 모르겠어." 엄마가 성적표를 훑어보면서 말했다. "제프리는 그 나이 때 B+ 이하로는 받은 적이 없는데. 크레이그도 머리가 좋아서 형보다 못할 이유가 하나도 없는데 도대체 왜 그러는지."

"그 녀석이 공부를 하기는 하는 거야?"

"제 말로는 한다고 하지."

"아니. 제대로 공부하면 그런 성적이 나올 리가 없지! 나는 평생 C는 한 번도 받은 적이 없어. 초등학생 때부터 이따위로 하면, 갈수록 더 어려워질 텐데 중·고등학교에서는 도대체 어쩌려는 건지. 그 녀석을 붙들고 얘기 좀 해야겠어. 도저히 이대로 넘어갈 수 없어."

"너무 다그치지는 마. 크레이그 성격 알잖아."

크레이그는 영리한 아이지만 공부에 도통 관심이 없어 보인다. 여러 가지 이유가 있겠지만, 공부를 썩 잘한 부모와 형제에게 기가 죽은 탓도 없지 않을 것이다. 부모는 자식들이 부모만큼, 아니 부모보다 더 잘하기를 바란다. 아이는 부모의 기대치와 자신의 성과를 비교하고, 또 형제자매나 학급 친구들의 성과와 자신의 성과를 비교한다. 그런데 특정 분야에서 기대에 미치지 못하거나 그런 성과를 거두기 위해 너무 크게 희생해야 하면 아예 등을 돌려버린다.

가족이 모두 높은 성과를 거두는 가정에서 자란 아이는 건전하고 균형 잡힌 시각을 개발하기가 더 어렵다. 성공한 부모나 형제자매가 대놓고 압력을 행사하지 않더라도 그냥 그 존재 자체만으로 부담스럽다.

이기느냐 지느냐만 생각하는 아이

크레이그 같은 아이들은 애초에 경쟁을 시도조차 하지 않으려고 한다. 말은 안 하지만, 높은 성과를 거두기 위해 치르는 희생이 성공에 따른 이점보다 더 크다고 생각한다. 그 아이들은 다음과 같은 점을 우려한다.

- 아무리 노력해도 만족할 만한 성과를 내지 못할 것이다.
- 아무리 잘해도 부모나 교사는 더 잘하기를 기대할 것이다.
- 잘하면 다른 아이들이 좋아하지 않거나 '범생이'로 치부할 것이다.
- 잘하려면 좋아하는 일을 다 포기해야 할 것이다.

반대로 뛰어난 성과를 보이는 가족에게 극도로 경쟁적으로 나오는 아이들도 있다. 그 아이들은 죽기 살기로 경쟁에 매달린다. 최고가 되려는 열망 때문에 대인 관계와 개인적인 행복을 희생하더라도 성과에 매달린다. 거들먹거리고 오만한 태도를 보이며 걸핏하면 비교하려 든다.

"네 등급은 뭐니?"

"이번 시험에서 몇 점 받았니?"

그런 아이들은 예상보다 낮은 등급을 받으면 교사에게 따지고 불평하며, 게임에 질 때는 규칙 따위를 트집 잡는다. 매사를 이기고 지는 문제로 보기 때문에 또래 친구와 교사의 호의를 잃는다. 성가시고 귀찮으며 눈치 없는 아이로 치부되기 십상이다. 지나친 경쟁의식 때문에 다른 사람들이 가까이 하기 싫어한다.

가족 안에서의 경쟁에 대처하는 방법

가족 내 경쟁을 다루려면 아주 조심해야 한다. 아이마다 잘하고 못하는 것이 있기 마련이고, 어떤 자식도 부모가 이룬 성과를 똑같이 거두기는 어렵다. 아이는 자라면서 경쟁의 의미를 알아가고 제각기 대처 방식을 개발한다. 아이가 순조롭게 경쟁에 대처하도록 도와줄 아이디어들을 살펴보자.

형제자매를 대놓고 비교하지 않는다_ 같은 종류의 물건이 두 개 이상 있으면 꼭 비교를 하게 된다. 그것이 인간의 본성이다. 하지만 자식이 둘 이상일 경우에는 공개적으로 비교하지 않아야 한다.

부모는 자식들끼리 비교하면 자극이 되지 않을까 생각하지만 절대 그렇지 않다. 비교하면 상처만 줄 뿐이다. 열등한 아이는 잘하는 형제를 닮기는커녕 절대 그렇게 되지 않겠다고 다짐한다.

"너도 언니처럼 밤마다 숙제를 열심히 하면 학교에서 좋은 성적을 받을 수 있어."

부모는 격려하려는 의도에서 이렇게 말하지만, 아이에게는 비난으로 들릴 뿐이다. 긍정적인 비교도 위험하기는 마찬가지다. "너는 국어를 잘하고 형은 수학을 잘하는구나"라는 말도 엉뚱하게 해석될 수 있다. 부모의 의도와 달리 아이는 이 말을 이렇게 받아들인다.

"너는 수학에는 소질이 없단다. 그것은 네 형이 타고난 영역이야."

공평함의 덫에 빠지지 않는다_ "그건 불공평해요!"라는 불만을 듣지 않는 부모는 거의 없다. 부모가 아무리 똑같이 나눠줘도 남의 떡이 더 커 보이는 법이다. 자식을 모두 똑같이 대하려다 공평함의 덫에 빠지면 헤어날 수가 없다. 게다가 비교를 권장하고 차이는 참을 수 없다는 뜻을 내비쳐서 경쟁의식을 더 강화시킨다.

매사 공평하게 대할 수 없다면, 아이의 불평에 공감하되 양쪽에 공평하게 대하겠다고 덤비지 않아야 한다. 그냥 아이에게 이렇게 말한다.

"정말 속상하겠구나. 내가 꼭 안아줄까?"

한없이 안아주되 누가 노란 컵을 쓸지 결정하는 문제에 끼어들지는 마라. 두 아이 모두 불평하면 이렇게 말하고 자리에서 물러난다.

"나는 너희 둘이서 공정한 해결책을 찾아낼 수 있을 거라고 본다."

아이가 당신이 다른 자식을 더 사랑한다고 비난하면, 모든 자식을 똑같이 사랑하지 않는다는 점에 동의해라. 당신은 자식마다 다른 식으로 사랑하기에 똑같이 대하지 않는다. 아이들이 각기 다른 사람인데 뭣 때문에 똑같이 사랑한단 말인가? 기록을 다투게 하고 싶지 않으면 아이들 각각을 위해 하는 일을 일일이 설명하려는 유혹을 물리쳐라. 당신의 과거 행동에 대해 일일이 해명하고 이해를 구할 필요도 없다. 아이가 다독여주길 바라면, 당신이 그 아이를 특별하게 사랑하는 방법을 알려준다. 아이의 성과와 관계되지 않는 자질에 초점을 맞춘다. 이를테면 아이를 꼭 안아주며 이렇게 말한다.

"나는 너를 특별한 방식으로 사랑한단다. 네가 미소 지을 때 빛나는 두 눈을 사랑하고, 동생이 울 때 네가 다독여주는 모습을 사랑해. 영화를 볼 때 네가 깔깔거리며 웃는 모습을 사랑하고, 주말에 장 보러 갈 때마다 따라와서 거들어주는

(승부에 목숨 거는 아이들)

착한 마음을 사랑해."

경쟁적인 형제자매의 놀림에 대처할 계획을 세운다_ 형제자매 간에는 놀림 때문에 다툼과 경쟁이 끊이지 않는다. 흔히 한 아이가 자신감이 충만해 다른 아이를 깔보거나 비교하려 들기 때문에 이런 일이 벌어진다.

"하하하, 내가 집에 먼저 도착했어! 내가 이겼다고! 그러니까 내가 최고야!"

그러면 다른 아이는 큰 소리로 불평한다.

"이건 경주가 아니야! 공평하지 않아! 누가 먼저 도착하는지 시합하자고 말하지 않았잖아? 난 그따위 시합을 좋아하지도 않아!"

이럴 때 부모는 흔히 놀리는 아이를 야단치고 우는 아이를 달래는 식으로 대처한다. 하지만 이러한 대처 방식은 별 효과가 없다. 놀리는 아이는 (형제자매와 부모에게서) 야단스러운 반응을 얻어냄으로써 희열을 느끼고, 우는 아이는 상대가 만족하는 모습을 보고 패배감을 느끼며 어른의 지원을 받아 그 승리를 훔치고 싶어 한다. 두 아이 모두 경쟁에 적절하게 대처하지 못한다는 점을 명심하자.

좀 더 효과적인 접근 방식은 우는 아이에게 경쟁심을 누그러뜨리는 법을 가르치는 것이다. 속상해하는 아이한테 차분하게 "축하해"라고 말하게 한다. 우는 아이가 놀림받는 상황에 대처할 수 있도록 함께 연습한다.

"내가 먼저 도착했어."

"축하해."

"내 것이 더 많아."

"축하해."

"내 것이 더 예뻐."

"축하해."

야단스러운 반응이 나오지 않으면 놀리려던 아이도 별로 재미가 없다고 생각할 것이다. 우는 아이 역시 놀림에 대처하는 법을 알고 자신감을 얻으며, 의미 없는 경쟁에 말려들지 않을 수 있다.

"그만하면 충분히 똑똑해"라고 강조한다_ 아이들의 세상은 좁아서 기껏해야 가족이나 학교 친구를 비교 대상으로 삼는다. 그 때문에 자기 자신을 왜곡된 관점에서 바라본다. 우리는 동생의 IQ가 160이 넘는 한 여자아이를 알고 있다. 그 여자아이의 IQ는 '겨우' 140이다. 상위 1퍼센트 안에 들지만 그 아이는 동생에 비해 똑똑하지 않다고 느낀다.

비교는 상대적이라는 점을 아이가 이해하도록 도와준다. 신체 사이즈에 대한 이야기로 시작한다. 아이의 체구가 큰가, 작은가? 그 답은 걸음마를 막 뗀 아이보다는 크고 10대보다는 작지만, 자기가 좋아하는 활동을 할 만큼 충분히 크다이다. 아이 방이 큰가, 작은가? 옷장보다는 크고 체육관보다는 작지만, 아이의 침대를 넣고 옷과 좋아하는 물건을 넣을 만큼 충분히 크다. 따라서 사이즈는 단순히 '예'나 '아니요'로 답할 문제가 아니다.

똑똑함도 마찬가지다. 당신의 아이가 어떤 사람들보다는 분명히 더 똑똑하다. 하지만 세상은 굉장히 넓어서 당신 아이보다 더 똑똑한 사람이 적어도 열 명은 있을 공산이 크다. 어쩌면 형제나 자매가 그 열 명 중에 한 명일 수도 있다. 어쩌면 당신의 아이가 고등학교나 대학교에 갈 때까지 그 열 명 중 누구도 만나지 않을지도 모른다. 아무래도 상관없다. 체육관이 있다고 해서 아이 방의 크기가 달라지지 않는 것처럼, 그런 사람이 열 명 있다고 해서 아이의 능력이 바뀌진 않는다. 중요한 것은 당신의 아이가 당장 배우고 싶은 것을 배울 만큼 충분히 똑똑하다는 점이다. 아이에게 "네가 배우고 싶은 것이 뭐니?"라고 물어보자. 이 질문이 "누가 더 똑똑하니?"라는 질문보다 훨씬 더 흥미롭고 중요한 질문이다.

가족끼리 유사점과 차이점을 논의한다_ 형제자매는 가족의 일부로 느끼는 것과 고유한 정체성을 갖는 것 사이에서 균형감을 찾으려고 애쓴다. 그래서 때로는 서로 간의 차이점을 너무 개괄적으로 규정해버린다. 예를 들어 아이가 "누나는 공부를 잘하고 나는 운동을 잘해"라고 말할 경우, 누나는 운동을 잘할 수 없고 자기는 학교에서 공부를 잘하기는 글렀다는 뜻을 내비친다. 따라서 부모는 유사점과 차이점을 똑같이 소중하게 다뤄야 하며, 아이가 지나치게 제한하지 않는 방식으로 차이점을 정하도록 도와줘야 한다.

이를 실천하기 위해 커다란 종이를 준비해서 아이와 함께 가족의 유사점과 차이점을 적어본다. 먼저 유사점을 적고, 그 유사점 안에서 차이점을 논의한다. 아이는 고작해야 "우리 눈은 모두 갈색이에요", "우리는 모두 피자를 좋아해요" 등의 사소한 사항을 언급할 것이다. 반면에 당신은 전략상 중요한 사항을 지적해야 한다. 중요한 자질을 가족 모두에게 할당하되 이러한 핵심 가치를 각자 독특하게 표출한다는 사실을 언급한다. 하나의 테마를 바탕으로 다양한 변주곡이 나오는 것과 같다. 당신이 주장할 민한 가족의 특징을 몇 가지 살펴보자.

- 우리는 모두 똑똑하다(하지만 그것을 다른 방식으로 드러낸다).
- 우리는 모두 사람을 좋아한다(하지만 친구도 다르고 좋아하는 사교 모임도 다르다).
- 우리는 모두 활동적이다(하지만 각자 다른 취미를 즐긴다).
- 우리는 모두 호기심이 많다(하지만 각자 다른 분야에 관

심을 기울인다).
- 우리는 모두 친절하다(하지만 다른 방식으로 호의를 베푼다).

형제자매끼리 재미있게 놀게 한다_ 동기간의 경쟁심을 해소할 가장 좋은 방법은 같이 즐겁게 노는 것이다. 동기간 우애의 반대는 갈등이 아니라 무관심이다. 형제자매가 경쟁 상대가 아니라 즐겁게 놀 상대라고 바라볼 때 아이는 상대의 성공에 위협을 덜 느낀다. 여럿이 갖고 놀 장난감과 게임은 즐겁게 교류할 기회를 마련해준다. 아이들이 같이 놀아본 적이 별로 없다면, 처음에는 당신도 게임에 참여해보자. 아이들끼리 한편이 되어 당신과 경쟁하면 동기간의 결속을 다질 수 있다. 그러다 점차 자기들끼리 놀게 되면 당신은 빠지도록 한다.

나이 많은 아이가 심술을 부린다면 어린 동생을 돌봐주거나 공부를 가르치는 대가로 용돈을 줘도 좋다. 30분에 500원 정도로 소액을 주되 동생이 즐거워할 경우에만 지불한다고 강조한다. 그러면 형은 상냥하게 행동하게 되고, 동생은 그런 형을 더 따르게 되어 결국에는 동기간의 우애가 깊어질 것이다. 또한 형은 동생의 성공에 위협을 느끼기는커녕 자신도 기여했다고 뿌듯해할 것이다.

우화를 들려준다_ 가족 내 경쟁의식은 흔히 툭 까놓고 말하기 어렵다. 자기보다 뛰어난 동기를 미워하기도 하고, 부모나 동기가 잘하는 특정 활동을 싫어하면서도 그런 감정을 느끼는 이유를 분명히 표현하거나 감정에 대처하는 법을 모르기도 한다. 다음의 우화를 읽으면 이런 문제를 분명하게 바라보는 데 도움이 될 것이다.

베 짜는 할머니의 그림자

옛날에 베 짜기로 유명한 마을이 있었다. 마을에서 생산한 아름다운 천을 사러 전국 각지에서 사람들이 찾아왔다.

마을에서 베를 가장 잘 짜는 할머니에게는 세 손녀가 있었다. 할머니는 오래전에 돌아가셨지만, 사람들은 여전히 할머니를 칭송했다.

세 손녀는 사랑하는 할머니에게 베 짜는 기술을 전수받았다. 모두 베 짜는 일을 좋아했고 뛰어난 기술을 익히려고 열심히 노력했다. 마을에서 가장 솜씨 좋은 할머니의 손녀이니만큼 사람들도 그 아이들이 베를 잘 짤 거라고 기대했다.

아이가 성년이 되면 자신의 걸작을 선보이는 것이 이 마을의 전통이었다. 마을 회관에서 작품을 선보이는 날에는 마을 사람들이 모두 와서 축하해주었다.

(승부에 목숨 거는 아이들)

세 자매 중 맏이는 작품을 선보일 날이 다가오자 생각했다.

'나는 할머니만큼 아름다운 직물을 창조할 거야!'

맏이는 할머니의 작품을 색상에서 패턴까지 꼼꼼하게 연구했다. 똑같은 색을 얻으려고 다양한 염색 기법을 시도했다. 똑같은 패턴을 창조하기 위해 짰다 풀었다 또다시 짜기를 거듭했다.

생일날, 맏이는 작품을 보러 몰려온 마을 사람들에게 그 동안 공들여 짠 옷감을 펼쳐 보였다.

"참으로 아름다운 색이로구나! 섬세한 짜임은 또 어떻고." 마을 사람들은 기뻐하며 외쳤다. "네 할머니의 작품과 아주 비슷하구나!"

하지만 맏이는 사람들의 칭찬이 들리지 않았다. 할머니의 옷감과 나란히 놓여 있는 자신의 옷감을 바라보자, 할머니의 옷감보다 부족한 점만 눈에 들어왔다. 결국 감탄하며 바라보는 마을 사람들을 뒤로하고 자신의 걸작을 들고 집에 와서 찢어버렸다. 그 후로도 맏이는 옷감을 계속 짰지만 마음이 무척 괴로웠다. 사람들이 자신의 작품을 칭찬할 때도 고개를 저으며 말했다.

"더 잘 짤 수 있을 텐데."

이듬해 둘째가 자신의 걸작을 선보일 차례가 다가왔다. 둘째는 언니의 괴로움을 지켜보면서 맹세했다.

"나는 유명한 할머니의 작품과 전혀 다른 작품을 창조할 거야!"

둘째 역시 할머니의 작품을 색상에서 패턴까지 꼼꼼하게 연구했다. 하지만 할머니의 작품과 전혀 다른 방식으로 옷감을 짜기 위해서 그렇게 했다.

생일날, 둘째는 작품을 보러 몰려온 마을 사람들에게 그동안 공들여 짠 옷감을 펼쳐 보였다.

"참으로 특이한 색이로구나! 독특한 짜임은 또 어떻고!" 마을 사람들은 기뻐하며 외쳤다. "네 할머니의 작품과 아주 다르구나!"

하지만 둘째는 사람들의 칭찬이 들리지 않았다. 할머니의 옷감과 나란히 놓여 있는 자신의 옷감을 바라보니 너무나 엉성하고 거칠게 보였다. 할머니와 다르게 짜려고 애쓰다 보니 어렸을 때부터 좋아하던 색상과 섬세한 디자인을 모조리 빼버렸다. 둘째는 자신의 작품을 뒤로하고 돌아섰고, 그 후로 다시는 베를 짜지 않았다. 때로는 그토록 좋아하는 베 짜기를 포기한 것이 속상하기도 했지만 할머니와 비교되느니 짜지 않는 것이 낫다고 다짐했다.

몇 년이 지나 막내가 성년이 되었다. 앞의 두 언니처럼 막내도 할머니의 작품을 꼼꼼히 연구했다. 특정한 색과 패턴이 눈에 들어오자 이렇게 생각했다.

'내 나름대로 이런 색과 패턴을 창조해야지.'

막내는 둘째 언니의 작품에서 생생한 색과 극적인 패턴을 보며 생각했다.

'이것도 내 나름대로 창조할 수 있는 아름다움이야.'

바쁘게 옷감을 짜면서도 막내는 물살에 매끈하게 다듬어진 바위와 나뭇잎에 반사된 햇빛과 꽃잎의 패턴에 주목했고, 그 모든 것에서 영감을 얻었다. 걸작을 완성하려고 오랫동안 열심히 베를 짜면서도 늘 즐겁게 노래를 불렀고, 마음속에는 옷감에 투영하고 싶은 이미지가 가득 차 있었다.

생일날, 막내는 작품을 보러 몰려온 마을 사람들에게 그동안 공들여 짠 옷감을 펼쳐 보였다. 마을 사람들은 저마다 한마디씩 칭찬했다.

"참으로 아름답구나! 네 할머니 작품과 똑같다!"

"아니, 네 옷감은 할머니의 옷감과 다르지만 똑같이 아름답구나!"

마을 사람들은 똑같이 아름답다는 둥 전혀 다르게 아름답다는 둥 의견이 분분했다. 그러다 마침내 그 작품이 할머니의 작품과 비교해 어떠한지 물어보려고 막내를 돌아보았다. 그런데 막내는 그 자리에 없었다. 사람들의 논쟁에 전혀 관심이 없던 막내는 다음 작품의 이미지를 떠올리며 일찌감치 그 자리를 떠났다.

가족 간의 비교를 논의하기 위해 이 우화를 활용해보자. 아이가 논점에 대해 깊이 생각할 수 있도록 여러 가지 질문을 던진다. 그렇다고 꼬치꼬치 캐물어서 아이를 지치게 하지는 말자. 당신의 목표는 아이가 깊이 생각하도록 유도하는 것이다.

- 제목은 어떤 의미일까?
- 맏이는 왜 할머니와 똑같이 만들고 싶어 했을까?
- 둘째는 왜 할머니와 다르게 만들고 싶어 했을까?
- 둘째가 베 짜기를 포기하겠다고 결심한 것이 옳은 결정일까?
- 왜 옳다고 생각하지? 혹은 왜 옳지 않다고 생각하지?
- 어느 손녀가 가장 행복한 것 같니? 왜 그렇게 생각하지?
- 두 언니에게 어떤 충고를 해주고 싶니?

이 우화를 활용해 당신이 비교와 관련해서 경험한 일을 들려줘도 좋다. 당신이 자랄 때 가족의 기준은 얼마나 엄격했는가? 다른 사람이 이룩한 명성이나 특정 기준에 맞춰 살아야 한다는 압박을 얼마나 받았는가? 당신이 나아갈 길을 어떻게 찾았는가? 당신이 품었던 소망과 근심거리, 갈등 경험을 솔직하게 들려주면, 아이가 가족 구성원에게 비교되는 기분을 인식하는 데 도움이 될 것이다. 또한 당신은 아무 조건 없이 아이의 특성에 맞게 사랑하니 아이가 당신의 애정을 얻으려고 억지로 애쓰지 않아도 된다는 사실을 알릴 수도 있다.

＊ 부모 가이드 ＊
결과에 집착하지 않는 아이로 만드는 방법

협동과 경쟁은 사는 내내 부딪힐 쟁점이다. 가장 좋은 시나리오는 일상생활에서 부모가 효과적인 대처 기술을 몸소 보여주는 것이다.

● **훌륭한 스포츠맨 정신 보여주기**

당신은 아이에게 라이벌과 협력자에 대해 어떤 메시지를 전하고 있는가? 다른 사람의 기여도를 존중하며 말하는가? 아니면 그 사람을 바보천치라고 비하하며 일을 바로잡기 위해 당신 혼자서 고군분투한다고 떠벌리는가? 당신이 질 경우 너그럽게 행동하는가? 즐거운 경기였으며 한 수 배웠다고 말하는가? 아니면 상대가 유리한 입장이었다고 변명하거나 불평하는가? 아이가 늘 당신을 지켜보고 있음을 명심해라.

● **아이의 승리와 패배에 무덤덤하게 반응하기**

아이의 승리와 패배에 아이보다 더 격렬하게 반응하지 마라. 부모가 격하게 반응하면 아이는 자신의 경험에 관심을 쏟지 못하고 부모 눈치를 보게 된다. 결국 자신의 감정을 인식하고 대처하기가 더 어려워진다. 부모의 격한 반응은 아이를 도와주기는커녕 더 억누른다. 100점짜리 시험지에 열광한다면 아이가 자신의 성취에 기뻐할 여지가 없다. 낮은 성과에 화를 낸다면 아이의 반응은 묻혀버린다. "난 네가 무척 자랑스럽구나!", "난 무척 실망했단다"라고 말하는 대신에 "네가 무척 자랑스럽겠구나!", "네가 무척 실망했다는 것을 알겠다"라는 식으로 아이의 기분을 언급한다. 앞으로 나아가기 위해 중요한 것은 바로 아이의 반응이다.

그와 마찬가지 이유로, 아이가 곧 치러야 할 시험이나 시합, 공연이 걱정된다면, 또는 아이를 위해 경쟁 상대를 평가할 작정이라면, 한 걸음 뒤로 물러난다. 아이들은 저마다 성숙의 정도와 방법이 다르다. 아이가 4학년 학생 중에 트럼펫을 제일 잘 분다고 해도 장기적으로는 별로 중요하지 않다. 더 중요한 것은 아이의 만족감과 더 나아지겠다는 결심이다.

● 아이와 상관없는 일에 관심 보이기

우리는 헌신적인 부모가 되기를 원하지만 약간의 방치가 아이에게 좋을 때도 있다. 점잖게 무시하는 전략은 문제를 해결할 방법과 자기감정을 알아낼 방법을 스스로 찾을 여유를 **준다**. 또한 부모의 반응을 신경쓰지 않고 아이가 바라는 방향으로 나아갈 자유를 준다.

● 아이의 성과로 자신을 평가하지 말기

부모는 대개 자식을 키우는 데 많은 노력을 기울인다. 자식의 성공을 위해 헌신하고 희생한다. 그런 노력이 성과를 거둔다는 증거를 보고 싶어 하는 것도 이해할 만하다. 하지만 이런 바람과 기대는 위험하다. 그 성과를 아이가 이룬 것이 아니라 우리가 이뤄냈다고 착각하게 만들기 때문이다. 게다가 입 밖에 내지는 않더라도 아이에게 보답을 기대한다는 부담감을 준다.

현실적으로는 아이의 성공을 보장하기 위해 우리가 할 수 있는 것이 하나도 없다. 책을 읽어준다고, 피아노 레슨을 시킨다고, 축구 클럽에 가입시킨다고 성공을 보장할 수는 없다. 숙제를 꼼꼼히 봐주거나 개인 교사를 붙여줘도 마찬가지다. 특수학교에 보낸다고 되는 것도 아니다. 이러한 지원이 열매를 맺는 경우도 있겠지만, 궁극적으로 아이의 성공은 여러 가지 요인에 영향을 받는다. 그중에는 아이의 또래 관계, 멘토, 개인적 선택, 운 등 우리가 통제할 수 없는 요인도 많다. 그렇기 때문에 우리는 아이들이 대처 기술을 개발하도록 도우라고 강조한다. 그래야 아이들이 살면서 부딪히는 온갖 사태에 대처할 준비를 갖출 수 있다.

아이를 위해 최선을 다하되 투자가 아니라 사랑의 선물로서 돌본다. 자식을 키워서 얻는 진정한 보상은 이웃에게 내세울 외적 성과로 측정될 수 없다. 그보다는 좀 더 미묘하지만 심오한 특전이 있다. 이를테면 자식에게 한없이 베푸는 즐거움, 편안하고 안전하게 보듬는 자애로움, 함께 웃는 기쁨, 무엇보다도 저마다 독특한 방식으로 자라는 모습을 지켜보면서 느끼는 기쁨을 맛볼 수 있다.

그룹 활동에는 흔히 협동과 경쟁이 얽혀 있다. 아이는 잘하는 것과 옳은 일을 하는 것 간에 균형을 유지하도록 배워서 협동과 경쟁에 대한 건전한 시각을 갖추어야 한다. 다른 아이들의 기분을 인식하고 적절히 반응해야 한다. 그래야 최종 결과물뿐만 아니라 과정에도 마음을 쓴다. 또한 그룹에 긍정적으로 기여하는 법을 배워야 한다. 아이는 승패를 두려워하지 않을 때 경쟁에 더 잘 대처할 수 있으며, 이기고 지는 것은 일시적 현상일 뿐이라는 사실을 이해할 수 있다. 가족 안에서의 경쟁은 간단한 문제가 아니다. 부모는 가족 구성원의 유사점과 차이점을 아이에게 잘 전달해야 한다.

— 5장

어른들에게
민감하게
반응하는 아이들

: 권위에 대처하기

∗ Check List ∗
"우리 아이는 얼마나 어른들을 불편해할까?"

- [ ] 어른과 아이 사이의 지위 차이를 인식하지 못하는가?
- [ ] '어른들은 내가 뭘 하든 상관하지 말아야 해!'라고 생각해 무심코 어른의 신경을 자극하는가?
- [ ] 하고 싶지 않은 일을 어른이 시키면 완강하게 거부하는가?
- [ ] 걸핏하면 어른과 부적절하게 다투는가?
- [ ] 어른이 화를 낼까 봐 조바심 내는가?
- [ ] 규칙을 정확하게 지키지 못했다고 걱정하는가?

'권위자'라는 말은 여러 가지를 연상시키고 다양한 감정을 떠올리게 한다. 권위자는 존경할 만한 지식과 전문 기술을 지닌 사람이다. 하지만 권위라는 말에서 상반된 감정이 유발되기도 한다. 우리는 결정을 내리거나 하고 싶은 대로 할 권한을 갖고 싶어 한다. 그래서 다른 사람들의 권위에 예속되기를 꺼린다. 우리는 훌륭한 지도자를 존경한다. 하지만 지도자는 추종자가 있어야 한다. 그런데 추종자가 되는 것을 좋아하는 사람은 아무도 없다. 사실 위대한 영웅 중 일부는 권위자에게 도전하거나 부당한 지배자를 타도하는 데 앞장선 사람들이다.

하지만 혼란을 피하려면 일정한 형태의 외부 권위가 필요하다. 우리는 자치권과 자립을 소중히 여기면서도 교통법규를 지키고 세금을 내고 직장에서 상사가 기대하는 일을 수행하는 등 권위에 복종한다. 이러한 요건이 더 큰 대의를 위한 것이거나 우리의 장기적 목표에 부합하기 때문에 대체로 따른다. 그렇지만 한편으로는 불평을 늘어놓는다. 어른들도 권위자에게 이렇게 상반된 감정을 느끼는데, 하물며 아이들이 권위자를 상대할 건전한 방법을 찾지 못하는 것은 놀라운 일이 아니다.

아이들의 사교술

아이들은 책임자와 긍정적으로 관계 맺는 법을 알아야 한다. 이는 일종의 사교적 수완이다. 대인 관계와 관련된 힘과 영향력을 이해하고, 다른 사람의 욕구와 기대를 알아내며, 긍정적인 유대를 맺는 방식으로 반응할 수 있어야 한다.

어른들은 흔히 복잡 미묘하고 공정하지 못한 사내 역학 관계를 한탄한다. "그 사람은 아주 정치적이야"라는 말은 칭찬이 아니다. 하지만 이 장에서 그런 내용을 다루려는 것은 아니다.

사교적 수완은 사회적 맥락을 인식하는 것으로, 세상 사람들과 순탄하게 지내는 데 꼭 필요하다. 아이들이 이를 이해하지 못하면 무턱대고 나서다가 자기도 모르게 다른 사람을 불쾌하게 하고, 자신이 가고자 하는 곳에 도달할 기회를 놓치게 된다.

권위자를 상대할 때는 영리하게 군다

어떤 아이들은 교사나 코치, 그 밖에 어른들이 자기를 좋아하고 존중하게 만드는 데 탁월한 재주가 있다. 그 아이들은 뭘 해야 하는지, 사람들이 무엇을 기대하는지 직감으로 알아차리고, 책임자에게 지원을 끌어내는 능력도 타고난 것처럼 보인다. 윗사람을 즐겁게 해주는 이러한 기술은 사는 내내 유용할 것이다.

반면에 권위자를 줄곧 화나게 하는 아이들도 있다. 그 아이들은 자신의 어려움을 어른 탓으로 돌린다. 책임지고 있는 어른이 비열하고 멍청하고 따분하거나, 그도 아니면 단순히 자기를 좋아하지 않는다고 불평한다. 하지만 권위자 위치에 있는 특정인을 존경하지 않더라도 그 사람이 자신의 삶을 즐겁거나 불쾌하게 만들 힘을 지녔음을 알아야 한다. 이 말은 그들과 잘 지낼 방법을 알아내고자 애쓸 가치가 있다는 뜻이다.

권위자를 효과적으로 상대하려면 복잡하게 사고할 수 있어야 한다. 누가 책임자인지 인식하고, 서열을 따져서 자신의 위치를 알아차리고, 무언의 기대치를 추정하며, 다른 사람의 반응을 예측하고, 장기 목표와 단기 목표를 저울질하고, 개인적 욕구와 집단의 욕구를 고려하며, 충동적으로 반응하지 말고 의식적으로 반응을 선택해야 한다. 이렇게 다면적으로 인식하고 판단하지 못하는 아이들은 책임자와 잘 지

(어른들에게 민감하게 반응하는 아이들)

내지 못해 어려움을 겪는다.

권위자와 다투는 세 가지 방식

우리는 똑똑한 아이들이 권위자와 갈등하는 모습을 크게 세 가지 방식으로 관찰했다.

1. 사회적 역할을 전혀 의식하지 못하는 아이들이 있다. 그들은 대개 이상주의적이고, 융통성이 별로 없으며, 순진하다. 진심으로 '옳은 일'이나 '진실'에만 초점을 맞추고 절대 타협하지 않는다. 주로 지위 차이를 인식하지 못하기 때문에 권위자와 부딪친다.
2. 저돌적으로 대립하다 어른과 권력 다툼에 휘말리는 아이들이 있다. 그들은 매사에 의문을 제기하고, 어른이 그들을 통제하려 든다고 생각하면 적극적으로 대든다. 권위자가 이치에 맞지 않는데 나이가 많다고 그 사람 말을 들어야 하느냐고 따진다. 좋든 싫든 책임자는 바로 그 어른이라는 사실을 받아들이지 못한다.
3. 반대로 권위자를 지나치게 두려워하는 아이들이 있다. 학교에서는 천사같이 행동하지만 부모는 그런 천사 같은 행동 뒤에 숨은 비밀을 알고 있다. 교사에게 꾸지람을 듣지 않으려고 규칙을 준수하고 매사에 바르게 행동하려고 늘 전전긍긍하는 것이다.

이 세 부류 아이들에게 공통된 문제는 삶에 대한 경직된 태도다. 그들은 세상이 어떻게 돌아가야 하고, 그들이 무엇을 할 수 있어야 하며 또 어떻게 행동해야 한다고 굳게 믿는다. 그러한 고집스러운 믿음 때문에 책임자의 실제 반응을 제대로 보지 못한다. 그래서 어른들에게서 부정적인 반응을 이끌어내고 결국 비참한 상태에 놓인다. 이 장에서 우리는 아이들이 권위자와 더 건전한 방식으로 관계를 맺도록 도와줄 실용적인 전략을 살펴볼 것이다.

서열 관계를 인지하지 못하는 아이

권위자에게 맹목적으로 대드는 리사

"그건 맞지 않아요!" 리사가 항의했다.

"리사, 먼저 손을 들고 내가 지목할 때까지 기다려야지." 선생님이 말했다.

"하지만 선생님 말씀이 틀린걸요!" 리사가 우겼다. "우리는 앞으로 갖게 될 뇌세포를 모두 갖고 태어나는 게 아니에요. 뇌에는 신경세포와 신경아교세포를 형성하는 줄기세포가 있어요. 뇌는 특정 상황에서 스스로 회복하기도 하거든요."

"그럴 수도 있겠지. 리사, 그런데 선생님 수업을 방해하지 말라고……?"

"저한테 뇌에 관한 책이 있는데요. 선생님이 가르치는 내용은 예전에 생각했던 방식이에요. 그건 맞지 않아요!"

"리사, 네가 책을 가져와서 내게 보여주고 싶다면 그렇게 해. 그런데 선생님이 수업하는데 방해하면 안 돼. 계속 방해하면 네 부모님께 다시 연락할 거야."

"그건 불공정해요!" 리사가 불평했다. "진실을 말하는데 왜 혼나야 하는 거죠?"

리사는 분명히 뇌에 대한 책을 읽고 열심히 공부해 뇌에 정통했다. 뇌를 연구하려는 열의는 높이 살 만하지만 자기 의견을 표현하는 방식 때문에 곤란에 처했다. 리사의 말과 말투, 공개적으로 선생님이 틀렸다고 지적하는 행동은 무례하기 짝이 없다.

이 사례를 읽고 교사의 반응이 그다지 바람직하지 않다고 말할 사람도 있을 것이다. 물론 교사가 교실의 질서를 유지하면서 리사의 지식에 대한 갈증을 채워줄 방법을 찾을 수도 있다. 하지만 교사라고 항상 친절하고 사려 깊고 사리에 맞게 행동할 수는 없다. 당신도 아이가 최적의 조건에서만 잘 자라는 온실 속의 화초가 되길 바라지는 않을 것이다. 그렇다면 아이가 여러 부류의 권위자와 관계 맺는 방법을 찾도록 도와줘야 한다. 아이의 스타일에 맞추도록 어른이 바뀌길 기대하는 것보다 이 방법이 더 효과적이다.

서열 이해하기

어른들이 리사에게 다가가 무례하다고 지적한다면, 리사는 놀라서 방어적인 태도를 보일 것이다. 리사는 일부러 불쾌하게 할 의도가 없었다. 자기 말이 어째서 교사에게서 부정적인 반응을 이끌어내는지 어리둥절하기만 하다. 진실에 너무 초점을 맞추다 보니 자신의 주장이 미칠 사회적 파장을 의식하지 못한다. "진실을 말하는데 왜 혼나야 하는 거죠?"라는 말은 아이가 그 여파를 이해하지 못했음을 여실히 보여준다. 그런데 어떤 관계에는 분명히 서열이 존재한다.

교실에서는 교사가 책임자다. 리사는 교사에게 공격적으로 반박함으로써 교사의 권위를 무시하고, 심지어 교사 위에 군림하려 든다. 교사의 권위를 인정하는 다른 학생들은 대개 이런 모습을 지켜보기가 불편하거나 짜증스럽다. 한 아이에게 이러한 도전적인 행동을 반복해서 접한 교사는 화가 치밀어 오르기 쉽다. 끊임없이 무례하게 구는 아이를 좋아하기는 어려운 법이다. 이런 식의 도발에 어른들이 본능적으로 보이는 반응은 그 아이를 '제자리'로 보내는 것이다.

리사 같은 아이들은 '제자리'가 있다는 사실을 전혀 모른다. 그들은 자기들이 어른과 똑같은 위치에 있다고 생각한다. 그래서 어른의 권위에 도전한다는 사실을 의식하지 못한 채 반박하거나 비판한다. 그러다 어른이 화를 내면 깜짝 놀란다. 리사는 선생님이 화가 났다는 것은 알지만, 서열을 의식하지 못하기 때문에 왜 화가 났는지 이해하지 못한다.

체면 잃기 vs. 체면 차리기

"체면을 잃는다"라는 말은 지위나 권위를 잃거나 왠지 존경받을 만하지 않게 비친다는 뜻이다. 어빙 고프먼Erving Goffman은 사람들이 일상생활에서 서로의 정체성을 높이거나 유지하거나 위협하는 방식을 앞장서 연구한 사회학자이다. 그는 '체면'이 특정한 상황에서 사람들이 자신을 주장하는 긍정적인 사회적 지위라고 보았다. 체면이 합의에 의해 유지되는 이유는, 다른 사람들이 한 개인의 사회적 역할을 승인하고 그 사실을 공개적으로 표현하기 때문이다. 예를 들어 학생들은 교사를 선생님이라는 호칭으로 부르고 지시를 따르며 호명할 때까지 말하지 않고 기다린다. 이런 식으로 선생님의 역할을 존중한다는 사실을 표현한다. 반면에 리사는 대놓고 공격적으로 비판함으로써 교사의 권위를 훼손해 선생님의 체면을 깎아내렸다. 그런 행동은 리사가 마치 "당신은 선생님이 될 자격이 없어요! 저는 그 역할에 대한 당신의 주장이 타당하다고 인정하지 않겠어요!"라고 소리친 것이나 다름없다. 체면을 깎아내리면 난처한 감정이나 분노를 유발하고, 상대가 지위를 회복하고 체면을 차리려 애쓰게 한다.

권위자에게 공감하기

리사의 비판은 교사에 대한 공감 부족을 드러낸다. 리사는 그러한 비판으로 선생님이 어떻게 느낄지 생각하지 않고 마구 말을 내뱉는다. 리사는 선생님도 희망과 두려움과 예민한 감성을 지닌 인간이라는 점을 간과한다.

아이들은 책임자와 좋은 관계를 맺는 데 자기들도 부분적으로 기여한다는 사실을 깨달아야 한다. 학교에서는 교사의 반응을 예상해야 한다. 예를 들어, 어떤 학습 활동에 대해 "이건 정말 지겨워"라고 불평하면 교사에게는 "당신은 정말 지겨워"라는 말로 들린다. 이런 불평이 긍정적인 반응을 이끌어낼 리 없다. 교사가 그 수업을 계획하느라 많은 시간과 노력을 들였을 때는 더더욱 그렇다. 반대로 아이들이 진정한 열의나 관심을 표현하면 교사는 인정받았다고 느낀다. 교사의 반응을 예측하기 위해 아이들은 교사의 과거 반응에 집중하고 기억하며 교사가 어떻게 느낄지 상상해야 한다.

리사는 못된 아이가 아니다. 다만 교사와 상호작용 할 때 감정 측면에 적절히 대응하지 못할 뿐이다. 아마도 리사는 주변 사람들의 감정에 유의해야 한다는 사실을 전혀 모를 것이다. 물론 선생님을 배려하는 것이 리사의 일은 아니지만 잘 지내려고 노력할 책임은 있다. 책임자를 짜증 나게 하지 않는 것은 인생을 살아가는 데 유용한 생존 가치이기도 하다.

아이가 책임자와 잘 지내도록 도와줄 방법

리사 같은 아이는 자기 자신을 서열 집단의 일원으로 바라보고, 어른들이 자신의 행동을 어떻게 여기는지 판단하도록 도움을 받아야 한다.

또한 권위자와 긍정적인 관계를 맺고 유지할 방법을 의식적으로 생각할 수 있어야 한다. 아이가 이러한 기술을 개발하도록 도울 방법을 몇 가지 살펴보자.

교사의 신경을 거스르는 행동과 기쁘게 하는 행동을 열거한다_ 아이에게 신경을 거스르는 행동은 한 개인이 특별히 짜증 난다고 생각하는 사소한 행위라고 설명한다. 예를 들어, 아이가 거실에 더러운 양말을 아무렇게나 벗어놓으면 당신은 신경이 거슬린다. 어쩌면 당신이 라디오에서 나오는 음악을 따라 부르면 아이가 짜증을 낼 수도 있다. 당신의 아이가 교사의 신경을 거스르는 행동을 꼭 집어서 말할 수 있는지 살펴보자. 학생들 중 누가 교사의 신경을 거스르는 행동을 할 때 무슨 일이 벌어지는지 묻는다.

다음으로, 교사가 특별히 좋아하거나 고마워하는 행동은

무엇인지 물어보자. 아이가 주목했던 행동을 일목요연하게 적어두면 좋다. 아이에게 이렇게 물어본다.

"선생님의 신경을 거스르거나 기쁘게 하는 행동을 파악하는 것이 왜 중요할까?"

이 질문에 대한 답은 뻔하다. 타인에게 중요한 사항에 주목하는 것은 배려한다는 신호이며, 그런 사항을 알아두면 아이가 교사와 더 긍정적인 관계를 맺는 데 도움이 되기 때문이다.

아이가 지금까지 교사의 신경을 거스르거나 기쁘게 하는 행동에 주목하지 않았다면, 다음 한 주 동안 명탐정이 되어 그런 점을 찾아보라고 제안한다. 그러고 나서 교사가 실마리를 제공할 말이나 행동을 어떻게 하는지 아이에게 물어보자.

귀납적 추론 vs. 연역적 추론_ 똑똑한 아이가 연역적 추론에 지나치게 의존하면 사회적 상호작용에서 어긋난 길로 접어들기 쉽다. 연역적 추론은 이론 중심이다. 이미 아는 일반적인 진리를 구체적인 상황에 적용하는 식이다. 예를 들어 권위자를 상대하면서 아이는 "나는 ○○할 수 있어야 한다", "저분은 내가 ○○하는 걸 상관하지 말아야 한다", "저 사람은 ○○해야 한다"라고 추정한다. 안타깝게도 아이들은 경험이 부족하고 이상주의에 사로잡혀 있기 때문에 아이들의 이론은 흔히 현실에 맞지 않는다.

우리가 아는 한 남자아이는 글자를 좀 더 또박또박 쓰라는 교사의 지시를 따르지 않았다. 그 아이는 자기가 작문 과제를 하느라 애썼기 때문에 선생님도 그것을 읽느라 애써야 한다고 주장했다. 그렇지만 '글씨는 문제가 되지 않는다'는 아이의 추정은 잘못되었다. 교사가 그 아이의 작문 과제를 읽느라 애썼다는 증거는 많이 있다. 교사는 지저분한 과제에 짜증을 냈고, 다시 쓰라고 시켰다. 작문 과제를 알아볼 수 있게 적으라고 반복해서 말했으며, 엉망으로 쓴 과제는 읽지 않겠다고 확실히 밝혔다. 하지만 아이는 연역적 추론에만 의존하기 때문에 자신의 추정에 모순되는 증거를 무시하거나 물리쳐버렸다.

연역적 추론의 반대인 귀납적 추론은 데이터 중심이다. 구체적 사례에서 나온 데이터를 분석해 일반적 결론을 도출하기 때문에 정확한 결론에 도달할 가능성이 훨씬 더 크다.

연역적 사고와 귀납적 사고의 차이를 아이에게 설명하자. 그런 다음, 아이가 어떤 일이 반드시 어떻게 이뤄져야 한다는 주장을 펼칠 때 이렇게 말한다.

"그것은 네가 바라는 방식이야. 물론 네가 그 방법을 왜 좋아하는지 나도 알아. 자, 우리 귀납적으로 추론해보자. 그 일이 실제로는 어떤지 증거를 대볼래?"

아이가 계속해서 그 일이 어떤 식으로 이뤄져야 한다고 우기면, 아이의 심정은 이해하지만 현실이 그렇지 않음을 강조한다. 이렇게 말해줄 수 있다.

"일이 우리가 바라는 방식대로 돌아가지 않으면 좌절하게 되지. 네가 왜 그렇게 바라는지 알겠어. 안타깝지만 우리는 이상이 아니라 현실에 대처해야 한단다."

배울 자세가 되어 있는지 본다_ 단순히 공격적으로 반박하지 않는다고 권위자를 존중하는 것은 아니다. 비언어적 행동으로도 존중하는지 그렇지 않은지 알 수 있다.

KIPP(Knowledge Is Power Program) 학교는 의도적으로 빈곤 지역에 설립된 공립 차터 스쿨로서 주목할 만한 성과를 거두고 있다. 차터 스쿨은 교사와 학부모 등이 공적 자금을 지원받아 설립한 학교를 말한다. KIPP 학교에 입학한 학생들은 대개 또래보다 한두 학년 이상 뒤처져 있지만, 학교에 끝까지 머문 경우에는 주변 공립학교 학생들보다 학업성취도가 더 높다. KIPP 학교는 학생들이 학교에 머무는 시간이 일반 학교보다 더 길고, 학교와 가정이 긴밀하게 교류하는 등 다양한 교수법을 활용한다. 그중에서도 우리가 특히 주목하는 사항은 교실에서 어떻게 행동해야 하는지 학생들을 제대로 훈련시킨다는 점이다. 행동 수칙은 'SLANT'라는 약어로 표시된다.

똑바로 앉자 Sit up straight.

잘 보고 잘 듣자 Look and Listen.

질문하고 대답하자 Ask and Answer.

고개를 끄덕여 반응하자 Nod your head.

말하는 사람을 예의 주시하자 Track the speaker with your eyes.

아이에게 이 목록을 보여준다. 이 중에서 아이가 늘 지키는 항목은 무엇인가? 이러한 행동이 왜 도움이 되는지 아이가 설명할 수 있는지 본다. 교사는 이렇게 행동하는 학생에게 어떻게 반응할 것 같은가? 이러한 행동이 아이의 학습에 어떠한 영향을 미칠 것 같은가? 아이가 평소 이렇게 행동하지 않는다면, 일주일 동안 이대로 행동하고 교사가 어떻게 반응하는지 살펴보라고 제안한다.

성난 어른을 상대하는 공식을 가르친다_ 어른을 화나게 할 행동을 저지른 아이들은 흔히 상황을 더 악화시키는 말을 내뱉는다. 억지 주장을 하거나 변명을 늘어놓고 남을 탓하는 식으로 어른의 화를 더 돋운다.

아이가 자주 말썽을 부린다면 성난 어른을 상대하도록 고안된 공식을 활용하고 싶을 것이다. 이 공식은 아이들이 갈등 상황에서 한 걸음 물러나 긍정적인 방향으로 나아갈 수 있게 한다. 실제로 이 공식을 활용한 아이들은 어른의 분노가 누그러지는 것에 놀라기도 하고 안도하기도 한다.

성난 어른을 상대하는 공식

"(선생님 말씀이) 맞습니다."

"제가 _____ 했어야 합니다."

"당장(앞으로는) _____ 하겠습니다."

공식의 첫 줄 "(선생님 말씀이) 맞습니다"는 어른의 시선을 끌고 잠시 꾸짖음을 멈추게 한다. 다만 성난 어른이 지적하는 사항을 전부 다 인정할 필요는 없다고 아이에게 설명한다. 그 어른은 이런저런 잔소리를 한없이 늘어놓을 것이다.

"너는 맨날 이렇게 하지 않더구나."

"너는 늘 이렇게 하더구나."

"계속 이렇게 하면 엄청난 결과를 초래할 거다."

이 장황한 비난에는 얼마간 진실이 담겨 있다. 바로 그 점을 포착해 인정하면 된다. 어른들은 말귀를 알아들었다고 느낄 때까지 설교를 하려고 든다. 공식의 두 번째 줄 "제가 _____ 했어야 합니다"는 아이가 어른의 우려를 알아들었으며 어떤 점에서는 그 문제에 책임이 있다고 인정했음을 보여준다. 이러한 태도는 계속 비난하지 않아도 되도록 어른들을 안심하게 한다.

마지막으로 행동은 말보다 더 강하게 의사를 표현한다. 따라서 아이가 기꺼이 행동에 옮길 거라는 뜻을 보여주는 것이 중요하다. "당장 _____ 하겠습니다"라고 하고 그 행동을 당장 실천에 옮기는 것이 가장 바람직하지만, 그렇게 하기 어려운 경우에는 가능한 한 빨리 행동에 옮기는 게 좋다.

이 공식은 효과가 아주 좋아서 끊임없는 잔소리를 줄이거나 완전히 멈추게 할 수 있다고 아이에게 설명한다. 단 조건이 있다. 첫째, 아이가 이 공식을 기억해서 즉시 활용해야 한다. 둘째, 아이가 여기 쓰인 그대로 말해야 한다. 애드리브를 한답시고 엉뚱한 말을 덧붙이면 오히려 효과가 떨어진다. 셋째, 아이가 약속한 행동을 반드시 실천해야 한다. 이렇게 실천했는데 실패했다는 얘기를 우리는 한 번도 들어보지 못했다.

아이와 함께 역할 놀이를 하면서 이 공식을 연습시킨다. 당신이 성난 어른을 맡아 장황한 연설을 읊어대고 아이에게 공식을 이용해 그 비난에 대응하라고 말한다. 연습 삼아 시도해볼 시나리오를 몇 가지 소개하겠다.

교사: 보고서 쓰는 데 필요한 자료를 조사하랬더니 옆 친구랑 떠드느라 아무것도 안 했잖아. 주제에 맞는 책은 찾았니? 넌 시간을 제대로 활용하는 법을 모르는구나. 너만 따로 구석에 앉혀야겠니?

아이: 선생님 말씀이 맞습니다. 제가 책을 찾았어야 합

니다. 당장 조사를 시작하겠습니다.

교사: 네 숙제는 어디에 있니? 까먹었다고 둘러댈 생각일랑 마라. 너는 과제를 알림장에 적어서 해 와야 할 책임이 있어. 내년에는 ○학년이 될 건데 그때는 어떻게 할 거니? 그때 가서도 까먹고 못했다고 하면 그냥 넘어가 줄 것 같니?
아이: 선생님 말씀이 맞습니다. 제가 알림장에 과제를 적었어야 합니다. 오늘부터는 꼭 과제를 적겠습니다.

교사: 그 책 당장 치워라. 지금은 과학 시간이야. 너는 그런 책을 읽는 게 아니라 네 모둠을 도와서 실험 결과를 기록해야 해.
아이: 선생님 말씀이 맞습니다. 저는 실험에 열중했어야 합니다. 당장 이 책을 치우겠습니다.

규칙에 공손하게 이의를 제기하는 공식을 가르친다_ 학교에는 지켜야 할 규칙이 많다. 대개 교육적이거나 현실적인 이유가 있기는 하지만 상당히 임의적인 규칙처럼 보이는 것도 있다. 이를테면 교사는 학생들에게 "모든 단락은 세 문장으로 이뤄져야 한다"라고 말한다. 이 규칙은 학생들이 주제문을 뒷받침할 예를 들게 하려는 의도에서 나왔다. 그런데 아무 책이나 펼쳐봐도 단락 길이는 다양하게 이뤄져 있다. 그 때문에 똑똑한 아이들은 간혹 "세 문장 규칙은 엉터리예요!"라고 반박한다.

사람들은 자기가 하는 일이 엉터리라는 소리를 들으면 긍정적으로 반응하지 않는다는 점을 아이에게 설명한다. 아이가 불합리한 규칙에 직면할 때 세 가지 대응법이 있다.

1. 규칙을 따르지 않고 그 결과를 달게 받는다.
2. 별로 중요하지 않거나 불복에 따른 결과를 참아낼 가치가 없어서 그냥 규칙을 따른다.
3. 공손하게 규칙에 이의를 제기한다.

공손하게 규칙에 이의를 제기하려면, 아이가 동의하지 않더라도 일단은 그런 규칙이 생긴 근거를 알아야 한다. 그러고 나면 아이는 그 근거를 야기한 우려를 해소할 대안을 제시할 수 있다.

규칙에 공손하게 이의를 제기하는 공식

"○○(근거)로 제가 (규칙)대로 하기를 바라신다는 것을 압니다."

"제가 ○○(그런 근거의 우려를 해소할 대안)을 해도 괜찮을까요?"

이 공식은 다른 관객 없이 어른과 일대일로 있을 때 은밀히 활용하는 것이 더 효과적이다. 첫 번째 대사는 아이가 권위자의 우려를 알고 있으며 단순히 반항하기 위해 항의하는 것이 아니라는 점을 전달한다. 두 번째 대사는 어른의 우려를 존중하며 어른이 그 규칙에 대한 결정권을 가지고 있음을 인정한다는 것을 전제로 공손하게 요청한다.

이를테면 세 문장 규칙에 공손하게 이의를 제기하려면 아이는 이렇게 말해야 한다.

"제 의견을 구체적인 사실로 뒷받침하기를 바라시기 때문에 제게 모든 단락을 세 문장으로 쓰라고 하셨다는 것을 압니다. 제가 작문 과제에서 적어도 세 단락을 다섯 문장으로 쓴다면 나머지 단락을 다른 길이로 작성해도 괜찮을까요?"

이 공식은 협상력을 키워준다. 아무리 공손하게 요청해도 어른이 거절하면 그만이지만 어쨌든 이 공식은 어른의 마음을 돌릴 가장 확실한 표현이다. 적절하게 사용한다면 권위자의 분노를 사지 않고 목적을 이룰 것이다.

어른이 거절하면 아이는 그 문제를 내려놓아야 한다. 아이가 계속해서 우기면 어른도 더 확고부동해질 것이다. 결국 아이는 규칙을 지키거나 아니면 규칙을 어기고 결과를 달게 받아들여야 한다.

다른 사람의 실수에 대응할 방법을 생각한다_ 똑똑한 아이들은 누가 실수를 저지르면 즉시 공개적으로 잘못을 시정해줘야 한다고 생각한다. 똑똑하니까 그런 실수를 포착했다는 칭찬까지 기대하기도 한다. 공개적으로 잘못을 지적하는 것이 무례한 행동이며, 무턱대고 나선다는 인상을 줄 수 있다는 사실을 깨닫지 못한다. 다른 사람의 기분을 살피고 배려하도록 도와주면 이러한 행동을 누그러뜨릴 수 있다.

아이에게 실수를 저질렀던 때를 생각해보라고 한다. 그 실수를 어떻게 알아차렸는가? 누가 그 실수를 지적해줬는가? 그런 지적을 받고 어떠한 기분이 들었는가? 학교에서 아침 조회 시간에 그 실수를 공개적으로 방송한다면 어떠한 기분이 들겠는가? 그래도 상관없다고 대답하는 아이도 있다. 당신의 아이도 그러한 부류라면, 다른 사람들은 흔히 그러한 상황에서 당황하거나 화가 난다고 설명하자.

다른 사람의 잘못을 지적할 때, 특히 그 사람이 어른일 때는 은밀하게, 그리고 존중하는 태도로 해야 한다고 아이에게 일러준다. 어떤 사실에 대한 명확한 설명을 구하거나 정보를 공유할 작정이라면 조심스럽게 얘기를 꺼내야 한다. 이런 식으로 말하면 된다.

"제가 이 점을 확실히 이해할 수 있게 도와주시겠어요? 선생님은 _____ 라고 말씀하셨지만, 제 생각에는 ____ _____."

"제가 선생님께서 흥미로워하실 것 같은 자료를 읽은 적이 있습니다."

또한 자신이 틀릴 수도 있으며 답이 한 가지 이상일 수 있다는 가능성을 염두에 둬야 한다. 예를 들어 아이에게 몇 개의 대륙이 있는지 물어보자. 사실에 기초한 간단한 질문 같지만 그 답은 그렇게 간단하지 않다. 어떻게 세느냐에 따라 네 개에서 일곱 개까지 다양한 답이 나오기 때문이다. 어떤 답도 틀렸다고 할 수 없다.

또한 상대의 실수를 지적하지 않고 내버려두는 방법도 있다. 이 방법이 가장 예의 바른 방법일 때가 많다. 다른 사람의 잘못을 지적하기 전에 먼저 다음과 같은 사항을 따져 봐야 한다.

그 잘못 때문에 누가 피해를 보는가?
내가 그 잘못을 지적하면 상대가 당황할까?
내가 그 잘못을 지적하지 않으면 상대가 당황할까?
다른 사람의 주의를 끌지 않으면서 그 잘못을 지적할 수 있을까?

조직도를 검토한다_ 어떤 조직 내의 서열을 나타낸 도표를 보여주면서 각자 다른 역할과 책임이 있음을 아이에게 가르칠 수 있다. 회사의 조직도, 리그전의 대진표, 스카우트 조직도, 도서관의 자료 시스템, 종교 단체의 조직도 등 다양한 도표를 활용할 수 있다.

아이들은 대부분 도표의 맨 윗자리에 올라 아랫사람에게 명령을 내린다는 생각에 매료된다. 도표 맨 위에 있는 사람이 갖춰야 할 소양과 책임에 대해 논의해보자. 아이들이나 청소년들은 흔히 빠르고 쉽게 '실력자'가 되겠다는 비현실적 기대감을 품는다. 최고 자리에 오른 사람의 자질이나 진로를 조사해보라고 해도 좋다.

CEO는 이사회에 설명할 책임이 있고, 기업가는 소비자에게 설명할 책임이 있다는 점을 강조한다. 조직이 어떻게 기능하는지 아이가 깊이 생각해볼 수 있도록 질문을 던진다. 사람들이 모두 '지휘 계통'을 무시하고 "내 마음대로 할 테야. 누가 뭐라든지 상관 안 해"라고 한다면 어떻게 되겠는가? 사람들은 왜 조직도의 맨 윗자리가 아닌 자리라도 그냥 받아들이는가? (가능한 답변은 다음과 같다. 아직 더 높은 자리까지 올라가지 못했기 때문이다. 더 높은 자리에 오르려면 지식과 경험이 더 풍부해야 하기 때문이다. 누구나 다 대장이 되는 것은 아니기 때문이다. 그 조직의 사명을 믿기 때문이다.) 조직이 제대로 작동하기 위해 어째서 그 모든 자리가 필요한지 이야기한다.

아이에게 자기 학교의 조직도를 만들어보게 한다. 그러고 나서 인터넷에 접속해 아이와 함께 학교 조직도를 직접 확인해보자.

부모가 먼저 아이의 교사와 코치를 존중한다_ 교사와 코치 중에서 아이가 특별히 좋아하거나 싫어하는 사람이 있을 것이다. 당신도 아이의 교사나 코치 중에 유난히 마음에 들지 않는 사람이 있을지 모른다. 당신이 교육 분야 종사자거나 그 교사가 당신의 전문 분야에 반하는 사람일 경우에는 더욱 그럴 것이다.

그 교사가 어째서 잘못되었는지 아이에게 설명하고 싶은 유혹이 들 수도 있다. 하지만 절대 그러지 말자. 필요하면 그 교사와 개인적으로 만나서 얘기하자. 아이 앞에서 교사를 험담해서 좋을 것이 하나도 없다. 그랬다가는 아이가 교사에게 무례하게 굴거나 거역해도 된다고 받아들일 것이다.

또한 교사의 말이나 행동에 대해 아이가 전하는 얘기를 곧이곧대로 믿지 않아야 한다. 아이가 잘못 알거나 앞뒤를 무시하고 전할 수도 있음을 명심한다.

교사를 직접 만나 얘기할 작정이라면, 교사의 전문성과 경험을 존중하고 협력하는 태도를 보인다. 교사에 대해 미심쩍은 점이 있더라도 선의로 해석하는 것이 좋다. 교사는 많은 학생을 상대해야 하고 여러 가지 잡무에 시달린다는 점을 이해해라. 아이한테 들은 말을 하기 전에 먼저 물어보자. 따지듯이 말하지 말고 점잖게 얘기한다. 도와주겠다고 제안하고 교사의 의견을 구한다. '당신'보다는 '우리'라는 주어로 말한다. 교사의 노고를 위로해주자. 엄마와 마찬가지로 교사라는 직업도 비판하기는 쉬우나 인정받기는 어려운 법이다.

어른들과 논쟁하는 아이

매사에 따지고 드는 니콜라스

"니콜라스, 도대체 몇 번을 말해야 알겠니? 네 과제물을 부엌 조리대에 늘어놓지 말라니까!" 니콜라스의 아버지가 말했다. "이렇게 어지럽혀 놓으면 저녁 준비를 어떻게 하란 말이냐?"

"옆에서 대충 준비하시면 되잖아요." 니콜라스가 대답했다.

"네가 늘어놓은 과제물 틈에서 대충 준비하고 싶지 않아. 도대체 이것을 왜 여기 두는 거야."

"당연히 여기 둬야 해요." 니콜라스가 우겼다. "전 과제물을 여기에 둬야 한단 말이에요. 그래야 까먹지 않고 챙길 수 있어요."

"이 집엔 너만 사는 게 아니잖니? 저녁을 먹고 싶어 하는 사람이 넷이나 있는데 네 과제물이 자리를 다 차지하고 있잖아!"

"아뇨, 아빠 물건도 있잖아요."

"그건 비상 연락망이야. 한쪽 구석에 둬서 자리도 많이 차지하지 않잖아. 네 물건은 잔뜩 어질러져 있고. 네 방은 뒀다 뭐 할래? 네 책상에 두란 말이야. 이건 네 방에 있어야 할 것들이야."

"방에다 두면 잊어버린단 말이에요. 여기 둬야 학교에 챙겨 갈 수 있어요."

"니콜라스, 그냥 네 물건 빨리 치우지 못하겠니? 나는 지금 저녁을 준비해야 한단 말이야. 왜 너는 매사에 따지고 들어서 큰 소리를 내게 만드는 거냐?"

"따지고 드는 건 제가 아니라고요."

니콜라스는 매사에 따지고 든다. 자기 방식이 옳다고 확신하기 때문에 아버지의 반대를 묵살한다. 그 나름대로 논리를 펴기는 하지만, 부엌 조리대 전체를 차지하면서 나머지 가족은 불편해도 참아야 한다는 주장은 당연히 터무니없다.

언쟁을 즐기는 아이

니콜라스 같은 아이를 둔 부모는 아이가 나중에 훌륭한 변호사가 될 거라고 말하지만 한편으로는 그런 아이와 사는 게 쉽지만은 않다. 이렇게 말재간이 뛰어난 아이들은 언쟁을 즐기는 경우가 많다. 어른이 한 마디 하면 열 마디로 대꾸한다. 그 아이들에게는 어떤 쟁점도 사소하게 넘길 문제가 아니다. 어떤 허점도 놓치지 않는다. 부모의 지시를 교묘하게 왜곡해서 따르며 기분을 상하게 한다. 능글맞게 웃으면서 "하지만 아빠는 제가 ○○할 수 없다고는 말하지 않았잖아요"라고 반박한다. 규칙을 어기고 왜곡하고 도전하는 데 도가 텄지만, 그 아이들의 주장은 어른을 지치고 짜증 나게 할 뿐이다.

그렇다면 이 아이들은 왜 매사에 따지고 대드는 것일까? 거기에는 여러 가지 이유가 있다.

그럴 능력이 있기 때문이다_ 아이가 아무거나 붙잡고 일어서려고 애쓰던 때를 기억하는가? 아마도 아이는 눈만 뜨면 일어서려고 애썼을 것이다. 눕혀서 기저귀를 갈 때도, 카시트에 앉히려고 할 때도, 이유식을 먹이려고 할 때도 마찬가지였을 것이다. 심리학자들은 새로운 기술을 배우고 익히려는 충동을 '발달 절박성 developmental imperative'이라고 부른다. 언쟁하려는 현재 성향은 예전에 일어서려던 결심과 다르지 않다. 이 아이들은 뇌가 점점 더 발달하기 때문에 끝없이 반론을 펼칠 수 있으며 교묘한 예외 사항과 면책 사유를 떠올릴 수 있다. 당연히 틈만 나면 이 새로운 기술을 발휘하고 싶어 한다.

재미있기 때문이다_ 니콜라스의 아버지는 저녁을 준비하는 데 초점을 맞추고 있다. 그는 아들과 벌이는 언쟁 때문에 화가 나고 저녁 준비도 못 하고 있다. 하지만 니콜라스에게는 이것이 기지와 의지를 대결하는 즐거운 말싸움이다. 과제물을 치우는 데 10초밖에 걸리지 않겠지만 그냥 아버지와 말싸움하는 것이 더 즐거운 것이다. 니콜라스는 게임에 지고 싶지 않기 때문에 절대 멈추지 않는다. 잘난 체하는 말대꾸를 영리한 대처라고 생각하며 아버지의 화가 커지는 것을 무시한다.

받아들여질 때가 있기 때문이다_ 슬롯머신이 카지노에 유리하게 조작되었다는 사실을 알면서도 사람들은 여전히 돈을 집어넣는다. 현실적으로는 어려운 일이긴 하지만 이따금 대박을 터뜨릴 수 있기 때문이다. 많은 사람이 시도해볼 만한 가치가 있다고 생각한다. 이를 간헐적 강화라고 부른다. 전혀 예측할 수 없는 순간에 이따금 강화되는 행동을 완전히 못하게 막는 것은 대단히 어렵다. 다음에는 성공할 거라고 예상하며 계속해서 시도하기 때문이다. 아이들은 간헐적 강화를 익히 알고 있으며, '부모가 지쳐 넘어갈 때까지 시도하는 것'이라고 생각한다.

"안 돼, 안 돼, 안 돼, 안 돼, 돼, 돼, 돼! 하지만 이번 한 번뿐이야!"

아이들은 언쟁을 계속해서 잃을 것이 없다고 생각한다. 아니, 계속 시도하면 때로는 받아들여지기도 한다는 것을 너무 잘 알고 있다.

하지만 니콜라스는 끊임없는 언쟁으로 어떠한 대가를 치러야 하는지 모른다. 언쟁은 아버지를 화나게 한다. 화가 난 아버지는 니콜라스가 다음에 사소한 잘못을 저질러도 더 가혹하게 대하고 부탁도 들어주지 않을 것이다. 또한 언쟁은 집안 분위기를 무겁게 가라앉히고 서로 갈등하게 한다. 언쟁을 일삼는 사람과 사는 것을 즐거워할 사람은 아무도 없다. 온 마음으로 자식을 사랑하는 당신도 끝없는 언쟁에 화가 치미는데, 당신의 아이를 사랑하지 않는 교사나 코치는 과연 어떻게 반응할까.

"나한테 이래라저래라 하지 마세요!"

상담 과정에서 부모들이 가장 자주 호소하는 불만은 아이가 말을 듣지 않는다는 것이다. 그러면서 우리에게 애가 말을 잘 듣도록 설득할 수 있는 비책을 달라고 애원한다. 안타깝게도 우리가 줄 수 있는 최선의 방책은 부모 자신이 단호하되 자애로운 권위를 확고히 세우라고 안내하는 것뿐이다. 단호하되 자애로운 권위! 이것이 부모가 애써 취해야 하는 최선의 절충안이다.

우리가 흔히 보는 패턴은 이렇다. 부모는 상냥하게 대하고 이해하려고 애쓰면서 조금씩, 조금씩 양보하고 은근히 요청하거나 에둘러 불만을 표현한다. 그러다가 인내심이 한계에 달하면 갑자기 아이에게 화를 분출한다. 그렇게 애를 썼는데도 아이가 왜 이토록 불쾌하게 나오는지 도무지 알 수가 없어서다. 아이 역시 부모가 느닷없이 화를 터뜨려 어리둥절하기도 하고 때로는 무섭기도 하다. "난 그저 ○○했을 뿐인데"라며 항변하기도 한다. 아이들은 마지막 단계만 보기 때문이다. 가장 최근의 도발적 행동에 대해서만 부모가 폭발했다고 생각하고 그동안 쌓이고 쌓인 화는 보지 못한다. 부모는 화를 터뜨린 다음에 곧 죄책감을 느껴 분노가 쌓이더라도 아이를 달래는 패턴으로 돌아간다. 결국 악순환이 끝없이 계속된다.

어떤 부모에게는 권위와 존중 문제가 대단히 민감하고 뜨거운 쟁점으로 다가온다. 아이가 "나한테 어떤 일도 시키지 마세요!" 또는 "나한테 이래라저래라 하지 마세요!"라고 대든다면 이런 부모는 너무 화가 나서 참을 수가 없다. 감정을 주체하지 못하고 아이를 꽉 붙잡고 소리치며 위협하고 심지어 때리기도 한다. 이러한 부모는 죽도로 싸우겠냐고 덤비는 아이와 정면으로 맞서 치열한 다툼을 벌이기 십상이다. 안타깝게도 부모가 거세게 밀어붙일수록 아이도 거칠고 완강하게 버틴다. 갈등이 금세 악화되어 서로 상대를 제압하려고 더욱 상처 주는 말을 내뱉는다. 시간이 지나고 다툼이 잦아지면서 부모와 아이는 예선전을 거치지 않고 곧장 가혹한 공격과 반격을 가하게 된다. 그러나 이러한 다툼 뒤에 찾아오는 비통함과 분노 때문에 어느 쪽도 진정한 승자가 되지 못한다.

아이에게 특히 해로운 양육 패턴은 사나운 부모와 온화

한 부모의 조합이다. 부모 중 한쪽은 (너무 지나칠 정도로) 엄격하고 한쪽은 (너무 지나칠 정도로) 관대해서 양쪽이 상대의 권위를 훼손한다. 엄격한 쪽은 관대한 쪽이 너무 물렁하고 비효과적이라고 비난한다. 그 때문에 아이는 은연중에 관대한 부모를 무시하거나 존중하지 않아도 된다는 인상을 받는다. 관대한 쪽은 엄격한 쪽의 가혹함을 '벌충하려' 애쓴다. 그 때문에 아이는 무심결에 한계는 아무것도 아니며 엄한 부모 몰래 하고 싶은 대로 해도 된다는 인상을 받는다. 부모 양쪽이 완전히 똑같은 양육 방식을 구사할 수는 없겠지만 어쨌든 합심해서 자식을 키우려고 노력해야 한다. 서로 존중하고 지원해야 한다. 그러지 않으면 자식들이 어떤 어른의 말도 들을 필요가 없다는 비정상적인 믿음을 갖게 될 것이다.

자애로운 권위

요즘에는 어떻게 훈육하는 것이 좋은지 의견이 분분해서 정말 혼란스럽다. 어떤 사람들은 애들에게 교훈을 가르친다는 명목하에 가혹한 처벌을 내려야 한다고 주장한다. 하지만 아이들은 고통을 통해 배우지 않는다. 오히려 어떤 일을 제대로 함으로써 배운다. 가혹하게 처벌한다고 해서 아이가 자기 방식이 틀렸다고 반성하지는 않는다. 반성은커녕 처벌을 가한 어른의 '비열함'에 집중한다. 나쁜 행실에 대한 논리적

귀결이 필요할 때도 있지만, 애들에게는 가능한 한 빨리 재시도할 기회가 필요할 때가 많다. 더 나아가 문제가 발생한 후에 조치를 취하는 것보다 문제를 예방하는 것이 훨씬 더 강력한 교수 전략이다.

일부 육아 관련 책은 아이에게 어떤 일을 하는 대가로 상이나 특권을 주는 보상 제도를 활용하라고 한다. 물론 부정적 행동에 벌을 주기보다 긍정적 행동에 보상을 하는 데 초점을 맞추는 것이 모두에게 더 즐겁다. 보상 제도는 아이가 일시적 난관을 극복하도록 도울 때는 효과가 좋을지 모르지만 장기적으로 유지하기는 아주 어렵다. 보상 제도를 몇 주 이상 유지할 수 있는 부모는 극히 드물다. 부모는 금세 지치고, 아이는 금세 질려버린다.

실질적인 어려움 외에도 보상 제도에는 눈에 확 띄지는 않지만 잠재적으로 문제가 있다. 첫째, 우리가 아이들에게 정말로 가르치고 싶은 것은 보상에 상관없이 자기통제를 유지하는 것인데, 보상 제도는 외부 통제를 따르는 데에만 초점을 맞춘다. 둘째, 보상 제도는 친밀하게 사랑하는 관계에 맞지 않게 금전적 이득을 좇는 패턴을 고착시킬 수 있다. 아이는 "내가 그것을 하면 뭘 줄 건데요?"라고 요구한다. 셋째, 어떤 아이는 "놔두세요. 전 상관없어요. 그럴 만한 가치가 없는걸요"라고 말하며 콧방귀를 뀐다. 이런 아이들은 매수할 수 없어서 더 큰 보상을 제안해봤자 더 큰 반발만 살 뿐이다.

보상을 활용하기로 선택한다면, 아이가 긍정적인 행동을 할 때마다 보상하지 않도록 주의한다. 부모와 즐거운 시간을 보내는 것과 같이 비물질적인 보상이 아이에게는 가장 소중하다는 사실을 명심하자. 또한 아이는 노력해서 얻는 관심이 아니라 그냥 사랑에서 나오는 긍정적인 관심을 아주 많이 받아야 한다.

우리는 화가 나면 아이를 버릇없는 녀석이라고 생각하기 쉽다. 형편없는 자식이라고 욕하고, 이기적이거나 비열하다고 책망하며, 죽어라 말도 안 듣고 못된 짓만 일삼는다고 몰아세우기도 한다. 때로는 끔찍한 결과를 예견하기도 한다.

"제대로 하지 않으면 다시는 ○○하지 못할 줄 알아라."

"계속 이런 식으로 하면 네 인생은 결국 ○○로 끝날 거야."

이러한 협박성 발언은 하나도 먹히지 않는다. 잘못한 점만 지적하며 사정없이 몰아세워서는 아이를 한 발짝도 나아가게 할 수 없다.

우리가 볼 때, 권위는 자애로운 마음으로 세울 때 가장 효과가 좋다. 부모는 한계를 설정하고 현실적인 기대를 품어야 하지만, 사랑하고 공감하는 맥락에서, 그리고 연민으로 완화된 정의감에서 이를 적용해야 한다. '내 아이가 배워야 하는 것이 무엇이고, 내가 그 배움을 어떻게 촉진시킬 것인가?'를 늘 따져야 한다.

거의 모든 양육서가 일관성이 필요하다고 얘기한다. 우리 아이들이 주변 상황을 예측할 수 있고 우리에게 무엇을 기대할지 아는 것은 물론 중요하다. 하지만 우리가 융통성을 발휘해야 할 때도 있다.

우리가 아는 한 가정에서 열두 살 난 아들이 부모와 다투다가 극도로 화가 나서 플라스틱 쓰레기통을 바닥에 던져 깨뜨렸다고 한다. 엄마는 바닥에 흩어진 플라스틱 조각을 그대로 두고는 아들이 깨뜨렸으니 당연히 아들이 직접 치우고 새것으로 사 와야 한다고 생각했다. 그런데 아들은 며칠이 지나도 치우지 않았다. 치우기는커녕 여기저기 흩어진 조각을 피해 다니며 신경도 쓰지 않았다. 엄마 눈에는 아들이 더 이상 폭발하지는 않지만 여전히 뾰로통해 있고 한편으로는 부끄러워하는 것처럼 보였다. 또한 아들은 그 사건에 대해 이야기하는 것을 거부했다.

결국 엄마는 애정 어린 마음에서 깨진 조각을 줍고 바닥을 정리한 다음 새로 쓰레기통을 사다 주었다. 원칙상 아들은 이런 호의를 받을 자격이 없었다. 본인도 알고 엄마도 알았다. 하지만 엄마는 아들이 이러지도 저러지도 못하는 상황에 처한 것을 알았기에 상황을 원래대로 돌려놓았다. 자기 행동에 대한 귀결을 무마해주는 것이 일반적인 양육 정책에는 어긋나지만 이 경우에는 적절한 조치였다. 그날 밤, 아들은 엄마에게 와서 사과했다. 엄마의 자애로운 조치는 아들을 믿는다는 뜻을 고스란히 전했다. 아들에게 먼저 다가감으로써 아들도 다가오게 만들었다.

자애로운 권위를 세우기 위한 전략

아이들에게 권위자를 적절히 상대하도록 가르칠 최고의 방법은 부모 자신이 엄하되 자애로운 권위자가 되는 것이다. 그런데 아이들에게 우리가 하는 말끝마다 반박하는 나쁜 습관이 붙은 경우에는 대단히 어려운 일이다. 우리는 화가 치밀어 아이들에게 폭언을 퍼붓고 싶거나 아니면 또다시 싸울 기운이 없어서 이를 갈며 굴복할 것이다. 그런데 한계를 가한 것이 실패했다고 해서 아이에게 화를 터뜨리는 것은 공정하지 않다. 아이들은 한계를 시험하는 것이 일이고 어른들은 한계를 정하는 것이 일이다. 당신의 정신 건강을 위해, 아이들의 행복을 위해, 가족 모두의 평화를 위해, 당신은 아이에게 같이 있는 시간을 즐겁게 보낼 수 있을 만큼 바르게 행동하라고 계속해서 얘기해야 한다.

자애로운 권위를 세우기 위한 전략을 몇 가지 살펴보자.

한계가 어디까지인지 아이에게 확실히 알린다_ 간단하지만 놀라울 정도로 효과적인 양육 정책은 그냥 기대나 한계를 말하는 것이다. 아이들은 잔소리가 길면 귀를 닫아버리므로 열 단어 이하로 말하는 것이 좋다.

"외투는 옷장에 걸어라."

"숙제하고 나서 비디오게임을 해라."

"너는 ○○해야 한다."

"○○하지 마라."

"○○는 네 책임이다."

현실적으로 가능한 기대치를 설정한다. 이상적인 아이라면 어떻게 행동할 거라는 희망 사항이 아니라 당신의 아이가 평소에 하는 것과 흡사하거나 약간 높은 수준이면 된다. 비현실적인 기대치를 품어봤자 좌절하고 아쉬워할 일밖에 없다.

"하늘이 파랗다"라는 말을 할 때와 똑같이 당신의 기대치를 차분하게 말한다. 화가 나서 소리치는 것이 아니라 차분한 상태에서 부드럽고 낮은 목소리로 말한다. 아이가 따지고 들면 그냥 한계나 기대를 똑같은 말로 반복한다. 그런 다음 아이가 따르겠다고 확실하게 반응할 때까지 차분하게 기다린다.

이 과정에서 말싸움에 휘말려 들지 않도록 주의한다. 아이들은 때로 "내가 왜 그래야 하는데요?" 또는 "내가 왜 ○○ 하면 안 돼요?"라고 묻는다. 진심으로 정보를 구하는 것 같지만, 대개 이러한 말은 질문이 아니라 반대를 뜻한다. 당신의 기대치가 정당하다고 일일이 확신시키지 않아도 된다. 그냥 기대치를 말하면 그만이다.

아이가 툴툴거리며 따른다면, 불평은 무시하고 그냥 고맙다고 말한다.

말대꾸를 다스린다_ 부모를 극도로 화나게 하는 잘못된 행위 중 하나는 아이가 무례하게 말대꾸하는 것이다. 웃어른에 대한 존중을 강조하는 문화권 사람들은 특히나 그런 태도를 받아들이지 못한다. 그런데 요즘에는 그렇지 않은 문화적 배경에서 자란 부모들도 이런 말을 자주 한다.

"나는 내 자식이 나한테 말하는 것처럼 부모한테 말했던 적이 한 번도 없습니다!"

때로는 부모를 험담하거나 부모에게 욕까지 하는 아이도 있다. 이는 대처하기가 아주 까다롭다. 인간적으로 부모는 "나한테 멍청하다고 말하면 안 돼!"라거나 "감히 내게 그 따위로 말하기만 해봐!"라고 소리치게 되는데, 그래 봤자 싸움만 커진다. 게다가 부모는 아이의 모욕적인 언사에 속수무책이다. 아이가 이미 무례한 말을 했기 때문에 "○○하면 안 돼!"라고 말해봤자 소용없다. 이미 내뱉은 말을 거두어들일 수는 없지 않은가! 결국 우리는 그 말이 부적절하다고 나무라고 그 말 때문에 우리가 휘둘리지 않는다는 것을 보여줘야 한다.

무례한 말에 대응할 때는 다음과 같이 차분하고 확고하

게 대응한다.

"나한테 그렇게 말하면 안 돼!"

"내가 네 말을 들어주길 원한다면 내게 어떻게 말해야 하는지 알지?"

그런 다음, 어린아이에게는 잠시 휴식 시간을 주는 것이 좋다. 나이 든 아이라면 그냥 물러나는 것이 좋다. 이것은 굴복하는 것이 아니다. 무례한 말을 받아들이지 않거나 설전에 휘말리지 않겠다고 부모다운 권위를 세우는 것이다. 때로 아이에게 그 말이 얼마나 잘못되었으며 그 말에 당신이 얼마나 상처를 받았는지 시시콜콜 설명하기 위해 나중에 그 언쟁을 반복하고 싶은 유혹이 들 것이다. 하지만 절대 그러지 않는 것이 좋다. 당신은 그저 한계를 정하면 된다. 무례한 말을 다시 꺼내는 것은 아이 자신과 아이가 한 말이 아주 중요한 것처럼 비치게 한다.

공감해주되 아이가 화났다고 무조건 굴복하지는 않는다_
어떤 부모는 아이가 화내고 대드는 것이 싫어서 권위자 역할을 하지 않으려고 한다. 아이의 기분을 알아주는 것이 중요하기는 하지만 그렇다고 아이가 원하는 대로 들어주라는 뜻은 아니다. 아이가 싫어하더라도 때로는 안 된다고 말해야 한다. 좋은 부모가 되려면 때로는 아이의 분노까지도 감내해야 한다.

대니얼 시걸Daniel Siegel과 메리 하첼Mary Hartzell은 마음을 따뜻하게 해주는 《부모의 내면이 아이의 세계가 된다Parenting from the Inside Out》라는 책에서 이렇게 말한다.

"부모는 한계를 정해줄 때 아이가 경험할지도 모르는 긴장과 불쾌함을 감내해야 한다. 부모가 아이의 분노 표출을 견디지 못하면, 아이는 자기감정을 조절하도록 배우기가 매우 어렵다. 아이를 다독이려고 원하는 것을 다 해주고 늘 굴복해버리면, 우리는 아이가 자기 행동에 제동을 걸고 다른 방향으로 돌리는 능력을 개발하도록 도와줄 수 없다."

자, 과감하게 나서서 이렇게 말하며 공감을 표해보자.

"너는 저렇게 하기를 바라는구나."

"네가 왜 그렇게 하고 싶어 하는지 알겠다."

"신나게 빠져 있던 일을 멈추기는 어려운 법이지."

이렇게 기분을 알아주면 아이는 마지못해서라도 한계를 받아들인다. 그러니 아이가 아무리 싫어하더라도 당신이 뜻을 굽히지 않아야 한다.

지시 횟수가 기분에 미치는 효과를 그림으로 보여준다_ 언쟁을 일삼는 아이들은 언쟁의 효과를 무시하는 경향이 있다. 어른의 표정이 일그러지고 화가 나는 것을 알지만 중요하게 생각하지 않는다. 때로는 그 어른을 설득하기 위해 더 격렬하게 주장하라는 신호로 해석한다. 안타깝게도 어른들은 화가 날수록 아이의 주장에 점점 더 귀를 닫아버린다. 따라서 아이가 더 소리치고 주장해봤자 상황만 악화될 뿐이다.

'지시 횟수에 따른 기분 변화'라는 이름이 붙은 그림 카드나 아니면 당신 얼굴과 비슷하게 그린 그림 카드를 아이에게 보여주자. 이 카드는 아이들이 지시를 따르지 않을 때 어른들이 어떠한 기분이 드는지 간단명료하게 보여줄 수 있다.

어린아이에게는 "어떤 엄마랑 함께 있을 때 가장 즐거울까?"라고 물어보자. 지시 횟수 0번 옆의 얼굴을 가리키며 설명한다.

지시 횟수 0 = 매우 기쁨

지시 횟수 1 = 만족

지시 횟수 2 = 짜증

지시 횟수 3 = 몹시 화남

지시 횟수에 따른 기분 변화

"내가 지시하지 않아도 네가 할 일을 알아서 할 때 내 기분은 이렇단다."

나머지 카드의 얼굴도 차례로 설명한다.

"내가 한 번 지시했을 때 네가 할 일을 하면 내 기분은 이렇단다."

카드를 냉장고에 붙여놓고, 지시하지 않았는데 아이가 할 일을 알아서 하거나 도움이 되는 일을 할 때마다 카드를 가리키며 크게 칭찬한다.

"지금 내 기분이 이렇단다!"

나이가 좀 든 아이에게는 그림 카드를 가리키며 설명하는 것이 좋다. 예를 들어 최근에 자주 몹시 화가 났는데 그런 기분은 두 사람 모두에게 유쾌하지 않았다고 언급할 수 있다. 당신의 그런 기분을 눈치챘는지 아이에게 물어보자. 그리고 당신이 지시를 줄이려고 노력할 테니, 아이도 지시 횟수 0번에서 1번 사이에 실천하도록 노력하라고 협상한다. 냉장고에 카드를 붙여놓으면 다른 상호작용에서도 당신의 기분을 아이에게 알려줄 수 있다. 이를테면 한 카드를 가리키며 이렇게 말할 수 있다.

"나는 지금 지시 횟수 2번 상태야. 슬슬 짜증이 몰려오려고 하는구나. 네가 지금 뭘 하고 싶은지 신중하게 생각해봐."

많은 부모가 "애한테 뭐 하나 시키려면 수십 번도 더 애기해야 해요"라고 하소연을 늘어놓는다. 안타깝게도 그들은 아이에게 열다섯 번 중에서 열네 번을 무시하라고 훈련시켜 왔다.

아이에게 무엇을 두 번 이상 지시하지 마라. 첫 번째 지시에 귀를 기울이지 않으면 아이에게 다가가 눈을 쳐다본다. 어깨에 손을 가볍게 올려 아이의 관심을 확실히 끌어도 좋다. 그런 다음에 그 지시를 반복한다. 이렇게 하면 당신을 무시할 수 없다.

두 번 지시한 다음에도 따르지 않으면 아이를 해야 할 일 쪽으로 이끌고 가라. 아이가 그 일에 압도당하는 것 같으면 "내가 도와줄게. 어쨌든 이 일은 반드시 해야 한다"라고 말한다. 나이가 든 아이의 경우, 귀를 기울일 준비가 될 때까지 컴퓨터를 중단하거나 텔레비전을 꺼야 할 수도 있다. 아이에게 이렇게 말한다.

"네가 ○○(지시받은 행동)을 다 마쳤을 때 네가 ○○(바라는 행동)을 계속할 수 있어."

소리치고 싶더라도 참고 낮고 차분한 목소리를 유지해야 한다. 이 시점에서 공연한 언쟁에 휘말리면 아무 소용이 없다. 소리치고 언쟁하면 당신의 권위가 무너지고, 부모가 아니라 형제자매와 같은 위치로 떨어진다. 또한 아이의 관심의 초점이 완성해야 하는 과제에서 당신의 '비열함'으로 이동한다.

아이가 "잠시 후에 해도 돼요?"라고 물으면 어떻게 해야 할까? 연민을 보이되 단호하게 끝까지 밀어붙인다. 보던 중인 광고가 끝날 때까지는 기다려도 무방하나, 비디오게임을 끝낼 때까지 한 시간 동안 기다리는 것은 옳지 않다. 어른의 지시를 잘 잊어버리는 아이라면 특히 허용하지 않아야 한다. 얼마나 오랫동안 기다려줘야 하는지 논란을 방지하기 위해 타이머를 맞추거나 언제까지 과제를 마칠 거라는 서면 약속을 받아두고 싶어질 수도 있다.

또한 불필요한 힘겨루기를 피하기 위해 아이가 순종할 가능성이 높을 때 지시하는 것이 현명하다. 아이가 어떤 활동에 몰두해 있거나 유난히 짜증이 난 상태라면 지시를 미루는 것이 낫다. 이것은 굴복하는 것이 아니라 부모로서 현명하게 처신하는 것이다.

지시할 사항이 중요하지 않거나 당신이 아이가 실천하는지 확인할 힘이 없다면 그냥 지시하지 말자. 당신의 지시에 귀 기울일 필요가 없다고 아이에게 가르치는 것보다는 차라리 당신이 직접 하는 것이 낫다.

언쟁하는 습관을 다스린다_ 어떤 아이는 순전히 습관적으로 언쟁한다. 당신의 아이도 그렇게 행동한다면, 손톱을 깨물거나 머리카락을 빼는 등 나쁜 습관에 대해 말해주고 싶을 것이다. 아이가 관찰한 나쁜 습관은 무엇인가? 사람들은 거기에 어떻게 반응하는가? 나쁜 습관은 보기에도 좋지 않고 주변 사람들을 멀어지게 한다고 설명한다. 아이가 요즘 들어 부쩍 따지고 언쟁하는 습관이 붙은 것을 당신이 목격했으며, 그 때문에 모두 기분이 썩 좋지 않다는 점을 언급한다. 그리고 아이가 이 버릇을 고칠 방법을 알고 있는지 살펴본다.

당신이 아이에게 무엇을 하라고 지시할 때 올바른 반응은 "예, 알겠습니다"라고 말하고 즉시 일어나 행동하는 것이라고 설명한다. 당신이 지시한 다음에 한 가지 질문은 해도 된다고 허락해도 되지만, 반드시 그래야 하는 것은 아니다. 이를테면 당신이 바라는 점을 분명하게 확인하는 질문이나 "저녁 먹고 나서 해도 돼요?"라는 식으로 융통성을 발휘할 의향이 있는지 알아보는 질문은 해도 된다. 그런데 "꼭 해야 돼요?"라는 질문은 질문으로 간주되기는 하지만, 매번 "응, 꼭 해야 돼"라고 대답해야 하기 때문에 좋은 질문이 아니다. "왜 나는 맨날 그래야 하는데요?" 역시 좋은 질문이라고 할 수 없다. 그 답이 늘 "내가 널 사랑하니까"라는 식이기 때문이다(또는 나이가 좀 있는 아이와 장난치는 분위기에서는 "너를 괴롭히고 싶으니까"라고 농담조로 받아칠 수도 있다). 단, 한 가지 이상의 질문에는 답하지 않을 거라고 확실히 못 박아야 한다.

아이가 한 가지 이상 질문하고 싶다고 하면 정중한 문체로 종이에 적어주면 고려하겠다고 제안할 수도 있다. 하지만 자기에게 아주 중요한 사항이 아니라면 아이는 대부분 귀찮아서 포기할 것이다.

습관을 하루아침에 깨기는 어렵다. 그러므로 아이에게 언쟁하지 말라고 상기시켜줄 비언어적 신호를 고안하는 것이 좋다.

유도 저항을 최소한으로 줄인다_ 유도 저항이라는 말은 사람들이 자유를 제한받거나 위협받는다고 느낄 때 발생하는 성나고 분개하고 반항하는 기분을 칭하는 심리 용어다. 사람은 누구나 이따금 유도 저항을 경험하지만 너무 자주 경험하는 사람도 있다. 똑똑한 아이들 중에 유난히 버릇없는 아이는 어른이 자기에게 영향을 미치거나 통제하려 드는지 감지하려고 촉각을 곤두세운다. 그러다 뭔가 걸려들면 격렬하게 저항한다. 뭐가 되었든 어른이 자기에게 하라고 시킨 것과 정반대로 하기도 한다. 이런 아이에게는 보상 프로그램이 전혀 먹히지 않는다. 물론 처벌도 소용없다. 대의를 위해 순교하는 것처럼 처벌을 받아들이기 때문이다.

지시가 강제적이고 많을 때, 그리고 그 지시에 위협이 뒤따를 때 유도 저항이 발생하기 쉽다. "지금 당장 해. 안 그러면!"이라는 말은 유도 저항을 유발하기 쉽다. 당장에는 따르는 것처럼 행동하더라도 속으로는 분개하면서 계속해서 협력할 기분이 줄어들 것이다.

자애로운 권위를 세운다는 말은 아무도 통제당하는 것을 좋아하지 않음을 인식한다는 뜻이다. 아이의 유도 저항을 최소한으로 줄이고 힘겨루기를 피할 방법을 몇 가지 알아보자.

- 결전을 치를지 말지 결정한다. 그 일이 지금부터 일주일이나 한 달 동안 문제가 되지 않는다면 그냥 넘어간다.
- 두세 가지 허용 가능한 방법을 제안한다. 그러면 아이에게 어느 정도 선택권을 줄 수 있다.
- 간접적으로 또는 즐겁게 접근한다. 장난스러운 억양으로 말한다. 인형이 말하는 것처럼 요구한다. 또는 요구 사항을 쪽지에 적어서 끝에 "사랑하는 천사 엄마가"라고 덧붙인다.
- 아이에게 문제를 해결하기 위한 아이디어를 구한다.
- "같이 해보자"라고 말한다.

가치를 강조한다_ 궁극적으로는 우리가 억지로 강요해서가 아니라 아이가 중요한 가치를 스스로 깨달아서 바르게 행동하기를 바란다. 아이의 언쟁을 막기 위해 평소 생활에서 가치를 심어주도록 노력한다. 예를 들어 이렇게 말하면 된다.

"그것은 아주 논리적인 주장이지만 남을 배려하는 행동

은 아니란다. 나는 네가 남을 배려하는 선택을 내릴 거라고 믿는다."

아이가 꼭 익혀서 보여주기를 바라는 가치를 생각해본다. 그런 다음 아이가 그러한 가치를 드러내는 행동을 할 때 진심으로 칭찬한다. 이렇게 말하면 된다.

"과자를 나눠 먹다니 참 착하다."
"정말 힘든 일이었는데 끝까지 마치다니 인내심이 대단하구나."
"거기에 호기심이 참 많구나!"

아이들은 자기가 누구인지 알아가는 중이다. 아이의 좋은 점을 칭찬하고 인정해주면 바람직한 자질을 갖추는 데 도움이 된다. 여러 연구에 따르면, 아이가 특별한 인성을 갖고 있다고 믿으면 그런 성품에 맞게 행동할 가능성이 크다고 한다.

함께 단란한 시간을 보낸다_ 아이에게 권위를 세우는 토대는 따뜻한 마음이다. 아이와 함께 좋아하는 활동을 하면서 시간을 보내며 마음을 나눠보자. 싸운 다음에는 특히 친밀감을 보여줘야 한다. 아이가 먼저 다가오기를 기다리지 말고, 먼저 다가가자.

심하게 눈치 보는 아이

어른이 화낼까 봐 안달하는 스테파니

"스테파니, 너 현장학습 신청서 제출 안 했니? 아직 가방에 그대로 있잖아." 엄마가 말했다.

"아, 이런! 선생님이 오늘까지 내라고 하셨는데!"

"그럼 내일 아침에 가자마자 선생님께 꼭 제출하도록 해라."

"하지만 선생님이 제게 화내실 거예요!"

"선생님은 좋은 분이야. 그렇게 화내시지 않을 거야."

"아뇨, 화내실 거예요. 오늘까지 제출해야 되는 거란 말이에요."

"애야, 오늘은 이제 어찔 수가 없어."

"지금 학교로 가서 내면 안 될까요?"

"안 돼, 지금은 학교에 갈 수 없어. 벌써 밤 7시 30분이야. 학교에 아무도 없을 거야. 게다가 난 지금 네 동생을 재워야 해."

"하지만 엄마! 선생님이 오늘까지 내라고 하셨단 말이에요."

"현장학습은 2주 후에나 있어. 내일 제출해도 문제없을 거야. 자, 어서 잠옷으로 갈아입어."

"현장학습 신청서 때문에 오늘 밤에 잠은 다 잤어요."

(어른들에게 민감하게 반응하는 아이들)

"스테파니, 괜찮다니까! 내일까지는 아무것도 할 수 없어. 그러니까 오늘 밤새고 걱정해봤자 아무 소용도 없어!"

"보세요, 엄마도 지금 저한테 화를 내잖아요!"

"엄마는 지금 너한테 화내는 게 아니야. 그냥 얼른 잠옷으로 갈아입으라고 했잖아!"

"아뇨, 엄마는 저한테 화가 났어요. 그러니 선생님도 저한테 화를 낼 거예요!"

"스테파니, 그만하지 못하겠니? 큰 문제도 아닌 걸 가지고 왜 이러니? 난 너한테 화나지 않았어!"

"그런데 왜 소리치고 그러세요?"

스테파니는 권위를 두려워하는 아이의 전형적인 사례다. 좀 더 구체적으로 말하면 권위자가 자기한테 화내는 것을 두려워한다. 부모나 교사가 가혹하고 걸핏하면 체벌한다면 그럴 법도 하지만 실제로 그들은 그렇지 않다. 엄마는 스테파니가 저지른 실수를 비판하지 않고 차분하게 대처한다. 교사도 상냥한 사람이다. 하지만 스테파니는 어른들이 자기한테 화를 낼 거라며 겁내고 있다. 아이러니하게도 자신이 두려워하는 상황을 스스로 유발하고 있다. 아무리 안심시키려 해도 엄마가 화났다고 우기니, 엄마도 결국 아이에게 버럭 화를 내고 만다.

분노를 피하려고 애쓰기

권위자가 터뜨리는 분노의 대상이 되는 것을 좋아할 사람은 없지만, 스테파니는 그런 가능성도 참지 못하는 것 같다. 어떻게 해서든지 성난 어른을 피해야 한다고 확신하는 모습을 보인다. 이러한 믿음은 공포증에 가깝다. 전혀 이성적이지 않다. 아무리 논리적으로 따지고 안심시켜도 바뀌지 않는다. 차분한 마음 상태라면 자기가 과잉 반응을 보인다고 인정할지 모르지만, 지금은 이렇게 두려운 반응을 통제할 수 없는 것 같다. 그래서 어떻게든 화가 나는 상황을 막아보려고 덤빈다. 스테파니는 어른의 분노를 피하려고 몇 가지 전략을 사용한다. 그런 시도를 통해 약간의 통제감은 느끼지만, 그런 노력도 결국에는 아이를 비참하게 만든다.

망보기_ 스테파니는 어른들이 화를 터뜨리지 않나 항상 망을 본다. 자기에게 질문을 하거나 무슨 말을 하거나 아무 말도 않거나 이마를 찌푸리거나 웃지 않거나 하는 온갖 행동에 불안하고 초조한 반응을 보인다.

"저분이 지금 나한테 화가 났나?"

안타깝게도 분노에 촉각을 곤두세우다 보니 (아직) 있지도 않은 분노를 감지한다. 그러면서 더욱더 불안해한다.

걱정하기_ 스테파니는 분노의 발생을 걱정하면 미연에 막을 수 있다고 믿는다. 교사가 화를 낼지 아닐지도 모르면서 진작에 걱정하며 밤을 지새울 각오가 되어 있다("오늘 밤에 잠은 다 잤어요"). 그렇게 걱정하면 분노를 막을 수 있기라도 하듯이 행동한다. 이는 비행기에 탄 승객이 추락할까 걱정하면 비행기가 공중에 계속 떠 있도록 도와준다고 생각하는 것과 같다.

완벽을 위한 분투_ 스테파니는 '내가 모든 일을 완벽하게 해낸다면 어른들이 나한테 화내지 않을 거야'라고 확신한다. 스테파니 같은 아이들은 규칙을 지키려고 세심하게 주의하고, 혹시라도 지시 사항을 이해하지 못하면 몹시 허둥댄다. 항상 완벽하게 하려다 보니 스트레스를 많이 받는다. 실수는 피할 수 없지만 스테파니는 실수를 받아들이지 못한다. 그래서 무슨 잘못이라도 저지르면 주변 어른들이 화를 낼 거라고 상상한다. 그 가혹한 기준은 어른들이 정한 것이 아니라 자기 자신이 정한 것이라는 사실을 이해하지 못한다.

화난 사람 앞에서 무기력하게 느끼기

우리가 아끼는 사람이 우리에게 화가 나면, 그 분노를 인식하고 문제를 해결하려고 애쓰는 것이 최선이다. 그런데 스테파니는 해결 가능성을 전혀 염두에 두지 않는다. 화에 대한 두려움 때문에 꼼짝 못 하느라 긍정적인 조치를 취하지 못한다. 그저 무기력하게 "보세요, 엄마도 지금 저한테 화를 내잖아요!"라고 울부짖는다. 자기에게 반박하라고 어른을 부추기면서도 달래주는 말을 전혀 받아들이지 않는다. 한마디로 분노를 이겨낼 방법을 알지 못한다.

우리가 볼 때, 스테파니는 어른들의 분노에 벌벌 떠는 것 이상으로 자기 자신의 분노도 두려워한다. 스테파니 같은 아이들은 자기가 분노를 느낀다는 것을 부인하는 경향이 있다. 이 아이들은 단지 상처받는다고 느낀다. 분노란 파괴하거나 파괴되는 것과 관련된다고 믿기 때문에 자기 자신이나 다른 사람에게서 분노의 감정이 치미는 것을 참지 못한다.

아이가 어른의 분노를 건전한 시각에서 보도록 도와줄 방법

스테파니 같은 아이들은 어른들의 분노를 건선한 시각에서 보도록 도움을 받아야 한다. 어른들이 그들을 혼내려고만 하는 가혹한 심판이 아니라는 사실을 알아야 한다. 또한 다정한 관계에서는 분노 때문에 사랑이 없어지지 않는다는 것도 알아야 한다. 분노는 대개 겪어서 이겨낼 수 있는 일시적 상태다. 이 모든 것을 가르치려면 참아주고 공감하고 솔직하게 대하고 인내심을 발휘해야 한다. 시도해볼 만한 전략을 몇 가지 살펴보자.

자신의 분노를 부인하지 않는다_ 함께 살다 보면 서로 아끼는 사이라도 때로 상대에게 화가 날 때가 있다. 그런 일은 생활의 일부다. 아이가 걱정스럽게 "나한테 화났어요?"라고 묻는다면, 그리고 당신이 정말로 화가 났다면, 아이를 안심시키려는 마음에서 그 기분을 애써 부인하지 마라. 또한 "난 화나지 않았어. 그냥 좀 짜증이 났어(좀 성가실 뿐이야, 약간 실망했을 뿐이야)"라는 식으로 말하며 당신의 기분을 무시하는 것도 좋지 않다. 분노의 단계나 미묘한 의미 차이를 줘봤자 분노를 두려워하는 아이에게는 효과가 없다. 아이는 당신의 분노를 감지하고 계속 "아뇨, 엄마는 저한테 화가 났어요"라며 초조해할 것이다. 당신의 기분을 부인하면, 아이는 분노가 끔찍하고 무서운 것이라고 더 확신하기만 할 뿐이다. 그 대신에 아이에게 이렇게 말한다.

"그래, 나는 화가 났어. 하지만 괜찮아. 너도 강하고 나도 강하고, 우리의 관계도 분노를 견뎌낼 만큼 아주 강하니까."

아이의 분노를 인정한다_ 아이가 자신의 분노를 두려워하지 않도록 도우려면 터놓고 얘기해야 한다. 일단 그 기분을 반영한다.

"그것 때문에 네가 무척 화가 났겠구나."

"네가 ○○ 때문에 화가 났다는 것을 이해해."

"너는 ○○로 몹시 화가 났구나."

당신을 향한 아이의 화난 감정을 인정하는 것이 중요하

다. 그래야 당신이 그 기분을 받아들이고 두려워하지 않는다는 것을 보여줄 수 있다.

적절한 대응 조치를 찾는다_ 아이가 성난 어른을 실제로 직면할 때나 직면할지도 모르는 상황에서 두려워할 때, 적절한 대응 조치를 찾으면 무기력한 기분을 덜어줄 수 있다. 아이에게 이렇게 물어본다.

"문제를 해결하려면, 혹은 적어도 상황을 더 낫게 하려면 네가 무엇을 할 수 있을까?"

아이에게 화를 내는 사람이 당신이든 다른 사람이든 이러한 질문을 던질 수 있다. 아이가 즉시 대답하지 못하면, 적절한 문제 해결 방법을 찾아 적어두는 것이 도움이 될 수 있다.

증거에 집중한다_ 아이가 어떤 어른이 화를 낼까 봐 걱정한다면 그 일이 일어날지 안 일어날지를 두고 왈가왈부하지 마라. 당신이 보기에 그 어른이 당신 아이에게 화낼 가능성이 없는 상황에서 "그분이 화내실 거예요", "아니, 그분은 화내지 않을 거야"라며 입씨름을 하면 아이는 그 어른이 화를 낼 거라고 더욱더 확신하게 될 뿐이다.

차라리 아이가 그 분노를 정말로 견디지 못할지를 놓고 따져보는 것이 더 유용하다. 과거 경험에서 나온 증거를 찾아보라고 격려한다. 그리고 구체적으로 질문을 던진다.

"네가 실수했을 때 선생님이 너에게 몇 번 소리를 지르셨니?"

"선생님의 분노 때문에 네가 얼마나 피를 흘렸니?"

"네 뼈가 정확하게 몇 개나 부러졌니?"

"선생님이 몇 번이나 네 목을 졸랐니?"

"네 목을 운동화 끈으로 묶어 형광등에 매단 적은 몇 번이나 되니?"

당신의 질문이 황당해질수록 아이는 "그런 일은 일어나지 않을 거예요!"라고 소리칠 것이다. 그러면 이렇게 말한다.

"좋아, 선생님이 너한테 화가 났다면 기분이 좋지는 않을 거야. 하지만 네가 살아남을 가능성이 상당히 높아 보이는구나."

이런 이야기를 할 때는 흥분하거나 냉담하게 말하지 말고, 따뜻하고 유머러스하게 해야 한다.

아이에게 도움을 청하라고 격려한다_ 아이들은 스스로 방법을 찾지 못했다고 야단맞을까 봐 어른에게 도움을 청하지 않으려고 한다. 하지만 어른들은 대부분 아이의 공손한 요청에 따뜻하게 반응한다. 도움을 청하고 받으면서 아이는 어른들이 자기편이라는 사실을 확실히 알 수 있다. 그러니 도움이 필요할 때는 언제든 요청하라고 아이에게 확신시킨다. 역할 놀이를 하면서 아이가 도움을 청하는 방법을 연습시킨다. 어린아이의 경우, 교사나 코치에게 미리 이메일로 아이가 도움을 청하려 한다는 점을 알려줘도 좋다.

관계 회복을 강조한다_ 분노를 두려워하는 아이들은 흔히 성난 상호작용에서 회복하는 데 도움이 필요하다. 당신이 아이에게 화가 났다면, 진정하고 나서 적당한 시점에 "난 이제 화가 다 풀렸다"라고 말한다. 그래야 그 사건의 종결을 알리고 앞으로 나아가겠다는 의사를 전할 수 있다.

화난 순간에 후회할 행동이나 말을 했다면, 주저하지 말고 진심으로 사과한다.

"너한테 소리쳐서 미안하다. 그만 ○○를 보고 무척 화가 났지 뭐야. 내가 ○○한 것은 공정하지 못했다는 생각이 드는구나. 너는 그 일을 어떻게 생각하는지 말해줄 수 있니?"

자기 이야기를 들어주고 마음을 이해해주면 아이들은 금세 누그러진다. 그렇지만 "내가 미안해. 하지만 너도 ○○했어야 해(○○하지 말았어야 해)"라고 말해 사과를 약화시키지 않도록 한다.

어떤 아이는 언쟁을 재연하는 것을 싫어한다. 그럴 때는 아이를 꼭 안아주며 이렇게 말한다.

"애야, 이리 오렴. 난 언제나 너를 사랑한단다."

좀 더 간접적인 관계 회복을 선호하는 아이도 있다. 그럴 때는 뜻밖의 친절한 행위를 베풀거나 아이가 쉽게 찾을 수 있는 자리에 "너를 사랑한단다. 다음에 다시 해보자꾸나"라는 쪽지를 남긴다. 관계는 노력하면 언제든지 회복할 수 있다.

* 부모 가이드 *
어른들과 불편한 관계를 맺지 않도록 도와주는 방법

권위에 대처하는 일은 평생 해야 하는 과제다. 아이가 권위에 맞선 사건과 당신이 권위에 맞섰던 경험 간에 유사점이 있을지도 모른다. 권위 문제는 어쨌든 어른들 사이에서 더 복잡하다. 우리는 다른 사람의 권위에 예속되면서 동시에 아이에게 권위자가 되어야 하기 때문이다. 부모는 아이와 잘 지내려는 욕구와 아이를 책임져야 한다는 현실적 의무 사이에서 괴롭기 짝이 없다. 일상생활에서 권위 문제를 생각하며 이야기할 전략을 몇 가지 살펴보자.

- **권위자에 대한 자신의 경험 떠올리기**

어린 시절 가정과 학교에서, 그리고 성인이 된 후 직장이나 봉사 활동 상황에서 당신이 권위자와 겪었던 경험을 떠올리면, 우리 자신의 특별한 감정이나 무의식적인 반응 혹은 그 사각지대를 들여다볼 수 있다. 또한 아이들이 겪는 고충에 공감할 수도 있다.

우리 자신이 양육받은 방식이 권위의 첫 사례다. 당신은 그냥 받아들이거나 바람직하다고 인정하거나 절대로 저렇게 하지 말아야겠다고 다짐했을 것이다. 부모님의 양육 스타일과 비교해서 당신의 양육 스타일은 어떠한지 자문해보자.

직장 내 관계에서 패턴을 찾아보는 것도 권위에 대한 우리의 시각을 이해하는 데 도움이 된다. 당신은 어떤 상사와 가장 잘 맞고 왜 그러한가? 어떤 상사를 상대하기 어려우며 왜 그러한가? 사람들은 흔히 좋은 상사란, 부하 직원이 성공할 수 있도록 충분히 안내해주고 일을 어떻게 할지 스스로 결정할 자치권을 주며 그들이 들이는 노력을 많이 인정해주는 상사라고 말한다. 당신은 아이에게 얼마나 '좋은 상사'라고 말할 수 있는가?

● **아이에게 자신의 멘토에 대해 이야기하기**

　일부 똑똑한 아이들은 어디서나 자기가 항상 가장 똑똑한 사람이어야 한다고 믿는다. 그런 아이들은 성공한 어른들도 대부분 그들을 가르치고 이끌어준 멘토가 있다는 사실을 이해하지 못한다. 온전히 혼자 성공을 이뤄낸 사람은 거의 없다.

　아이에게 당신의 멘토에 대해 들려준다. 그들에게 어떻게 배웠고, 그들의 지원이 당신에게 얼마나 중요했는지 설명한다. 구체적인 정보를 배우든 인내심이나 친절 같은 내적 전략을 배우든 간에, 똑똑하다는 것은 다른 사람에게 배우는 방법을 안다는 뜻이다.

● **상사와 잘 지내기 위해 한 일 설명하기**

직장 생활을 한다면 상사에게 잘 보이는 것도 해야 할 일 가운데 하나임을 알 것이다. 영리한 아이들은 관계를 맺고자 할 때 다른 사람에게 깊은 인상을 주려고 한다. 하지만 조직 안에서 남의 이목을 끌려는 행위나 신임을 독차지하려는 태도는 자신을 망치는 전략이다. 당신이 상사와 잘 지내기 위해 하는 일을 아이에게 들려준다. 이를테면 요청에 신속하게 반응하거나 다른 사람의 도움을 인정하거나 상사가 필요로 하는 바를 예측하고 움직이는 것 등을 들 수 있다. 이러한 전략 중에서 아이의 학교 생활에 적합한 것은 무엇인가? 관대한 행동이 지위를 약화시키기는커녕 오히려 당신의 성공과 조직의 성공에 기여한다고 설명해주는 것도 잊지 말아야 한다.

이 장에서는 어른과 관계 맺는 데 힘들어하는 똑똑한 아이들을 도와줄 방법을 살펴보았다. 우리는 그런 아이들이 사교적 수완을 발휘하도록 도와줄 방법을 강조했다. 권위를 의식하지 못하거나 두려워하는 것, 권위에 도전하는 것과 관련된 문제를 다룰 방법에 초점을 맞추었다. 책임자와 긍정적인 관계를 맺도록 배워두면 살아가는 내내 도움이 된다.

다음 장에서는 아이들이 열심히 노력하고 성공하는 데 필요한 일을 하려는 동기를 부여할 방법을 살펴볼 것이다.

6장

머리는 좋은데
왜 노력하지
않을까

: 동기부여 하기

* Check List *
"우리 아이는 공부를 얼마나 좋아할까?"

- [ ] 쉽고 빠르게 해치울 수 있는 숙제를 꾸물대고 불평하면서 지체하는가?
- [ ] 성적이 부진하다는 이유로 학교가 지겹다거나 교사가 편파적이라고 핑계를 대는가?
- [ ] 서둘러 대충 끝내느라 엉성하거나 부족한 과제물을 제출하는가?
- [ ] 숙제 문제로 걸핏하면 당신과 싸우는가?
- [ ] 어떤 과제는 멍청하고 쓸모없고 너무 유치해서 하지 않겠다고 우기는가?
- [ ] 마음에 드는 교사가 내준 과제만 수행하는가?
- [ ] 학교에서 더 열심히 공부하겠다고 약속하지만 그 결심을 실천하지 못하는가?

부모는 자식이 머리는 좋은데 노력하지 않으면 참으로 애가 탄다. 열심히 노력해서 성공한 부모라면 아이의 동기 문제는 그야말로 답답하고 속상한 일이다.

"그 녀석은 왜 제 할 일을 하지 않으려 들까?"

"우리 딸은 매번 과제를 대충하거나 아예 신경도 쓰지 않으니 나중에 커서 뭐가 될까?"

똑똑한데 공부는 싫어하는 아이

아이가 똑똑하다고 해서 으레 배우겠다는 의욕까지 넘치는 것은 아니다. 실은 공부와 담쌓은 아이들 중 일부는 대단히 똑똑하지만 공부에 대한 열의가 전혀 없다.

동기는 인생을 성공적으로 살아가는 데 매우 중요하다.

능력을 '가진 것'만으로는 충분하지 않다. 자기가 가진 기술과 재능을 활용하고 개발해야 빛을 발한다.

자제력과 투지

동기가 중요하다는 사실은 여러 연구에서 확실히 밝혀졌다. 대학생을 대상으로 실시한 연구에서는, 자제력이 강하면 성적이 더 우수하고 인간관계도 더 잘 맺으며 심리적 적응도 더 잘하는 것으로 나타났다. 자제력과 동기는 일맥상통한다. 중학교 2학년생들을 대상으로 한 다른 두 건의 종단 연구(일정 기간에 걸쳐 반복적으로 동일 연구 대상에 대한 자료를 수집하는 연구 — 옮긴이)에 따르면, 학업성취도에서 자제력이 IQ보다 더 나은 예측인자로 밝혀졌다.

성취하려면 동기를 꾸준히 유지해야 한다. 펜실베이니아 대학교의 앤절라 더크워스Angela Duckworth는 장기 목표를 달성하려는 인내심과 열정을 기술하기 위해 '투지'라는 용어를 사용한다. 투지가 있는 사람은 목표를 달성하기 위한 열정과 결의가 충만하다. 방해물이나 차질이 생겨도 끈질기게 목표를 추구한다. 이를 앙다물고 억지로 참으면서 나아가는 것이 아니라 안에서 솟구치는 열정에 따라 힘차게 나아간다. 투지는 단지 노력의 강도가 아니라 노력의 일관성과 지속 시간이 문제라고 더크워스는 주장한다. 더크워스와 동료들이 실시한 연구에 따르면, 투지가 있는 학생은 평균 평점이 더 높았고, 미국 철자 맞히기 대회에서 상위 등수를 차지했으며, 학력 수준이 더 높았고, 엘리트만 모인다는 미 육군사관학교에서 더 오래 버텼다. 투지는 IQ와 관련이 없다. 다시 말해서 똑똑한 아이들 중에는 투지가 넘치는 아이도 있고 그렇지 못한 아이도 있다.

아이들의 학업 동기

학업을 성취하려는 동기는 아이마다 다르다. 어떤 아이는 숙제를 쉽게 해치우지만, 어떤 아이는 똑같이 머리는 좋은데 책장을 여는 일도 힘겨워한다. 어떠한 과제든 열심히 도전하는 아이가 있는가 하면, 쉬운 방법을 찾으려고 꾀만 부리는 아이도 있다.

공부를 잘 못하는 똑똑한 아이들은 흔히 '게으른 아이', '의욕이 없는 아이'로 불린다. 하지만 정말로 의욕이 없는 아이는 없다. 아이들은 모두 어느 정도 능력이 있기를 바라고, 삶에서 중요하다고 여기는 어른들이 자기를 좋게 생각해주기를 바란다. 실패하는 것을 좋아하는 아이는 없지만 때로는 다른 요인들이 끼어들어 성취동기를 방해한다.

학업을 수행하려는 동기가 부족한 아이는 대개 공부가 '지겹다'고 불평한다. 그런데 아이가 쓰는 어휘에서 '지겹다'라는 말은 그야말로 모호한 표현이다. 아무 데나 갖다 붙일 수 있기 때문이다. 내용이 너무 어렵거나 너무 쉽다는 뜻일 수도 있다. 아이가 겁을 먹거나 화나거나 감당하지 못하거나 부족하거나 단절되었다고 느낀다는 뜻일 수도 있다. 내용을 어떻게 공부할지 모르거나 그 공부가 왜 필요한지 깨닫지 못했다는 뜻일 수도 있다. 또는 실패나 성공을 두려워하거나 애써 노력해야 한다는 사실을 두려워한다는 뜻일 수도 있다.

우리를 찾아와 아이가 공부할 의욕이 없다고 호소하는 부모는 흔히 좌절감과 무력감과 두려움에 시달린다. 싸우고 경고하고 위협하고 뇌물을 쓰고 회유하는 등 온갖 방법을 다 시도해봤지만 어느 것도 아이에게 효과가 없었다고 한다. 나쁜 소식은, 동기 문제를 신속히 해결할 만한 비책이 전혀 없다는 것이다. 좋은 소식은, 아이가 어째서 그렇게 옴짝달싹 못하는지 알아내면 앞으로 나아갈 방법을 제시할 수 있다는 것이다. 이 장에서는 동기 문제를 심도 있게 살펴보고, 아이들이 열정을 찾고 인내심을 기르고 동기를 행동으로 옮기도록 도와줄 양육 전략을 알아볼 것이다.

공부를 외면하는 이유

공부를 외면하는 에단

"아빠!" 에단이 불렀다. "이것 좀 보세요! 이 게임에서 제가 벌써 '레벨 7: 죽음의 통로'까지 올랐어요."

"대단하구나, 에단."

"그럼요, 여기까지 오면서 잃어버린 보석을 찾느라 얼마나 애썼는데요. 보석을 우상의 눈에 집어넣었더니 엄청난 폭발이 일어났어요!"

"으응, 그런데 숙제는 다 했니?"

"대충요. 지금부터는 독사가 우글대는 갱도를 통과할 방법을 찾아야 해요. 진짜로 어렵거든요. 계속 죽어서 매번 처음부터 다시 시작해야 돼요."

"에단, 규칙 알지? 숙제를 끝내고 게임을 하는 거다."

"에이, 아빠. 숙제는 지겨워요. 이 레벨만 끝내게 해주세요."

"엄마 말로는 네가 오후 내내 게임을 했다고 하던데. 그만하면 됐다. 게다가 내일 사회 시험 본다고 하지 않았니? 게임 하는 시간의 절반만 공부하면 네 성적이 지금보다 훨씬 올라갈 거다."

"아빠!" 에단은 짜증이 나서 소리쳤다.

에단은 게임을 하는 데 엄청난 동기를 보인다. 레벨을 올리기 어려워 좌절하고, 가상이지만 여러 번 죽는데도 열심히 자발적으로 몇 시간씩 끈질기게 게임을 한다. 에단은 동기가 없는 아이가 아니다. 다만 공부하려는 동기가 없을 뿐이다.

내적 동기: 그냥 재미로 즐겁게 행하기

내적 동기는 과제를 긍정적으로 인식하면서 생겨나는 동기다. 어떤 것을 하겠다는 동기가 내적으로 부여되면, 과제 자체를 즐겁게, 재미있게, 또는 만족스럽게 바라보기 때문에 그 일이 기꺼이 하고 싶어진다. 아이들은 공부하겠다는 동기가 내적으로 부여되면, 상을 타거나 인정을 받거나 좋은 점수를 얻는 등 과제 외적으로 동기부여가 되었을 때보다 더 많이 배우고 더 잘 수행하는 경향이 있다.

어린아이들은 내적 동기로 움직이는 열렬한 학습자다. 세상에 대한 호기심과 새로운 기술을 익히기 위한 열정으로 가득 차 있다. 당신의 아이가 걸음마를 막 떼던 무렵을 생각해보자. 놀이터 모래밭에서 시간 가는 줄 모르고 모래 놀이를 하거나 욕조에 들어가 지루한 줄 모르고 컵에 물을 담았다 부었다 하거나 쟁반에 따라 준 시리얼을 하나도 남김없이 집어 먹었을 것이다.

그런데 초등학교에 들어간 다음부터는 힘들고 단조로운 연습 문제와 시험 때문에 아이의 학습 의욕이 순식간에 꺾여버리는 것 같다. 즐겁게 공부하는 것이 아니라 교사나 부모의 외적 요구에 따른 따분한 일로 학습을 바라보기 시작한다.

미국 학생들은 초등학교 3학년에서 중학교 2학년 사이에 학업에 대한 내적 동기가 점차적으로 떨어진다는 연구 결과가 나왔다. 학교를 어느 정도 즐기는지, 학습 활동을 얼마나 유용하고 중요하다고 생각하는지에 대한 학생들의 평가는 초등학교 고학년을 지나 중학생이 되면서 꾸준히 떨어진다. 나이 든 아이들이 일반적으로 동기부여가 덜 되기 때문은 아니다. 학습 외적인 활동에 대한 내적 동기는 이 시기에도 상당히 안정적이다.

우리가 학교 공부를 좀 더 즐겁고 의미 있게 만들어줄 수 있다면, 아이들에게 공부하겠다는 마음을 불러일으켜 동기부여가 더 쉽게 이뤄질 것이다. 물론 모든 일이 즐겁고 신날 수는 없다. 하지만 어떤 일에 열정적으로 빠져들다 보면 다른 일에도 더 노력하고 열정을 기울일 것이다.

게임 제작자들은 내적 동기를 아주 잘 알고 있다. 그들은 내적 동기를 향상시킨다는 온갖 요소를 게임에 체계적으로 적용한다. 이러한 게임의 매력을 부인할 수 없다. 아이들은 아무런 외적 보상이 없어도 문제를 해결하거나 레벨을 높이는 데 혈안이 되어 시간 가는 줄 모르고 게임에 빠져든다. 그냥 재미있고 만족스럽기 때문에 그렇게 되는 것이다. 그렇다고 아이들이 게임에 빠져 시간을 많이 보내야 한다고 권하는 것은 아니다. 다만 아이들이 흥미롭게 빠져드는 이유가 무엇인지 알아내고 그 지식을 적용할 방법을 찾아보는 것은 가치 있는 일이라고 생각한다.

연구에 따르면, 내적 동기를 일으키는 요소에는 네 가지가 있다.

1. **도전**: 일반적으로 사람들은 너무 쉽거나 너무 어렵지 않으면서 기술을 키워주는 활동을 선호한다.
2. **호기심**: 놀라게 하고, 의문을 제기하고, 실험과 탐사를 가능하게 해주는 활동이 즐겁기 마련이다.
3. **통제력**: 사람들은 자기가 하는 일과 자기에게 일어나는 일에서 통제력을 발휘하고 싶어 한다.
4. **전후 관계**: 우리의 감각에 호소하는 활동, 유머나 동작이나 공상을 포함하는 활동, 또는 게임 활동은 즐겁기 마련이다.

약간의 노력과 상상력만 발휘하면 아이들의 일상생활에 내적 동기를 일으키는 요소를 포함시키는 일은 그리 어렵지 않다. 동심으로 돌아가 아이와 즐겁게 놀아줄 때, 아이에게 질문하고 의논하라고 권유하며 여러 가지 선택권을 부여할 때, 우리는 아이가 즐겁게 할 만한 일을 발견할 길을 열어줄 수 있다. 또한 그 과정에서 부모 자식 간의 친밀감도 더 생겨난다.

아이의 내적 동기를 지원할 네 가지 전략

아이가 지닌 열정의 불꽃을 피워주면 학교에서 꼭 좋은

성적을 받지 않더라도 평생 학습의 토대를 다지는 데 도움이 된다. 아이의 배움에 대한 내적 동기를 개발하고 지원할 전략을 살펴보자.

아이의 탐구심을 격려하고 관심사를 지원한다_ 아이들은 관심사를 알아내기 위해 세상을 탐구하고 여러 가지 활동을 시도해볼 기회를 가져야 한다. 아이와 함께 박물관과 도서관에 방문하고 각종 축제가 열리는 곳이나 자연 보존 지구를 찾아다니고 멋진 공연을 관람한다. 아이가 학교 외에 다른 활동을 하지 않으려 한다면 세 가지 선택안을 제시하고 아이에게 한 가지를 고르게 한다. 작게 시작하는 것이 좋다. 한두 가지 단기 활동을 시도해 아이가 더 하고 싶어 하도록 유도한다. 가짓수가 많다고 꼭 더 좋은 것은 아니다.

부모들은 어떤 유치한 관심사는 장기적으로 가치가 없다고 걱정하기도 한다. 포켓몬의 몬스터들을 두루 꿰고 있다고 사회적으로 출세할 가능성은 별로 없겠지만, 무엇을 열정적으로 깊이 파고든 경험은 분명히 아이에게 큰 힘이 될 것이다. 당신이 별로 관심이 없더라도 아이의 관심사를 존중해주고, 그 관심사와 관련된 책이나 잡지를 구해주며 관련 활동에 참여하게 한다.

아이의 관심사를 지원하라고 해서 무제한 접근하게 하라는 말은 아니다. 아이들에게는 부모가 적절한 한계를 정해줘야 한다.

"숙제 먼저!"

"식탁에서 책 읽기는 삼갈 것!"

"저녁 8시 30분 취침!"

"게임은 하루 한 시간 이내!"

대개 이런 식의 한계가 필요하다. 이러한 한계를 정해준다고 해서 아이의 관심사가 약화되지는 않는다.

다만 아이의 관심사를 당신이 주도하지 않도록 주의한다. 그 관심사에 아이보다 당신이 더 열정을 기울이거나 또는 그 관심사를 표현할 기회를 찾는 데 아이보다 당신이 더 애쓴다면, 도를 넘은 것이다. 그것은 아이의 관심사가 아니라 당신의 관심사다. 긍정적이지만 절제된 입장을 취해야 아이가 그 관심사를 소유하고 강도를 조절할 수 있다.

부모는 때로 자기 아이가 아무런 열정도 없다고 걱정한다. 하지만 그게 바로 정상적인 성장 과정이다. 초등학교와 중학교는 탐구하는 시기지 전문화를 따질 시기가 아니다. 단 한 가지에 대단한 열정을 보이지 않아도 된다. 다양한 관심사를 추구하면서 적극적이고 유능하고 열정적인 학습자로 자기 자신을 바라보는 것이 중요하다.

아이가 지겨움을 못 느끼게 하지 않는다_ 아이가 아무리 항의해도 지겹다고 죽거나 심하게 부상을 입는 경우는 없다.

지겨움을 다스릴 능력은 인생을 살아가는 데 중요한 기술이며 내적 동기를 기르는 데에도 중요한 역할을 한다.

아이가 당신에게 와서 지겹다고 불평하더라도 이를 해소해주려는 유혹을 물리쳐야 한다. "뭘 해야 할지 몰라 애먹고 있구나. 네 관심을 끄는 일이 하나도 없는가 보다"라는 식으로 말해 아이의 기분을 인정하되 그 답을 제공하지는 마라. 아이는 괴로워하며 신음 소리를 낼 것이다. 몸을 비틀며 의자나 탁자에 아무렇게나 쓰러질 것이다. 집에는 할 만한 일이 하나도 없다고 불평할 것이다. 물론 당신은 아이와 함께 했던 온갖 신나는 일이 떠오를 것이다. 눈앞에는 아이가 소유한 온갖 책과 장난감과 게임이 펼쳐져 있을 것이다. 이런 것을 읊어대고 싶은 유혹을 물리쳐라. 아이는 당신이 무엇을 제안해도 트집을 잡으려 들 것이다. 그러니 아이디어는 다음으로 미루자. 또한 아이가 불만을 제기한다고 흥미로운 활동을 제안하면, 지루함을 다스릴 책임 소재에 대해 잘못된 메시지를 줄 수 있다. 당신이 잘 참아내면 아이가 할 일을 스스로 생각해내는 놀라운 일이 벌어질 것이다.

좋아하는 관심사와 학교 공부 간에 연관성을 찾아낸다_
아이들이 학교에 관심을 기울이지 못하는 이유는 흔히 학교 공부가 아이들의 삶과 동떨어진 것처럼 보이기 때문이다. 아이들이 과제에 관심을 기울이도록 도와주면 열정을 키워줄 수 있다. 예를 들어 아들이 야구를 좋아한다면, 선수들의 통계자료에 빗대어 수학을 설명하거나 작문 과제로 야구 선수의 전기나 소설을 쓰라고 권할 수 있다. 딸이 고대 이집트문명에 빠져 있다면, 작문 과제에 이집트의 이름과 물건과 장소를 넣으라고 권할 수 있다.

아이에게 당신을 가르치게 한다_ 아이에게 당신을 가르칠 기회를 주면 배움에 대한 당신의 호기심과 열정을 쉽게 보여줄 수 있다. 이때 아이가 당신보다 잘하고 많이 아는 주제를 선택해야 한다. 공부와 관련되지 않은 주제라도 상관없다. 질문을 던지고 아이의 답변에 관심을 보인다. 예를 들어 아이가 북극곰에 대한 보고서를 쓰고 있다면, 북극곰이 체온을 유지하는 법, 여름에 하는 활동, 단체 생활을 하는지 여부, 아빠 곰이 아기 곰 양육에 관여하는지 등을 물어본다. 아이가 음악 그룹을 좋아한다면, 그 밴드의 사진을 보며 멤버의 이름과 역할을 물어본다. 아이가 대답하지 못하더라도 그것도 모르냐고 면박을 줄 생각은 하지 않는 게 좋다 또 공연히 "함께 찾아보자"라고 제안했다가는 즐거운 대화를 하기 싫은 일로 바꿀 수도 있다. 그냥 아이가 궁금해하도록 놔두자. 하지만 관심도 없는 일을 억지로 물어보지는 마라. 아이들은 어른이 열의를 보이는 척하는지 진심으로 관심이 있는지 본능적으로 감지한다.

공부를 지겨워하는 아이 대처법

학교 숙제가 지겹다고 불평하는 재러드

"도대체 내가 왜 지도에 나라마다 색칠을 하고 수도 이름을 적어야 하는 건데요? 뭐, 리투아니아라는 나라에 가고 싶으면 그냥 인터넷에서 공짜로 지도를 다운받으면 되잖아요."

"재러드, 숙제니까 얼른 해라." 엄마가 사무적으로 말했다. "그냥 앉아서 하면 얼마 걸리지 않을 거야."

"이건 완전히 시간 낭비예요. 게다가 지루하기 짝이 없는 일이라고요! 선생님은 우리가 다른 할 일이 없다고 생각하시나 봐요. 이런 걸 한다고 내가 실제로 살아가는 데 무슨 도움이 되겠어요?"

"재러드, 어쨌든 네가 해야 할 일이니까 구시렁거리지 말고 그냥 해. 세상일이 다 그런 거야. 나는 뭐 내 일이 전부 다 좋아서 하는 줄 아니? 내가 해야 할 일이니까 그냥 하는 거야."

"어쨌든 엄마는 돈이라도 받잖아요!"

"숙제는 그냥 의무적으로 다 하는 거야!"

"내 시간을 왜 색칠 따위나 하면서 보내야 하는데요? 정말 바보 같은 짓이에요. 내가 무슨 유치원생도 아니고."

"재러드, 그렇게 불평하는 사이에 벌써 끝내고도 남았겠다! 그냥 얼른 하란 말이야!"

　엄마가 하는 말은 다 합리적인 얘기지만 재러드에게는 전혀 효과가 없는 것 같다. 두 사람이 서로 동문서답을 하고 있기 때문이다. 과제에 대한 재러드의 불평은 사실 기분 문제다. 유치한 과제를 수행하라는 데 대한 불만과 지겨움, 그런 과제를 내준 교사를 무시하는 태도가 고스란히 드러난다. 그런데 과제에 대한 어머니의 논평은 재러드의 기분과는 전혀 상관없다. 그저 쉬운 과제이며 학생이니 당연히 해야 한다는 논리다.

　일반적으로 아이들은 자기 말을 들어주지 않는다고 느낄 때 목소리가 점점 더 커지는 경향이 있다. 재러드는 엄마가 자기 기분을 무시한다고 느껴서 불만의 강도를 점점 더 높인다. 대화는 급기야 언쟁으로 악화되고 상황은 교착 상태에 빠진다.

　"그냥 하란 말이야!"

　"싫다고요!"

　엄마는 어떻게든 숙제를 하도록 재촉한다. 일단 시작하면 얼마 걸리지 않을 거라는 주장은 맞는 말이지만, 그런 발언은 재러드를 움직이게 하기보다는 오히려 완강히 버티게 만든다. 좌절하는 아들에게 명령조로 나무라는 바람에 엄마는 아들이 좌절감을 분출할 표적이 되었다. 재러드는 공격할 대상을 찾았다. 결국 숙제를 수행하고 싶은 쪽과 수행하고 싶지 않는 쪽 간의 내적 갈등을 회피하면서 엄마와 설전을 벌이고 만다.

외적 동기: 해야 하니까 하기

좋든 싫든 해야 할 일을 묵묵히 수행한다는 것은 성숙하다는 신호다. 재러드는 분명히 아직 성숙하지 않다. 무엇을 배우는 과정이 항상 즐거울 수는 없다. 어떤 과제는 그저 단순한 노동처럼 여겨질 때도 있다. 다시 말해 아이들이 공부를 꾸준히 계속하려면 내적 동기만으로는 부족하다. 외적 동기가 있어야 한다. 재미로 하는 것이 아니라 목적을 달성하기 위한 수단이기 때문에 수행해야 한다. 외적 동기는 어떤 과제를 전체 맥락에서 바라보게 해준다. 외적 동기가 있으면 어렵고 좌절하더라도 끈질기게 계속할 수 있다.

로체스터 대학교의 에드워드 데시Edward Deci와 리처드 라이언Richard Ryan 및 동료들은 동기에 대한 대단히 흥미로운 연구를 실시했다. 그들은 세 가지 유형의 외적 동기가 있다는 사실을 알아냈다. 우리는 이를 상황에 기초한 동기, 인정에 기초한 동기, 가치에 기초한 동기라고 부른다.

상황에 기초한 동기_ 말 그대로 주변 상황에 의해 결정되는 동기다. 상황에 따라 동기가 부여되는 아이는 규칙을 지킨다. 그런 아이가 학교에서 열심히 공부하는 이유는 우수한 성적을 받아 금전적 보상을 받거나 나쁜 성적을 받아 외출 금지를 당하지 않기 위해서다. 이는 가장 약한 종류의 외적 동기다. "나는 그따위 규칙이나 보상이나 체벌 따위는 아무래도 상관없어"라고 선언하면 그만이다. 또한 상황에 따라 동기가 부여되는 아이는 자칫 "보상을 받을 정도로 최소한의 노력만 기울일 거야"라고 결심하기 쉽다. 일부 똑똑한 아이들은 규칙을 교묘히 회피할 방법을 연구하거나 실제로는 지키지 않으면서 지키는 것처럼 보이려고 장시간 고심하기도 한다.

인정에 기초한 동기_ 다른 사람의 기준을 무턱대고 받아들이는 경우다. 이런 식으로 동기가 부여되는 아이는 끊임없이 평가된다는 느낌을 받으며 산다. 이런 아이들의 자존감은 눈에 보이는 성과물로 자기 가치를 반복해서 입증하는 데 달려 있다. 즉, 다른 사람의 실망이나 비난이 두려워서 과제를 수행하거나 또는 남들에게 인정받기 위해서 수행한다. 대체로 아주 열심히 공부하지만, 부정적 평가를 받을 위험이 있거나 수행 압력이 너무 고통스러울 때는 포기해버리는 경향이 있다.

가치에 기초한 동기_ 외적 동기 중에서 가장 강력한 형태로, 아이가 의식적으로 선택한 이상과 개인적으로 중요하다고 보는 이상에서 비롯된다. 이러한 동기를 가진 아이는 과제를 실천하는 것이 가치 있다고 여기기 때문에 어렵거나 불편한 과제도 끈질기게 수행한다. 가치에 기초한 동기는 애초에 존경하는 사람이나 단체에 대한 유대감에서 비롯된다. 궁극적으로는 그런 감정이 아이의 정체성의 일부가 되기도 한다. 우리가 아이에게 "열심히 공부하고 최선을 다해"라고 말할 때는, 가치에 기초한 동기를 심어주는 것이다. 내적 동기가 제 역할을 못할 때(즉, 과제가 재미없는 것 같을 때), 가치에 기초한 동기가 구원투수 역할을 할 수 있다.

다음의 표는 세 가지 유형의 외적 동기를 기술하고 비교한 것이다. 또한 각 유형을 확실히 보여주는 표현도 예시로 들었다.

	세 가지 유형의 외적 동기 비교하기		
	← 좀 더 외적으로 통제됨		좀 더 스스로 결정함 →
	상황에 기초한 동기	인정에 기초한 동기	가치에 기초한 동기
초점	규칙, 보상, 처벌	평가, 인정, 비난	개인적으로 선택한 목표와 가치
전형적인 표현	"나는 ○○해야만 한다."	"선생님이 나를 좋아해주면 좋겠다."	"나는 ○○를 이해하고 싶다."
	"내가 ○○하지 않으면 곤란에 처할 거야."	"내가 ○○하지 않으면 나 자신에게 실망할 거야."	"나는 ○○하는 게 중요하다고 생각한다."
	"난 점수를 따기 위해 그것을 한다."	"나는 사람들이 나를 똑똑하다고 생각해주기를 바란다."	"나는 ○○한 부류의 사람이다."
실패에 대한 반응	변명, 책임 전가	걱정, 위축, 가혹한 자기비판	단호한 의지와 끈기

공부하는 데 기분이 그토록 중요할까

아이들이 공부하고 말고를 왜 이렇게 복잡하게 구분해서 따지는 걸까? 뭐가 되었든 아이들이 제 할 일을 하면 그만 아닌가? 로체스터 대학교의 리처드 라이언과 제임스 코넬James Connell이 이와 관련해 아주 흥미로운 연구를 실시했다. 그들의 연구 결과에 따르면, 외적 동기 유형은 기분과 결과에 관련된다고 한다. 그들은 초등학교 3학년에서 6학년 아이들을 대상으로 학업 수행과 관련된 동기를 스스로 보고하게 하고, 그것을 세 가지 유형으로 구분했다. 상황에 따라 동기가 부여되는 학생들은 학교에 대한 흥미가 가장 떨어지고 학교를 소중하게 여기지 않았으며, 학업 성취에 들이는 노력도 가장 낮게 보고했다. 또한 자신의 실패를 다른 사람 탓으로 돌리는 경향이 있었다. 인정받으려는 동기를 지닌 아이들은 더 노력한다고 보고했지만, 실패에 대한 두려움이 크고 대처 능력도 떨어졌다. 잘하지 못할 때는 불안해하고 자기 자신을 비하하거나 좌절의 중요성을 부인했다. 가장 건전한 대처 유형은 가치에 기초해 학업을 수행하는 아이들이었다. 이런 아이들은 학교에 가장 큰 관심을 보였고, 공부에 흥미를 느끼고 열심히 노력했다. 또한 실패한 상황에서 적극적이고 긍정적인 대처 전략을 보고했다.

그렇다면 어떻게 아이들이 가치에 기초한 동기를 지니도록 권장할 수 있을까? 광범위한 연구를 기초로, 데시와 라이언은 능숙도competence, 자율성autonomy, 연관성connection 등 기본적인 심리적 욕구 세 가지가 만날 때 가치에 기초한 동기가 작동할 가능성이 가장 높다고 주장한다. 이제 우리는 이 세 가지 욕구와 이를 다스릴 실질적인 전략을 살펴볼 것이다.

첫째 전략, 능숙도 개발하기

'가치에 기초한 동기'에 필요한 첫 번째 요소는 능숙도다. 어떤 일을 완전히 숙달하면 만족감이 크기 때문에 아이들은 잘한다고 생각하는 일을 즐겨 수행한다. 안타를 쳐본 아이는 다시 방망이를 휘두를 욕심이 생긴다. 반대로 잘해낼 수 없다고 믿는 활동은 적극적으로 회피하려 든다. 사람들 앞에서 망신당할까 봐 두렵기도 하고, 자기가 무능하다고 느끼고 싶지 않기 때문이다. 아이가 능숙도를 개발하도록 도와줄 아이디어를 몇 가지 살펴보자.

학습과 관련된 장애가 있는지 살핀다

아무런 의욕도 없어 보이는 아이들 중에는 학습 장애나 집중력 문제로 힘들어하는 아이도 있다. 똑똑한 아이에게서 이런 어려움을 감지해내기는 무척 어렵다. 특히 저학년 때에는 타고난 머리로 어느 정도 보완할 수 있기 때문에 더욱 쉽지 않다. 게다가 부모나 교사는 자기 의사를 똑 부러지게 표현하는 아이가 자기 생각을 정리해서 종이에 적지 못한다거나, 일찌감치 곱셈을 이해한 아이가 사소한 실수를 줄이는 데 어려움을 겪으리라고는 짐작도 못 한다. 학습상의 문제나 집중력 문제를 발견하지 못하고 지나치면 아이는 쓸데없이 수년 동안 고통을 겪고 좌절하면서 자신감을 상실한다. 아이가 계속해서 제 기량을 발휘하지 못한다면, 교사나 교육 전문가, 심리학자를 만나 아이에게 학습상의 문제가 있는지 여부를 알아보기 위해 검사를 받아보기를 강력히 권해야 한다.

간혹 학습 장애가 아니라 상대적 약점이나 학습 격차가 문제일 수도 있다. 예를 들어 당신의 딸이 수학은 식은 죽 먹기로 잘하지만 작문은 엄청 힘들어한다고 하자. 아이는 "난 글을 잘 못 써"라고 속단하고 아예 글을 쓰지 않으려 들 수 있다. 또는 당신의 아들이 한동안 수학 공부를 손 놓고 있다가 몇 가지 기초 개념을 놓쳤다고 하자. 아이는 나중에 배우는 다른 개념을 이해하기가 더 어려워서 수학과는 아예 담을 쌓을 수 있다. 이런 아이들은 제대로 평가해서 개인 교습을 해주면 학업 능숙도와 자신감을 키워줄 수 있다.

아이에게 시도하게 한다

부모는 아이를 위해 너무 많은 것을 해주려는 덫에 빠지기 쉽다. 아이가 힘들어하는 모습을 보고 싶지 않아서, 또는 자기가 해치우는 것이 훨씬 더 빠르고 쉬워서 당장 도와주려고 한다. 하지만 아이 스스로 풀 수 있는 문제를 부모가 풀겠다고 덤비면, 아이가 배울 수 있는 기회를 빼앗는다. 부모는 흔히 선의에서 이렇게 말한다.

"자, 내가 해줄게."

"내가 선생님한테 말씀드려줄게."

"내가 알아서 할게."

하지만 이러한 말은 "너는 이것을 해결할 수 없어"라고 말하는 것과 같다. 쓸데없이 떠맡는 바람에 우리는 아이가 새로운 기술을 개발하고 어려움을 극복하면서 진정한 자신감을 얻을 기회를 차단한다. 우유를 컵에 따르는 일이든 유명 발명가에 대한 보고서를 작성하는 일이든 간에 아이에게 시도하게 해야 한다. 그러면 아이의 대처 능력을 신뢰한다는 뜻을 전할 수 있다.

기준을 설명한다

똑똑한 아이들 중 일부는 늘 지침을 무시하거나 오해하기도 한다. 그 때문에 교사가 원하는 점을 대충만 알아듣는다. 그러다 결국 과제의 핵심 사항을 놓치거나 교사의 질문을 잘못 알아들어 과제를 제대로 완수하지 못한다. 방향을 잘못 잡고 노력하다 보니 좋은 결과를 얻을 수 없고 노력해도 별수 없다는 결론을 내린다.

아이가 이런 성향을 보인다면, 과제를 시작하기 전에 먼저 지침을 꼼꼼하게 따지는 습관을 들이고 싶을 것이다. 아이더러 지침을 소리 내어 읽게 한 다음에 자기 말로 설명하게 하면 도움이 된다. 지침의 핵심 단어에 밑줄을 긋거나 동그라미를 치게 해도 좋다.

교사가 주요 과제에 대한 채점 기준을 제시하면 아이와

함께 꼼꼼하게 검토하는 것이 도움이 된다. 검토한 다음에 아이가 그 기준을 잘 이해했는지 확인하기 위해 질문을 던진다.

"선생님이 정보에 20점을 매긴다고 하셨구나. 그 20점을 모두 받으려면 어떤 정보를 포함해야 할까?"

"삽화는 5점이고 프레젠테이션은 30점이구나. 그렇다면 선생님은 네가 어떤 점에 신경 쓰기를 바라신 걸까?"

죽어라 노력하고도 인정받지 못하면 얼마나 실망스럽겠는가! 큰 과제의 경우, 완성할 무렵에 채점 기준을 다시 한 번 검토하고 수정할 사항이 있는지 점검하는 것이 좋다. 이때 과제를 더 멋지게 만들 아이디어를 쏟아내고 싶더라도 꾹 참는다. 당신이 떠맡으면 아이의 능력에 대한 자신감을 떨어뜨릴 수 있다. 아이가 올바른 방향으로 가고 있음을 확인해주는 역할에 만족하자. 과제를 이끄는 캡틴은 당신이 아니라 아이다.

아이에게 편파적인 전기 작가가 된다

부모가 아이에 대해 들려주는 이야기가 아이에게 지대한 영향을 미치기도 한다.

"너는 정말 무책임하구나! 작년에도 딱 이렇게 하더니 하나도 바뀌지 않았어! 숙제를 폴더에 넣어두라고 그렇게 타일렀는데도 도무지 듣질 않아!"

그다음 내용은 들어보지 않아도 짐작할 수 있을 것이다. 이런 말은 동기를 부여하는 것이 아니라 오히려 꺾는다. 우리가 아이에게 우호적으로 편파적인 전기 작가가 된다면, 아이가 자신을 괜찮은 사람으로 바라보도록 도와줄 수 있다. 그렇게 해야 아이가 긍정적인 방향으로 변하기 쉽다.

아이의 성공 스토리를 수집한다. 힘든 상황에서 열심히 노력하고 지략을 펼쳐서 결국 긍정적인 결과를 이끌어낸 스토리를 찾아본다. 순간적인 우연으로 성공한 이야기보다 역경을 이겨내고 애써 노력한 이야기가 더 감흥을 준다. 감정적으로 동기가 꺾인 상태에서 이런 이야기를 들으면 아이가 별로 관심을 기울이지 않을지도 모른다. 기분이 좋을 때 이런 보석 같은 이야기를 들려주면 아이는 어려움을 이겨낼 수 있는 사람이라는 자아상을 확립할 수 있다.

동기와 관련된 능력이나 기술에 대한 진술로 고무적인 성공 스토리를 시작한다. 이를테면 다음과 같은 진술로 이야기를 시작할 수 있다.

"너는 괜찮은 학습 전략을 짜는 법을 아는구나."

"너는 어려운 상황에서도 옳은 일을 하겠다고 선택할 수 있어."

"너는 문제를 해결할 창의적인 방법을 고안할 수 있어."

"너는 아무리 어려워도 포기하지 않고 계속 노력하는 아이야."

그런 다음 이 진술을 뒷받침할 일화를 들려준다.

"네가 자전거 보조 바퀴를 떼던 날이 생각나는구나. 처음에는 넘어질까 봐 걱정하고 포기하고 싶은 눈치였지만, 계속 시도하더니 결국 해내더구나."

성공 스토리라고 해서 꼭 거창한 일이어야 하는 것은 아니다. 작은 행동이 커다란 의미를 지닐 수 있다.

"지난주에는 날씨가 아주 춥고 비까지 내렸어. 넌 바니를 데리고 산책을 나가고 싶지 않았지만, 바니가 운동해야 한다는 사실을 알기에 데리고 나갔지. 그런 날씨에 꼼짝하기도 싫었을 텐데 얼마나 기특한지 모르겠다. 동생한테 형 노릇을 톡톡히 했어. 바니도 네게 무척 고마워할 거다."

어쩌면 아이가 책임감 없이 행동하거나 노력하지 않고 쉽게 포기한 일화가 훨씬 더 많을 것이다. 하지만 그런 이야기를 끄집어내봤자 아무런 도움도 되지 않는다. 아이가 올바로 행동한 일을 소중히 여기고 수시로 들려준다.

아이가 들을 수 있는 거리에서 가족에게 아이에 대한 이야기를 전략적으로 들려주자. 아이는 자기에 대한 이야기가 들리면 귀를 쫑긋 세운다. 할머니와 통화를 하면서, 혹은 배우자와 대화하면서 아이의 성공 스토리를 자랑해보자. 결과보다는 과정을 강조해야 한다는 점도 잊지 말아야 한다.

둘째 전략, 자율성 지원하기

'가치에 기초한 동기'에 필요한 두 번째 요소는 자율성이다. 자율성은 소신에 따라 어떤 일을 하거나 자제한다는 뜻이다. 두 살 먹은 아이도 "내가 할래!"라고 주장한다. 아이가 어떤 일을 하도록 강요받기보다는 특정한 방식으로 하겠다고 선택할 수 있을 때 동기를 꾸준히 유지할 수 있다. 아이가 자율성을 갖추도록 도와줄 전략을 몇 가지 살펴보자.

보상을 활용할 때는 신중히

연구에 따르면, 외적 보상이 가치에 기초한 동기를 훼손할 수 있다고 한다. 아이가 즐겨 하거나 만족스러워하는 활동을 하면서 공연히 보상을 받으면, 보통 그 활동을 하겠다는 의욕이 떨어진다. "난 보상을 받으려고 이 일을 할 뿐이야"라고 생각하게 되기 때문이다.

그렇지만 아이가 고비를 넘기도록 일시적으로 보상을 해주면 도움이 되기도 한다. 예를 들어 구구단을 외우는 일은 하나도 즐겁지 않지만, 아이가 쉽게 계산하고 더 흥미로운 문제 풀이 과정에 들어가려면 꼭 연습해야 한다. 구구단을 외운 후에 즐거운 활동을 하도록 보상해주면 하기 싫은 과제를 좀 더 즐겁게 수행할 수 있다.

예기치 못한 상황에서 무형의 보상을 해주면 가치에 기

초한 동기를 별로 훼손하지 않는다. 그렇다고 사소한 일마다 보상하지는 마라. 다만 아이가 아주 열심히 노력하거나 능숙도를 크게 높였을 때 보상해주면 뜻밖의 기쁨을 누릴 것이다. 또한 물질적 보상보다는 격려의 말이나 특별한 활동으로 보상한다. 그래야 친밀감이 커진다.

아이에게 자가 보상에 대해 설명해줘도 좋다. 자가 보상은 자율성을 떨어뜨리지 않으면서 동기를 부여하고 유지하는 아주 효과적인 방법이다. 아이는 "내가 이것을 하면 저것도 할 수 있어"라고 자기 자신과 타협할 수 있다. 당신이 세운 보상 시스템과 달리, 자기 자신에게 보상하는 법을 알아두면 아이가 평생 활용할 수 있다.

스스로 선택하게 한다

과제를 언제 어떻게 할지 선택하게 하면 아이의 자율성을 키워줄 수 있다. 거실에서 할래, 침실에서 할래? 일반 연필로 쓸래, 샤프로 쓸래? 단어 먼저 외울래, 수학 문제 먼저 풀래? 너무 많은 선택 사항으로 부담을 주지는 말되 자기 스스로 방향을 잡는다고 느낄 수 있도록 자유재량권을 충분히 주자.

선택을 허용한다는 말은 실수를 저지르는 것도 허용하는 말이다. 아이는 숙제를 어떻게 하면 안 된다는 것을 직접 경험해야 한다. 숙제를 하지 않거나 보고서를 제출하지 않으면 어떻게 되는지 알아야 한다. 아이가 초등학교에 다니는 동안에는 이런 실험을 해도 크게 해롭지 않다.

아이가 실수를 저질렀다고 금세 도와주려고 덤비지 마라. 핑계를 대거나 교사에게 전화해주겠다고 제안하지 마라. 그 대신 아이의 실망에 공감하고 다음에 그러한 실수를 반복하지 않을 방법을 차분하게 물어보자.

뒷받침할 근거를 제시한다

아이들은 그 과제가 왜 중요한지 알면 더 쉽게 수행한다. 그러므로 아이가 어떤 과제에 대해 불평한다면 교사가 왜 그 숙제를 내줬는지, 혹은 그 숙제가 실생활이나 흥미로운 주제에 어떻게 관련되는지 설명해준다.

아이가 이러한 설명에 수긍하지 않거나 당신이 그럴싸하게 설명하지 못한다면, 내용보다는 과정에 초점을 맞춘 근거를 제시해야 한다. 아이들이 학교에서 배워야 할 것이 두 가지 있다고 설명한다. 하나는 '내용'으로, 구두점 찍기 규칙이나 사칙연산 등 교육받은 사람들이 알고 있는 구체적인 정보나 기술을 말한다. 다른 하나는 '방법'으로, 좀 더 미묘하며 대개 암암리에 익히는 기술이다. 이를테면 교사가 원하는 것을 알아내는 방법, 새로운 자료를 효과적으로 배우는 방법, 커다란 과제를 처리하기 쉽게 단계별로 나누는 방법, 그룹 프로젝트를 수행하는 방법, 실수에서 배우는 방법, 지켜움과 좌절과 불안감을 다스리는 방법 등을 익히는 것이다. 아이가 '내용'에서는 당면한 문제와 관련성을 찾지 못하더라도, '방법' 측면은 반드시 익혀야 한다. 고등학교와 대학교, 사회에 나가서도 계속 활용할 기술이기 때문이다. 아이가 특정 과제에서 익혀야 할 '방법' 기술을 알아내는지 살펴본다.

아이와 '인생의 의미'를 논한다

똑똑한 아이들은 추상적으로 사고할 수 있게 되면 심각한 이야기를 나누고 싶어 한다. 인생에 대한 문제를 솔직하고 편안하게 논의하다 보면 아이가 개인적인 가치를 규정하는 데 도움이 된다. 이러한 가치가 결국 동기를 부여한다. 산책을 나갔다가, 먼 거리를 운전하고 가다가, 저녁에 한가힌 시간을 보내다가 철학적인 주제로 아이와 대화를 나눠본다. 행복한 인생은 무엇을 의미할까? 인간은 본래 선할까, 아니면 악할까? 사람을 정말로 행복하게 해주는 것은 무엇일까? 우리는 세상 사람들에게 어떠한 책임을 져야 할까? 아이의 대답을 진지하게 들어주되 세월이 지나면서 아이의 생각이 점차 발전한다는 점을 인식한다. 당신의 생각을 들려주되 당신이 옳고 아이가 틀리다고 설득하지 마라. 아이의 생각을 명쾌하게 정리하고 깊어지게 할 만한 질문을 던진다. 어떻게 인생을 살아가고 무엇이 우리에게 중요한지 선택하는 것이 진정한 형태의 자율성이다.

셋째 전략, 연관성 느끼게 하기

'가치에 기초한 동기'에 필요한 세 번째 요소는 연관성이다. 이는 아이가 어떤 그룹이나 어른과 관계를 맺는 자질을 나타낸다. 아이는 자기와 가깝다고 느끼는 사람과 동일시하고 그 사람을 따라 하는 경향이 있다. 걸음마를 뗀 아이가 엄마 신발을 신고 집 안을 쿵쾅거리며 다니는 모습을 상상해볼 수 있을 것이다. 이제는 아이와 관계를 맺으면서 동기를 부여하는 방법을 몇 가지 살펴보자.

볼멘소리 뒤에 숨은 기분에 대응한다

불평을 해소할 가장 빠른 방법은 그냥 들어주고 공감하는 것이다. 재러드가 학교 공부는 지겹다고 불평하는 내용의 글에서, 엄마가 애초에 아들의 기분을 알아차렸더라면 상황이 나아졌을지도 모른다. 기분을 알아준다고 해서 과제가 지겹다는 아이의 말에 동의하라는 것이 아니다(그러면 아이의 불평에 너무 힘을 실어주게 된다). 또한 아이에게 숙제를 회피하도록 허용하라는 것도 아니다. 단지 재러드가 그 순간 어떻게 느끼는지 알아준다는 뜻일 뿐, 그 기분에서 벗어나게 하라는 것이 아니다.

"너는 색칠하는 게 귀찮구나."
"너는 이런 일을 하지 않기를 바라는구나."

"너는 그림 숙제를 싫어하는구나."

엄마는 아들이 기분을 풀 때까지 계속해서 그 기분을 반영하면 된다. 결국 재러드는 "예, 그래요"라는 대답과 함께 경직된 몸이 눈에 띄게 풀어질 것이다. 그렇게 되면 재러드는 마음을 열고 방법과 결과를 따져볼 생각이 들거나 엄마의 조언을 받아들일 수도 있다.

부모가 아이의 기분을 반영하기란 쉽지만은 않다. 언뜻 생각하면, 곧장 문제를 풀겠다고 덤비는 것이 가장 효율적인 접근 방식처럼 보인다. 하지만 실제로 그렇게 했다가는 문제를 풀기는커녕 서로 감정만 상한다. 아이가 감정적으로 나올 때는 이성적으로 듣지 못한다. 기분을 알아주면 먹구름이 걷히면서 아이를 이성적으로 생각할 수 있게 한다. 또한 부모와 자식 간에 힘겨루기를 최소화하고 유대감을 키워준다.

롤모델을 제공한다

롤모델이 있으면 아이는 자극을 받고 영감을 얻을 수 있다. 부모가 그 롤모델이 되기도 하지만 다른 어른도 상관없다. 실비아 림Silvia Rimm은 한 연구에서 아이가 어른과 동일시하는지 여부를 예측하는 인자로 세 가지를 꼽았다.

1. 유사성: 아이는 자기와 비슷하다고 생각하는 어른과 더 동일시한다.

2. **따뜻함**: 아이는 자기를 아껴주고 좋아해준다고 여기는 어른과 더 동일시한다.
3. **권한**: 아이는 무기력한 어른보다 힘이 있다고 여기는 어른과 더 동일시한다.

아이의 삶에서 당신을 비롯한 어른들에게 그러한 롤모델에 들어맞는지 생각해본다. 당신은 아이가 존경할 만한 어른을 만날 기회를 주고 싶을 것이다. 이웃이나 동료를 초대해 아이가 듣는 데서 그 사람의 성공 스토리를 물어보자. 아이를 가르치는 교사나 운동 코치, 스카우트 지도자에 대해 좋게 이야기한다. 아이가 가족 밖에서 멘토를 둔다고 당신과 아이의 관계가 약화되지는 않는다.

아이와 함께 있는 시간을 즐긴다

부모가 아이의 학교 성적에 연연하고 걱정하면, 아이와 나누는 모든 상호작용이 이러한 걱정에 휘둘리기 쉽다.

"시험 어떻게 봤니?"

"숙제는 다 끝냈니?"

"도대체 포스터를 언제 완성할래?"

선의에서 나오고 또 마땅히 들어야 하는 이러한 잔소리가 아이에게는 여간 거슬리지 않는다. 아이에게 학교 과제에 대해 물어야 한다면, 그 전후에 즐거운 주제와 관련된 이야기를 나눈다. 또한 하루 중 특정 시간에는 학교 숙제를 언급하지 않겠다고 결심하는 것이 좋다.

학교 공부 문제로 갈등을 빚고 있다면, 아이와 함께 있는 시간을 즐겁게 보내는 것이 특히 중요하다. 그래야 아이는 어떤 난관에도 자기가 사랑받으며 기꺼이 받아들여진다고 느낄 것이다.

온 힘을 다하지 않는 아이

학교생활에 전념하지 않는 다이앤

"어머니, 이렇게 상담하러 와주셔서 감사합니다." 다이앤의 선생님이 입을 열었다. "전화로 말씀드린 것처럼 다이앤의 학교 성적 때문에 걱정이 많습니다. 분명히 똑똑한 아이인데 도무지 학교생활에 전념하지 않아서요."

"다이앤은 늘 더 열심히 노력하겠다고 말하거든요. 과제도 전보다는 열심히 한다고 생각했어요." 다이앤의 엄마가 말했다.

"물론 예전보다 자주 해 오기는 합니다. 하지만 대충 아무렇게나 작성합니다. 이 시험지를 보세요." 교사가 수학 문제가 잔뜩 적혀 있는 종이를 내밀며 말했다. "다이앤은 분명히 나눗셈을 할 줄 아는데 이렇게 엉터리로 풀어났어요. 부주의하게 실수를 저지르는 거죠."
"다이앤은 수학이 너무 쉽다고 말하던걸요. 지겹대요."
"글쎄요, 정규 과정에서 이렇게 많은 실수를 저지르는데 어떻게 고급 과정으로 올려 보낼 수 있겠어요? 문제는 수학만이 아닙니다."
"이것은 다이앤의 독후감 과제입니다. 책의 주인공이 어떻게 변하는지 다섯 단락으로 논하라고 했는데 겨우 한 단락밖에 쓰지 않았어요. 게다가 쓴 부분도 철자가 틀리고 주제와 전혀 상관없는 내용이에요. 저는 다이앤이 책을 아주 많이 읽는다고 들었습니다. 그런데 학교 공부에는 아무런 노력도 기울이지 않습니다."

교사는 다이앤이 학교 공부를 열심히 하지 않아 속상해한다. 다이앤의 엄마도 무척 걱정하고 있지만 속수무책이다. 두 사람은 똑똑한 아이가 왜 학교생활에 전념하지 않는지 어리둥절할 따름이다.

우리는 다이앤이 진정으로 학교생활을 더 잘하고 싶어 한다고 추정한다. 더 열심히 노력하겠다고 엄마에게 말한 것으로 보아 정말로 나아지고 싶은 욕심이 있다고 본다. 다만 그 목표를 행동으로 옮기지 못할 뿐이다. 아무런 계획도 세우지 않고 목표만 정하면 그저 희망 사항에 불과하다. 안타깝게도 희망 사항이 아무리 거창한들 작문 과제가 거창하게 완성되지는 않는다.

노력하는 것이 두려울 수도 있다

다이앤이 숙제를 제대로 해 가지 못하는 이유는 여러 가지가 있겠지만 한 가지 가능성을 살펴보면, 노력하는 것이 두려워서일 수 있다. 똑똑한 아이들 중에는 왠지 "멍청한 사람들만 열심히 노력하는 거야"라고 생각하는 경우가 많다. 이 아이들은 과거에 너무나 쉽게 배웠기 때문에 전혀 노력하지 않아도 성공할 수 있을 거라고 기대한다. 그래서 어떤 주제를 바로 파악하지 못하면, "난 여기에는 소질이 없나 봐"라고 결론 내리고 완전히 무시하는 경향이 있다.

똑똑한 아이들 중에는 간혹 자신을 보호하려는 전략에서 노력을 기울이지 않는 경우도 있다. 그 아이들은 이렇게 말한다.

"맘먹고 하면 잘할 수 있어. 난 그냥 하고 싶지 않을 뿐이야."

그렇지만 일부러 노력해서 그러한 가정을 시험하지는 않는다. 겉으로는 이렇게 허세를 부리지만 속으로는 자기 능력에 의심을 품기도 한다. 어른들이 "너는 아주 똑똑한 아이야! 노력만 하면 아주 잘할 수 있어!"라는 식으로 부추길수록 이들은 더 노력하지 않으려 든다. 그 과목은 쓸모없다거나 교사가 야비하다는 식으로 항의한다. 하지만 속으로는 노력해도 잘하지 못할까 봐 떨고 있다. 한 번도 노력해보지 않았기 때문에 어떻게 노력해야 하는지도 모를까 봐 두려운 것이다.

고착형 사고방식과 성장형 사고방식

앞서 논의한, 심리학자 캐롤 드웩의 사고방식 연구가 이 아이들과 밀접하게 관련되어 있다. 클라우디아 뮬러Claudia Mueller와 캐롤 드웩은 일련의 실험에서 열한 살에서 열세 살 아이들에게 비언어적 IQ 테스트로 구성된 문제를 풀게 했다. 그런 다음 아이들 중 절반에게는 "와, 문제를 아주 잘 풀었구나. 너는 아주 똑똑한 아이인가 보다"라고 말하고, 나머지 절반에게는 "와, 문제를 아주 잘 풀었구나. 너는 정말로 열심히 노력했나 보다"라고 말했다. 다시 말해서 한 그룹에게는 능력을 칭찬해주고 다른 그룹에게는 노력을 칭찬해주었다.

이러한 피드백을 주고 나서 실험자는 아이들에게 쉬운 문제와 어려운 문제 중에서 마음대로 선택하게 했다. 능력을 칭찬받은 아이들은 대부분 쉬운 문제를 선택했다. 아마도 '똑똑한 아이'라는 명성을 해치고 싶지 않았기 때문이리라. 반면에 노력을 칭찬받은 아이들은 거의 다 어려운 문제를 풀겠다고 했다. 학생들은 먼저 미리 준비된 과제를 완성하고 나서 '시간이 남으면' 테스트 말미에 각자 선택한 문제를 풀기로 했다.

실험자가 아이들에게 좀 더 어려운 두 번째 문제를 나눠주었다. 능력을 칭찬받은 아이들은 노력을 칭찬받은 아이들보다 어려운 문제를 덜 반겼다. 그리고 집으로 가져가서 마저 풀고 싶어 하는 경우도 더 적었다. 이와는 대조적으로 노력을 칭찬받은 아이들 중 많은 수가 어려운 문제가 매우 재미있다고 말했다. 다음으로 아이들에게 문제를 풀기 위해 '흥미롭고 새로운 전략'에 대한 정보가 담긴 폴더, 또는 모르는 아이의 '평균 점수'에 대한 정보가 담긴 폴더 중에서 읽고 싶은 자료를 선택하게 했더니, 능력을 칭찬받은 아이들 중 86퍼센트는 다른 아이들이 얼마나 잘했는지 알고 싶어 했지만 노력을 칭찬받은 아이들 중 87퍼센트는 전략에 대한 자료를 읽고 싶어 했다. 이는 아이가 능력을 칭찬받으면 학습보다는 상대적 수행을 더 신경 쓴다는 사실을 보여준다.

다음으로 실험자는 학생들에게 첫 번째 문제처럼 쉬운 문제를 세 번째로 나눠주었다. 능력을 칭찬받은 아이들은 첫 번째 시험보다 세 번째 시험에서 점수가 떨어졌다. 첫 번째와 세 번째 사이에 어려운 문제를 풀고 나서 자신감을 잃었기 때문이다. 이와 대조적으로, 노력을 칭찬받은 아이들은 세 번째 시험에서 점수가 올라갔다. 더 어려운 문제를 풀면서 전략을 익혔기 때문이다.

마지막으로 실험자는 다른 학교를 방문할 예정이며 아

이들이 이 실험에 대한 경험을 기술해주면 다른 학생들에게 도움이 될 거라고 말했다. 그리고 실험에 대해 한 단락으로 기술할 공간과 자기 점수를 기록할 칸이 있는 종이를 한 장씩 나눠주었다. 능력을 칭찬받은 학생들 중 거의 40퍼센트가 점수를 부풀려 기록했다. 반면에 노력을 칭찬받은 학생들 중에서는 13퍼센트만이 점수를 과장했다.

캐롤 드웩은 《마인드셋Mindset》에서 이렇게 주장한다.

"우리는 평범한 아이들에게 공연히 똑똑하다고 말해서 그들을 거짓말쟁이와 겁쟁이로 만들고 있다!"

드웩은 연령대가 다른 학생들을 대상으로 유사한 실험을 여러 차례 실시했다. 실험 연구법과 상관 연구법, 실험실 검사와 실생활 검사, 뇌 스캔 검사까지 다양한 연구 방법을 적용해 실험한 결과는 처음 얻었던 결과와 다르지 않았다.

드웩의 연구는 아이들에게 고착형 사고방식이 아니라 성장형 사고방식을 심어주는 것이 얼마나 중요한지 알려준다. 고착형 사고방식을 지닌 아이들은 타고난 능력이 정해져 있으며 더 개발할 수 없다고 믿는다. 그들에게 성과는 그저 타고난 지능이나 재능 수준의 증거일 뿐이다. 타고난 머리가 나쁘면 실패할 수밖에 없다. 이런 아이들은 위험을 회피하려고 하고 어려움을 겪으면 남을 탓하려고 든다. 반대로 성장형 사고방식을 지닌 아이들은 노력하면 점점 더 똑똑해진다고 믿는다. 그들에게 낮은 성과는 좀 더 노력하거나 더 나은 전략을 배우라는 신호다. 이런 아이들은 좌절하더라도 빠르게 회복한다.

드웩의 연구는 똑똑한 아이를 둔 부모에게 시사하는 바가 크다. 우리는 아이들의 지능을 칭찬할 때 아주 주의해야 한다. 타고난 능력 때문에 무엇을 할 수 있다고 말하기보다는 어떻게 성장할 수 있는지 강조해야 한다. 노력을 두려워하거나 부끄러워하지 말고 즐겁게 받아들이도록 도와줘야 한다.

아이가 노력하도록 격려하는 방법

단순히 "더 열심히 해!"라고 촉구한다고 아이가 갑자기 눈에 불을 켜고 노력하지는 않는다. 동기에 문제가 있는 아이들은 흔히 열심히 하는 방법을 모르기 때문이다. 있는 힘껏 노력하는 것은 어른, 아이 할 것 없이 제 능력을 최대한 발휘하게 해주는 중요한 기술이다. 아이들이 노력하는 법을 터득하고 순간적인 성공이라는 잘못된 가정을 내려놓도록 도와줄 아이디어를 몇 가지 살펴보자.

포괄적인 사고를 잘게 쪼갠다_ 아이와 어른 간의 두드러진 차이점을 꼽자면, 아이는 멀리 내다보지 못한다는 것이다. 아이들은 어떤 사건을 전후 사정에 따라 판단할 만큼 인생을 오래 살지 않았다. 어른들은 실수를 저지르면 흔히 이렇게 말한다.

"뭐, 이번 일은 망쳐버렸지만 난 그래도 괜찮은 사람이야."

아이들은 이렇게 털어내지 못한다. 성적이 나쁘면(A-에서 F 사이는 다 그렇다고 생각한다), 자기 자신까지 나쁘다고 포괄적으로 평가하기 쉽다.

"나는 형편없는 인간이야."

"나는 바보, 멍청이야."

결국 창피해서 나쁜 성적을 숨기거나 그런 점수를 준 교사에게 분통을 터뜨린다. 포괄적인 사고 때문에 무력감을 느끼는 것이다.

동기가 결여된 아이들을 돕고자 출간된 책을 살펴보면, 아이에게 먼저 구체적이고 측정할 수 있고 성취할 수 있는 목표를 정하라고 권한다. 물론 성공해본 적이 있는 아이에게는 이런 방법이 효과가 있다. 하지만 계속해서 버둥거리는 아이에게는 이 방법을 권하고 싶지 않다. 확실한 목표를 말하게 하면 아이는 자신을 너무 드러냈고 상처받기 쉬워졌다고 생각한다. 더 잘하겠다는 바람을 밝혔는데 이루지 못하면, 그 자체가 참담한 굴욕이다. 그러니 공부를 못하는 당신의 아이가 겉으로 표현하지 않더라도 일단은 학교에서 정말로 더 잘하고 싶어 한다고 가정해보자. 또한 아직 미숙한 포괄적 사고에서 비롯된 무력감을 극복하도록 도와줘야 한다.

그러려면 우선 학교 과제를 아이가 처리할 만한 수준으로 잘게 쪼개고 주요 난제를 파악하도록 돕는다. 다음 그림은 과제를 적절히 쪼개는 방법을 보여준다. 각 단계와 순서를 당신의 아이에게 맞춰 조정해야 할 것이다. 아이가 대부분의 단계를 성공적으로 완성할 수 있도록 충분히 쪼개야 한다. 아이에게 이렇게 말한다.

"와, 대단한데! 이 모든 단계를 거의 다 해냈어! 자, 지금부터는 네가 특히 힘들어하는 부분을 더 쉽게 처리하도록 아이디어를 짜보자."

아이와 함께 어려운 부분을 처리하기 위한 아이디어를 짜고, 아이더러 한두 가지 방법을 시도해보라고 격려한다.

과제를 바르게 기록한다.
↓
필요한 책이나 자료를 집에 가져온다.
↓
과제를 시작할 준비를 한다.
↓
무엇을 할지 파악한다.
↓
과제를 바르게 완성한다.
↓
과제를 학교에 가져간다.
↓
과제를 제출한다.

과제를 적절히 쪼개는 방법

과제를 제출하지 않으면 어떻게 되는지 따져보게 한다_ 아이들은 과제를 제출하지 않으면 성적이 얼마나 나빠질지 잘 모른다. 아이가 평균을 계산할 줄 알면, 심리학자 마이클 휘틀리Michael Whitley가 제시한 방법을 사용해본다. 과제를 한 번 제출하지 않으면 100점짜리 과제를 몇 번이나 받아야 등급을 올릴 수 있는지 아이에게 계산하게 한다. 예를 들어 과제를 제출하지 않으면 0점 처리된다. 과제를 한 번 제출하지 않고 다음번 과제에서 100점을 받으면 평균 50점이다. 0점 한 번과 100점 세 번을 합산하면 평균 75점이다. 평균을 90점까지 끌어올리려면 100점을 아홉 번이나 받아야 가능하다. 이렇게 직접 계산하고 나면 아이는 학교 과제를 제출하지 않는 것보다 뭐라도 제출하는 것이 훨씬 낫다는 사실을 알아차리게 된다.

목표를 조건문으로 말하게 한다_ 뉴욕 대학교 교수인 페터 골비처Peter Gollwitzer의 설명에 따르면, 목표를 달성하려면 방해를 받거나 불편하거나 다른 목표와 갈등하더라도 일단 착수해서 끝까지 해내는 것과 관련된 문제를 해결해야 한다. 그는 몇 차례 실험에서 목표와 관련된 행동을 언제, 어디서, 어떻게 일어날지 짚어주는 '조건문'으로 말하게 했다. 이 조건문은 "이런 상황이 발생하면 나는 ○○할 것이다"라는 형태를 취한다. 이를테면 이런 식이다.

"공부할 때 동생이 방해하면 나는 동생을 무시할 것이다."

"4시가 되면 나는 숙제를 시작할 것이다."

"수학 문제가 막히면 나는 선생님에게 도와달라고 할 것이다."

간단한 계획이지만 수행력을 높이는 데 상당한 효과가 있다. ADHD 아동을 대상으로 실시한 연구에서, 이러한 조건문 계획은 집중력이 필요한 과제를 수행하는 동안 ADHD 아동의 뇌파에도 영향을 미치는 것으로 나타났다.

골비처 교수는 이러한 조건문 계획이 자제력을 작동시켜서 힘을 적게 들이고 수행하도록 돕는다고 주장한다. 조건문 계획을 세워놓으면, 아이는 언급된 상황에 직면하자마자 뭘 해야 할지 알아차린다. 직면한 상황 자체가 원했던 행동을 하라고 상기시키는 것이다. "그렇다면 나는 무엇을 해야 하지? 내가 이것을 정말로 하고 싶은 걸까? 다른 일을 하는 게 더 쉽거나 더 재미있지 않을까?"라고 고민하며 시간을 낭비하지 않아도 된다.

조건문 계획의 개념을 설명해주되 아이에게 원하는 계획을 직접 고안하게 한다. 당신은 다음과 같은 질문을 던지며 거들기만 하면 된다.

"만약 어떤 일이 일어나면 어떻게 될까?"

"네가 그 일을 하는데 무엇이 방해할 거라고 생각하니?"

"그 문제를 예방하거나 처리하기 위해 너는 무엇을 할 수 있니?"

"그렇다면 그것을 조건문 계획으로 어떻게 말할 수 있을까?"

당신이 서기 역할을 맡아 계획을 기록한다. 어린아이일 경우, 조건문if-then의 조건if을 당신이 불러주고 아이더러 어떻게 할지then 결정하게 하는 것도 좋다.

너무 많은 계획을 짜게 하려고 덤비지 마라. 처음에는 아이가 실제로 활용할 만한 계획을 한 가지만 세우는 것이 낫다. 지키지도 못할 계획을 잔뜩 세우면 실패할 가능성만 키운다. 첫 계획이 아이의 삶에 제대로 정착되면 다른 계획을 추가해도 좋다.

맞춤형 학습 전략을 찾는다_ 어른들이 아이에게 "넌 더 열심히 해야 해!" 또는 "넌 노력하는 모습을 보여야 해!"라고 말하면, 아이는 "넌 고통을 받아야 해!"라는 말로 듣는 경향이 있다. 그러니 이런 제안을 듣고 망설이는 것도 당연하지 않겠는가!

"너에게 맞는 학습 전략을 파악해야 한다"라는 메시지는 아이에게 좀 더 건전하게 들린다. 이는 사고방식을 통제하고 조절하는 정신 과정인 메타인지metacognition, 또는 사고思考에 관한 사고의 예다. 실력이 뛰어난 학생들은 상위 인지를 효과적으로 활용한다. 그들은 아는 것과 모르는 것을 결정하는 방법과 효과적으로 학습하는 방법을 알고 있다. 아이에게 인지recognition와 기억recall의 차이를 설명해준다. "아, 이것을 전에 본 기억이 나는 것 같아"라고 말할 때는 인지한다는 뜻이다. 반면에 기억한다는 것은 정보를 검색해서 끄집어낸다는 뜻이다. 똑똑한 아이들 중에는 인지 단계까지만 공부하는 경우가 많다. 막상 시험을 치를 때 이런 아이들은 머릿속이 혼란하거나("공부를 했는데 전혀 도움이 안 돼!") 차이를 메우기 위해 추리력에 의존한다. 인지 단계에서는 관련 자료를 깊이 이해하지 않기 때문에 아주 간단한 주제나 간단한 시험에만 효과가 있다.

소극적인 인지와 달리, 기억은 정보에 적극적으로 관여한다. 다양한 학습 전략을 통해 정보에 반복적으로 노출되고 관련되면 아이는 자료를 더 쉽게 기억할 수 있다. 아이가 시도하고 싶어 할 만한 적극적인 학습 전략을 몇 가지 살펴보자.

- 교사의 질문을 예상하고 그 질문에 답해본다.
- 종이를 길게 절반으로 접는다. 한쪽에 키워드를 적고 한쪽에는 정의를 적는다. 키워드만 보고 정의를 말할 수 있도록 암기한다.
- 자료를 종류별로 분류하거나 목록을 작성하거나 요약

하거나 마인드맵을 만들거나 도표로 정리한다.

- 기억하기 쉽게 운율을 고안한다.
- 장점과 단점, 원인과 결과, 강점과 약점을 충분히 생각한다.
- 해당 자료에 대해 다른 사람과 논의한다.

재충전할 기회를 제공한다_ 자제력은 한동안 많이 쓰면 지치는 근육과 같다. 연구에 따르면, 사람들은 자제력이 필요한 과제를 힘들게 수행한 다음에는 나중 과제에 덜 집중하게 되고 혈당치도 낮아진다고 한다. 자제력은 잠을 자거나 음식을 먹거나 긍정적인 감정을 경험하면 보충할 수 있다.

부모는 이러한 점을 충분히 고려해서 행동을 취해야 한다. 첫째, 아이가 지치거나 배고플 때 자제력을 요하는 과제를 시키지 않아야 한다. 학교를 마치고 왔을 때 간식을 주고 잠시 뛰어놀게 하면 숙제를 집중해서 하게 할 수 있다. 둘째, 부단히 노력하게 하려면 머리를 식히거나 스트레칭을 하거나 음식을 먹기 위해 잠시 휴식하게 한다. 당신의 아이는 일정 시간(15분에서 30분 정도) 공부하고 나서 휴식 취하는 것을 좋아하는가, 아니면 어떤 과제를 마치고 나서(이를테면 수학 숙제는 끝냈지만 철자 숙제는 하기 전에) 휴식을 취하는 것을 좋아하는가? 휴식 시간에는 무엇을 하고 싶어 하는가?

부모와 하는 접촉도 재충전의 한 형태다. 부모가 아이의 과제를 떠맡지 않아야 한다고 강조했지만, 쉬는 시간에 아이와 잡담을 나누거나 안아준다면 아이에게 감정적으로 재충전할 기회를 제공할 수 있다.

아이가 학교 공부를 따라잡고 뒤처지지 않도록 도와준다_
아이가 학교 공부를 하지 않으려고 게으름을 부린다면 교사와 상담해 아이에게 무엇이 부족한지 알아본다. 교사와 함께 아이를 제자리로 돌려놓을 합리적인 계획을 세운다. 또한 학교 공부는 선택이 아니라는 메시지를 아이에게 확실히 전한다. 얼토당토않은 계획으로 아이를 압박하지 말고 실천할 만한 계획을 짜야 한다. 예를 들어 전에 빼먹은 과제 중에서 일부는 면제해주거나 여러 개로 나눠 주말마다 조금씩 실행하는 식으로 밀이다. 이와 같은 상황에서 가장 중요한 것은 아이가 얼마나 뒤처졌는지 깨닫는 것이 아니라 따라잡아서 다시 시작할 만한 수준으로 올려놓는 것이다.

　아이가 공부를 따라잡고 나서 다시 뒤처지지 않도록 돕기 위해 매주 한 번씩 교사에게 문의하는 것도 좋다. 아이에게 이렇게 설명한다.

　"자, 네가 선택해라. 선생님이 내주신 과제를 그날 바로 해도 되고 주말에 해도 돼. 단, 숙제를 다 해야 친구들과 놀거나 컴퓨터게임을 할 수 있어. 어떤 식으로든 숙제는 반드시 끝내야 한다."

아이가 더 어렸을 때 매번 이를 닦으라고 말했던 때처럼 차분하고 확신에 찬 목소리로 말한다. 아이가 주말에 과제를 하겠다고 선택하면, 아이의 연령에 따라 숙제를 마치는 데 15분에서 45분 정도를 할애하게 한다. 아이가 해놓은 과제를 고쳐주지 마라. 공연히 다투게 될지 모른다. 아이가 끝까지 했는지(작문 과제 분량을 다 채웠는지, 수학 문제를 다 풀었는지) 슬쩍 확인하기만 한다. 당신의 목표는 아이를 괴롭히는 것이 아니라 공부의 중요성과 필연성을 강조하는 것이다.

저학년 학생에게 숙제를 내주는 것이 교육적으로 유용한지 이의를 제기하는 연구도 있지만, 어린아이도 기대에 부응하면서 규칙을 지키고 책임을 완수하는 것을 배워야 한다. 문제는 그 기대가 아이들 각자의 능력과 발달 단계에 맞아야 한다는 점이다. 어린아이가 숙제를 하느라 밤 10시까지 잠을 자지 않는 것은 결코 좋지 않다. 혹시 당신의 아이가 그렇게 늦게까지 숙제를 하고 있다면, 교사에게 숙제 양을 조절해달라고 해야 한다. 매우 불안해하는 아이나 ADHD를 앓는 아이의 경우, 과제량을 줄여줘야 한다.

속진 학습과 심화 학습을 고려한다_ 똑똑한 아이가 자주 지겹다고 불평하면, 부모는 아이가 속진 학습(아이를 모든 과목이나 일부 과목에서 한 학년 이상 올리는 것)을 하면 학교 공부에 좀 더 충실하게 참여하지 않을까 궁금해한다. 학교는 관리하기가 힘들어서 속진 학습을 거부하는 경향이 있다. 게다가 한 학생을 올려주면 다른 부모들도 너 나 없이 요구할까 봐 선례를 만들지 않으려고 한다. 영재협회는 똑똑한 아이들을 적절한 교육 환경에서 가르치기 위해 속진 학습을 지지한다. 우리는 교육자가 아니므로 속진 학습의 장단점을 논하지는 않을 것이다. 다만 심리학적 관점에서 볼 때, 속진을 생각하는 부모에게 아이의 사회적 성숙도와 정서적 성숙도를 고려하라고 강력히 촉구한다. 당신의 아이가 더 나이 든 아이들과 어울린다면 더 나아질지, 똑같을지, 더 나빠질지 따져보아야 한다고 말이다.

아울러 부모는 아이의 동기도 면밀히 따져야 한다. 아이가 배우고자 하는 욕구가 강하고, 학교 수업 외에 독자적인 프로젝트에 자주 참여하며, 어려운 문제와 씨름하는 것을 좋아하고, 장애와 난관에 부딪혀도 끈질기게 노력한다면, 속진 학습이 올바른 처방일 수 있다. 특히 아이가 상급 학년으로 진급하기를 원한다면 더욱 효과적일 것이다.

반면에 아이가 지겹다고 불평은 늘어놓지만 전반적으로 소극적인 것 같고, 학교 안팎에서 하는 여러 활동에 의욕이 없으며, 쉽게 성공하는 분야에서만 노력한다면, 속진 학습이 도움이 되지 않을 것이다. 아이가 아직 최대한 노력하는 방법을 배우지 못했기 때문이다. 이러한 아이들을 부담이 더 큰 학업 과정으로 내몬다면 수영하는 법도 모르는 아이를 수영장의 가장 깊은 곳에 빠뜨리는 것과 같다. 추가적인 부담은 그들에게 활력을 불어넣기는커녕 대처할 방법을 몰라 막막하고 무능하다고 느끼게 할 것이다. 이런 아이는 애써 노력하는 연습을 하도록 학교 밖에서 심화 학습을 시키는 것이 낫다.

동기를 부여하기 위해 전략을 개발한다_ 동기는 특성이 아니라 상태다. 우리는 해야 할 일을 하는 데 의욕이 넘칠 때도 있고 모자랄 때도 있다. 어느 쪽이든 정상적인 상태지만, 그럼에도 우리 자신을 계속 전진하게 할 효과적인 방법을 알아내야 한다. 학교 공부를 시작하거나 끈기 있게 수행하는 데 도움이 되었던 방법이 있는지 아이에게 물어보자. 대학생을 대상으로 실시한 연구에 따르면, 그들은 동기를 유발하기 위해 의도적으로 노력한다고 한다. 당신의 아이는 다음 표에 나오는 자발적인 동기부여 선택 중에서 몇 가지나 시도해봤는가?

자발적인 동기부여 전략은 아이 스스로 노력하고 끈기 있게 수행하도록 결심하게 한다는 점에서 중요하다. 이를 통해 아이들은 의욕이 꺾이기 시작할 때 계속 노력하기 위해 무엇을 해야 할지 알 것이다.

자발적인 동기부여 전략	
배움을 강조한다	• 나는 가능한 한 많이 배울 수 있도록 계속 노력하라고 나 자신을 타이른다. • 나는 배우는 일이나 하는 일에 능숙해지고 싶어 한다고 생각한다. • 나는 배우는 것 자체를 목적으로 열심히 노력하자고 굳게 다짐한다.
관련성을 높인다	• 나는 배우는 내용을 내가 좋아하는 일이나 흥미로워하는 일과 결부시키려고 노력한다. • 나는 이 내용을 알아두면 유용한 상황을 상상한다. • 나는 나중에 어차피 이것을 알아야 할 거라고 나 자신을 타이른다.
과제를 개선한다	• 나는 공부를 게임으로 바꿔 좀 더 재미있게 한다. • 나는 공부를 좀 더 즐거워 보이도록 하는 방법을 떠올린다.
상황을 관리한다	• 나는 집중력이 좋을 때 공부하려고 노력한다. • 나는 방해 요인을 가능한 한 줄이려고 애쓴다. • 나는 머리를 맑게 하고 공부할 자세를 갖추려고 무엇을 먹거나 마신다.
보상을 계획한다	• 나는 공부를 마치면 좋아하는 일을 할 수 있다고 나 자신과 타협한다. • 나는 숙제를 다하면 나 자신에게 보상하겠다고 속으로 다짐한다.

격려한다_ 아이는 애써 노력하는 것을 부모가 알아주면 더 열심히 노력한다. 그런데 아이의 노력을 인정해줄 때도 신경 써야 할 부분이 있다. "굉장하구나! 정말 놀라워! 넌 정말 훌륭해!"라며 추상적으로 과장해서 칭찬하면 아이를 주춤하게 한다. 아이는 당신의 인정을 받기 위해 굉장하고 놀랍고 훌륭해야 한다고 느낀다. 그래서 굉장히 노력하지 못했을 때는 창피해하고, 즉각적으로 성공할 것 같지 않은 일은 시도하지 않으려고 한다. 게다가 과장된 칭찬에 동의하지 않으면 부모의 진심을 의심하기도 한다. 아이들은 이렇게 생각

한다.

"엄마는 내가 굉장하다고 말하지만 나는 전혀 그렇지 못해. 엄마가 거짓말하는 게 틀림없어."

대안은 아이가 노력하는 모습을 보니 기쁘다고 절제된 목소리로 말하는 것이다. 진지하게 말하되 앞으로 어떠해야 한다는 기대를 내비치지 않아야 한다.

"네 작문을 즐겁게 읽었단다."

"네가 그린 그림을 보니 흐뭇하구나."

"네가 펭귄에 대해 쓴 걸 보니 아주 흥미롭더구나."

다른 대안은 그냥 아이의 노력을 인정하는 말을 해주는 것이다.

"이번 주에는 학교 숙제를 모두 제출했구나!"

"최근에 네가 작문 과제에 많은 노력을 기울이더구나."

"너는 그림을 아주 세밀하게 그리는구나."

관찰한 사실을 바탕으로 한 말이기 때문에 아이가 논박할 수 없다. 아이가 승리감을 느낄 수 있도록 "너는 어떻게 이렇게 할 수 있었니?"라고 물어보고 아이의 대답을 주의해서 듣는다. 아이가 "몰라요, 그냥 했어요"라는 식으로 대답하면 이렇게 대답한다.

"글쎄, 어떻게 그렇게 했는지 한번 생각해보렴. 네가 한 방식이 너한테 잘 맞는 것 같아서 말이야."

이러한 말은 아이의 타고난 능력보다는 노력과 전략을

강조한다. 또한 "네가 최선을 다하면 기분이 좋단다"라고 말해 잘한 일에 대한 아이의 만족감을 나타낼 수도 있다.

* 부모 가이드 *
알아서 먼저 공부하는 아이로 만드는 방법

힘들게 뒷바라지하는데 아이가 학교 공부를 못하면 부모는 화가 나고 불만스럽고 성가시다. 이런 기분에 사로잡히면 당연히 아이를 더 다그치게 된다.

"성적을 올릴 때까지 축구는 금지다!"

"앞으로는 숙제를 하고 나서 나한테 꼭 보여줘. 잘못한 게 있는지 내가 철저히 검사할 거니까. 알았지?"

안타깝게도 부모는 좋은 뜻에서 이렇게 말하지만, 상황이 좋아지기는커녕 역효과를 낼 뿐이다. 동기 문제는 강요나 협박으로 해결되지 않는다. 반면에 당신이 노력과 성장에 긍정적인 태도를 보이면 아이의 동기를 촉진하는 데 도움이 될 수 있다.

● 당신의 일에 대한 열정 공유하기

당신이 하는 일을 당신은 어떻게 생각하는가? 돈을 받고 하는 일이든 자원봉사든 집안 살림을 꾸리는 일이든 간에 일에 대한 당신의 태도는 아이에게 강력한 메시지를 전한다. 어른들은 아이들에게 걸핏하면 "내가 너무 힘들거든. 그러니까 너도 힘들어야 해!"라는 뜻을 비친다. 멀쩡한 아이라면 이런 메시지를 당연히 거부하지 않겠는가!

당신이 하는 일에 사사건건 불만을 터뜨리고 힘들다고 투덜대지는 않는가? 물론 어떤 일이든 짜증 나고 힘들게 하는 측면이 있다. 하지만 도전 정신을 일깨우고 만족감을 주고 즐거운 측면도 분명히 있다. 당신이 하는 일에 대해 어떻게 말하는지 생각해보자. 그리고 일에 대한 열정을 아이와 공유하자.

● **가정의 스트레스 수치 최소화하기**

가족이 심각한 스트레스를 받을 때 아이는 학교 공부에 지장을 받는다. 엄마와 아빠가 간밤에 크게 다투는 소리를 들으면 아무리 똑똑한 아이라도 공부에 집중하기 어렵다. 가정의 스트레스 수치를 솔직하게 들여다본다. 일을 줄이거나 변화를 주거나 새로운 규칙을 만들거나 도움이 필요하면 도움을 받는다. 아이가 가정을 안심하고 세상을 탐색할 본거지로 생각하도록 최선을 다해보자.

● **고교 동창회에 나가기**

당신이 학창 시절에 규칙을 엄수하고 부모와 교사의 기대에 부응했던 '모범생'이었다면 달리 행동하는 것을 상상하기 어려울 것이다. 고교 동창회에 참석해보면 정도正道를 걷는 것만이 능사가 아니라는 것을 깨달을 수 있다. 학교 공부에서는 두각을 나타내지 못했지만 지금은 출세해서 아주 만족스럽게 사는 동창을 만날지도 모른다. 또한 전에는 잘나갔지만 지금은 예전의 명성에 걸맞지 않게 사는 친구도 만날 수 있다. 다양한 모습으로 사는 친구들을 보면 아이에게 느끼는 불안과 걱정이 다소 줄어들 것이다. 아이는 앞으로 얼마든지 배우고 익혀서 무한한 능력을 펼쳐갈 테니 말이다.

● 대학 입학에 대한 걱정은 나중으로 미루기

부모들이 우리에게 상담하러 올 때면 으레 이런 걱정부터 한다.

"딸애의 앞날이 너무 걱정됩니다! 계속 이런 식으로 하면 절대로 독립해서 살지도 못하고, 성공하지도 못하고, 좋은 대학에 들어가지도 못할 거예요!"

이러한 걱정을 이해 못하는 것은 아니지만, 이런 식으로 앞날을 싸잡아 걱정하는 것은 전혀 도움이 되지 않는다. 아이가 대학에 들어가거나 독립해서 혼자 살려면 아직 멀었다. 이러한 책임을 짊어질 수 없을 것 같다고 미리부터 걱정할 이유가 하나도 없다.

아이가 어른 같은 절제력과 추진력을 보여줘서는 안 된다. 사회 숙제를 하는 것보다 축구를 하며 노는 것을 더 좋아하는 게 당연하다. 그렇다고 동기가 부족하다는 뜻이 아니다. 단지 아이답다는 뜻이다. 2학년 때 수학 3단원 시험 성적이 인생의 성공 여부를 결정하지는 않는다. 아이들은 자라면서 엄청나게 변한다. 그들의 미래가 어떨지는 정말로 예측할 수가 없다. 그러니 현시점에 초점을 맞추면서 학습자로서 아이의 정체성을 길러줄 방법을 찾는 것이 최선의 방책이다. 가르치거나 전략을 짜거나 설명하되, 우리가 줄 수 있는 최고의 선물은 아이가 세상을 이해하고 자기에게 맞는 길을 찾아갈 거라고 굳게 믿는 것이다.

　동기 문제를 신속히 해결할 비책은 없다. 그러나 아이가 동기 문제로 고군분투하고 있다면 장기적 관점에서 접근해야 한다. 이 장에서 우리는 아이가 지닌 관심사를 키워줄 방법을 살펴보았다. 또한 아이가 재미를 느끼지 못하는 과제를 꾸준히 실천하기 위해 가치에 기초한 동기를 발휘하도록 능숙도와 자율성과 연관성을 길러줄 방법도 알아보았다. 마지막으로, 학습 전략과 계획과 성장에 초점을 맞추어 동기를 행동으로 옮기도록 지원할 방법도 알아보았다.
　열심히 공부하는 능력도 중요하지만, 행복을 찾아내는 능력도 중요하다. 다음 장에서는 이 점을 집중해서 살펴볼 것이다.

7장

행복한 아이가 더 똑똑하게 자란다

: 성장의 균형 찾기

* Check List *
"우리 아이는 행복하게 크고 있을까?"

- [ ] 걸핏하면 불평을 늘어놓는가?
- [ ] 짜증을 잘 내고 성미가 까다로운 것 같은가?
- [ ] 부정적인 면에 초점을 맞추는 경향이 있는가?
- [ ] 긍정적인 일에도 트집을 잡는가?
- [ ] 자신을 자주 비하하는가?
- [ ] 일상적인 요구에도 스트레스를 받는가?
- [ ] 자신의 성과를 즐거워하지 않는 것 같은가?
- [ ] 관심이나 열정이 있어서 하는 것이 아니라 '그냥 마지못해 하는 척만' 하는 것 같은가?
- [ ] 똑똑하다는 것과 행복하다는 것이 상호 배타적이라고 생각하는가?

"저는 그저 아이가 행복하게 살기를 바랍니다."

거의 모든 부모가 이렇게 말하거나 생각한다. 아이가 아무리 똑똑하고 재주가 많아도 가장 기본적인 바람은 행복하게 사는 것이다. 이를 닦으라고 말하고, 축구 시합에 태워다 주고, 숙제를 다 했는지 물어보고, 입 다물고 음식을 씹으라고 상기시키고, 생일파티를 열어주는 등 우리가 아이를 위해 하는 일은 모두 아이의 현재나 미래의 행복을 위해서다.

그런데 아이가 행복하게 살기를 바란다고 말할 때 정말로 의미하는 것은 무엇인가? 할 수만 있다면 아이가 아무 근심 걱정 없이 살게 해주고 싶지만 그런 일은 불가능하다는 것을 우리는 너무나 잘 안다. 아이의 즐거운 웃음소리를 듣는 것보다 더 유쾌한 일은 없지만 그런 식의 신나는 기분은 순식간에 지나간다는 것도 잘 안다. 아이의 행복을 기원할 때 우리는 단순히 고통 없는 삶을 사는 것보다 더 깊은 것, 순간적인 즐거움보다 더 오래가는 것을 바란다.

지속가능한 행복이 중요한 이유

아이의 행복이 중요한 이유는 부모로서 사랑하는 자식이 기분 좋게 살기를 바라기 때문이기도 하지만 행복이 더 나은 삶을 예견하고 선행하기 때문이기도 하다. 어른을 대상으로 한 연구에 따르면, 긍정적인 기분은 심리적 행복을 급격히 상승시킨다고 한다. 지금 행복한 기분으로 살면 정신 건강에 좋고 주변 사람에게 힘을 주며 신체적으로도 더 건강하게 살아갈 수 있다.

부정적인 기분은 당면 문제에만 초점을 맞추도록 주의를 좁히지만, 긍정적인 기분은 넓고 창의적이고 유연하게 생각하게 해준다. 또한 다른 사람과 나누는 상호작용을 더욱 즐기게 해준다. 기분 좋은 사람과 함께 있는 것이 당연히 더 즐겁기 때문이다. 긍정적인 기분은 시간이 흐르면서 다른 사람을 탐색하고 배우고 그 사람과 친해지게 해 더 멋진 인간으로 성장하도록 이끈다. 궁극적으로는 더 많이 배우고 익히며 더 지원하는 관계를 맺도록 이끌 수 있다. 아이들은 가정 밖에서 대처 기술을 배우고 인간관계를 맺기 시작하는 단계에 있으므로 긍정적인 기분을 키울 수 있으면 성장하는 데 크게 도움이 된다.

철학과 심리학에서는 흔히 쾌락과 의미를 행복에 이르는 두 가지 반대 경로라고 구분한다. 전통적으로 쾌락은 즐거움과 안락 추구를 강조하지만, 의미는 가치에 기초한 자기 계발과 덕 쌓기를 강조한다. 이러한 구분이 이론상으로는 이치에 맞지만 실제 삶에서는 쾌락과 의미가 서로 얽혀 있다. 의미 있는 활동은 흔히 행복한 기분으로 이어지고, 행복한 기분은 친절하고 창의적으로 행동하는 등 의미 있는 활동을 부추길 수 있다. 악기를 연주하거나 친구와 시간을 보내는 등 특정한 활동은 쾌락과 의미를 모두 안겨줄 수 있다.

한 연구에 따르면, 가장 행복한 사람들은 삶이 매우 즐겁고도 의미 있다고 기술했다. 또한 쾌락과 의미를 둘 다 추구한다고 말한 사람이 둘 중 한 가지 혹은 둘 다 강조하지 않는 사람보다 삶의 만족도가 더 높다고 보고했다. 의미 없는 쾌락은 공허감을 야기할 수 있다. 또한 쾌락 없는 의미는 고된 순교자적 고통을 안길 수 있다. 부모로서 우리는 아이들이 기분 좋게 살면서 동시에 좋은 사람으로 살기를 바란다.

아이들을 위한 긍정 심리학

그렇다면 우리 아이들이 행복해지도록 어떻게 도와줄 수 있을까? 최근에는 '긍정 심리학'에 대한 연구가 활발히 이루어지고 있다. 이러한 연구는 긍정적인 감정과 개인의 강점

등 인간 존재의 긍정적인 측면에 초점을 맞추며, 어른을 행복하게 해주는 것에 대한 상세하고 실질적인 전망을 내놓는다. 이러한 연구 문헌에 따르면, 행복이 유전적 요인에 크게 좌우되기는 하지만 행복을 크게 키우기 위해 어른들이 할 수 있는 일이 있다.

안타깝게도 아이의 행복을 키워주는 연구는 별로 이루어지지 않았다. "너를 행복하게 해주는 것이 뭐니?"라고 아이에게 대놓고 물으면 별로 유용한 정보를 얻기 어렵다. 아이들은 "아이스크림요"라거나 "새 스마트폰을 사 주면 행복하죠"라는 식으로 대답하기 일쑤다. 이러한 것들이 순간적으로 기쁘게 해줄 수는 있지만, 부모로서 우리는 아이에게 더 깊고 오래 지속되는 대답을 바란다.

어른의 행복을 키워준다는 중재 방법이 아이에게 다 맞지는 않는다. 예를 들어 어른에게 자주 추천되는 긍정 심리학 활동은 감사 편지를 써서 전하는 것이다. 어른들은 이러한 활동으로 삶에서 중요한 사람들에게 사랑과 감사의 마음을 전할 수 있다며 매우 감동한다. 하지만 우리 집 아이들한테 친척에게 감사 편지를 쓰게 했더니 별로 달가워하지 않았다. 그리고 연구에서도 우리 집에서 관찰한 바를 확인할 수 있었다.

호프스트라 대학교의 제프리 프로 Jeffrey Froh와 동료들은 초등학교 3학년, 중학교 2학년, 고등학교 3학년 학생들에게 삶에서 중요한 사람들에게 감사 편지를 쓰게 하는 연구를 실시했다. 학생들은 두 주에 걸쳐 6일 동안 10분에서 15분 정도 편지를 썼다. 이 프로그램에 참여한 학생들은 편지 내용이 감정적으로 생생하기는 했지만 그냥 일상생활에 대해 썼던 학생들에 비해 전체적인 행복감이 늘어나지 않았다. 다만 가정에 소홀했던 학생들 사이에서는 감사 편지가 행복감 상승과 관계가 있다는 증거가 나타났다.

아이는 어른의 축소판이 아니다. 아이가 세상을 바라보고 경험하는 방식은 어른과 질적으로 다르다. 나이에 비해 조숙하고 생각을 조리 있게 말하는 똑똑한 아이들도 마찬가지다. 아이들은 삶의 경험이 제한되어 있으며 자기가 어떤 사람인지에 대한 의식도 계속 바뀐다. 의사결정 능력도 어른보다 훨씬 떨어진다. 임상 경험으로 볼 때, 어른에 비해 아이는 (과거나 미래보다는) 현재에 더 초점을 맞추고, 자기반성을 할 능력이 부족하며, (선악이나 흑백을) 좀 더 구체적이고 단정적으로 생각하는 경향이 있다. 긍정 심리학적 측면에서 아이를 중재하려면 이러한 점을 모두 고려해야 한다.

행복을 키워줄 일반적인 방식을 얘기하는 것이 유용하기는 하지만 기쁨을 찾는 일은 어디까지나 개별적인 여정이다. 무엇보다도 자기 자신을 알아야 한다. 무엇이 자기를 기쁘게 하고, 자극하며, 자기에게 중요한지 찾아나서야 한다. 부모로서 우리가 해야 할 가장 중요한 일은 아이가 자신을 알아가는 과정을 예의 주시하고 도와주는 것이다.

트집만 잡는 아이

재미를 느끼는 대신에 트집 잡기 바쁜 모니카

"어서 오너라, 모니카. 생일파티는 어땠니?" 모니카의 엄마가 물었다.

"괜찮았어요. 하지만 전 지겨워서 혼났어요."

"지겨웠다니 무슨 뜻이야? 미니 골프 게임을 하지 않았니?"

"별로 재미있지 않았어요. 사람이 너무 많아서 홀을 도는 데 엄청 기다려야 했거든요."

"어쨌든 밖에서 시간을 보내지 않았니. 마리솔은 아주 즐거운 시간을 보냈다더라. 날씨도 끝내줬잖아."

"너무 더웠어요. 햇볕이 어찌나 따갑던지 눈도 뜨기 힘들었다니까요."

"음식은 뭐가 나왔니?"

"피자랑 케이크요. 근데 초콜릿 케이크가 아니어서 맛이 없었어요. 한 입 먹고 말았어요."

아이들은 대부분 생일파티를 즐기지만 모니카는 불만이 가득하다. 터널 안에서 밖을 보는 것처럼 잘못된 것만 꼬집어 바라보는 것 같다. 이러한 행동은 주변 사람들을 짜증 나게 할뿐더러 자기 자신의 즐거움도 방해한다. 모니카가 생일 잔치나 미니 골프 게임을 좋아해야 한다는 법은 없지만, 불평만 늘어놓는 것으로 볼 때 인생을 즐길 능력을 방해하는 부정적 습관에 사로잡혀 있다는 것을 알 수 있다.

모니카의 말은 모두 비판적이다. 부딪히는 일에 사사건건 트집을 잡으면서 자신을 그 일에서 분리하려고 한다. 어떤 일에 직접 나서서 관여하지 않고 곁에서 지켜보기만 하는 것이다. 한마디로 방관자라고 할 수 있다. 똑똑한 아이들 중에는 단점을 지적하는 것이 제 일이라고 생각하는 아이가 있다. 그래야 자신의 분별력이 돋보인다고 믿는 것 같다. 안타깝게도 잘못된 점, 잘못될지도 모르는 점, 어떤 상황이 얼마나 나쁜지, 어떤 사람이 어떻게 하면 더 좋을지 등등을 사사건건 지적한다면, 긍정적인 측면을 즐길 능력이 사라져버린다.

기쁨을 찾으려면 먼저 마음을 열어야 한다. 100퍼센트 완벽하게 긍정적인 경험은 거의 없다. 모든 게 완벽해야 행복할 수 있다고 믿는다면 확실히 불행하게 살 수밖에 없을 것이다. 즐겁게 살려면 삶에 적극적으로 뛰어들어야 한다. 냉담하게 트집만 잡고 남을 책망해서는 절대로 즐겁게 살 수 없다.

아이의 부정적 비판을 듣고 있으면 짜증이 나겠지만, 모니카 같은 아이들이 일부러 불쾌하게 굴거나 감사할 줄 몰라서 그러는 것이 아니라는 점을 알아야 한다. 부정적인 데 초점을 맞추는 성향으로 가장 괴로운 사람은 바로 그들 자신이다.

부정적 성향에 사로잡힌 아이와 다퉈봤자 아무런 소용도 없다. 오히려 자기 입장을 고집하고 더 불만을 터뜨릴 것이다. 공연한 언쟁으로 아이를 코너로 모는 대신, 부정적 성향 때문에 어떻게 피해를 보는지 알려주고 긍정적인 기분을 길러줄 방법을 개발하도록 안내해야 한다.

세상을 즐길 줄 아는 법

로욜라 대학교의 프레드 브라이언트Fred Bryant는 20년 넘게 세상을 음미하는 문제를 연구해왔다. 그는 음미하기를 "우리가 살면서 경험하는 기쁨과 즐거움, 그리고 모든 긍정적인 기분을 처리하는 능력"이라고 정의한다. 음미하기는 긍정적인 기분을 높이고 늘리기 위해 우리가 생각하고 행하는 것과 관련된다. 한마디로 말해 일상생활에서 가능한 한 즐거움을 많이 짜내는 것이다. 음미하는 사람들은 평소 생활에서 더 행복하고 더 낙관적인 경향이 있다. 긍정적인 환경은 익숙해지면 자연스레 기분을 향상시키는 광채를 잃기 쉽다. 처음에는 무척 기뻤지만 시간이 지나면서 평범해진다. 음미하기는 즐거움을 계속해서 신선하게 유지하는 방법이다. 어른의 경우, 음미하기는 경외심을 일으키는 현상을 감탄하며 바라보거나 신체감각을 즐기는 것과 관련될 수 있다.

아이들은 분명히 행복을 느낄 수 있고, 언제 행복한지 알고 있다. 그런데 아이들도 긍정적인 기분이 들 때 그 기분을 곰곰이 생각하며 진정으로 음미하고, 나아가 긍정적인 경험에 따른 즐거움을 의도적으로 높일 수 있을까? 아마도 혼자서는 하지 못할 것이다. 음미하기 기술은 사춘기 이전에 막 개발되기 시작하며, 부모가 도와주고 지원하면 더 키워줄 수 있다.

즐거움을 경험하고 음미하도록 도와줄 방법

아이가 즐거움을 경험하고 음미하도록 지원하려면 섬세한 손길이 필요하다. 아이기 관계를 맺는 스타일에도 세심하게 신경 써야 한다. 강압적으로 요구하기보다는 조금씩 다가가고 넌지시 청한다. 당신의 목표는 아이가 항상 활기찬 치어리더처럼 행동하라고 우기는 것이 아니라 진정한 즐거움을 누릴 수 있도록 좀 더 마음을 열게 하는 것이다. 아이가 긍정적인 경험에 더 참여하고 관심을 보이고 음미하도록 돕기 위해 시도할 만한 전략을 몇 가지 살펴보자.

잔이 절반이나 찼다고 보는 시각의 장점을 알려준다_ 잔이 절반이나 찼다고 보는 낙관적 사고가 어른들한테는 진부하게 들리겠지만, 아이들에게는 새로운 정보다. 더 생생하게 설명하기 위해 진짜로 물이나 주스를 활용한다. 특성보다는 선택과 결과에 집중한다. 다시 말해서, "너는 사물을 대체로 어떻게 보니?"라고 묻거나 "너는 항상 잔이 절반이나 비었다고 보더구나"라고 비난하는 대신에 두 가지 관점이 모두 옳지만 우리가 삶을 바라보는 방식에 커다란 차이를 안긴다고 강조한다. 아이가 두 관점의 감정적 결과를 예측할 수 있는지 본다.

'절반이나 차 있다'는 측면으로 보려면 진짜로 노력해야 한다고 아이에게 설명한다. '절반이나 차 있다'는 관점이 불쾌한 점을 부인한다는 뜻은 아니다. 다만 나쁜 상황을 어떤 식으로든 회복할 수 있거나 또는 그런 상황이 오래가지 않을 거라고 인식한다는 뜻이다. 어렸을 때 흔히 일어나는 비극적 사건에 대해 '절반이나 차 있다'는 관점을 적용해서 살펴보면 다음과 같다. '적어도'라는 말을 활용하면 도움이 된다.

제일 친한 친구가 내일 학교 끝나고 우리 집에 올 수 없다.

(적어도 나는 다른 친구를 초대할 수 있다. 적어도 나는 그 친구와 주말에 더 오래 놀 수 있다. 친구가 오지 못해도, 적어도 나는 좋아하는 일을 할 수 있다.)

아빠가 아이스크림콘을 작은 사이즈만 먹으라고 하셨다.
(적어도 나는 아이스크림을 먹고 있다. 적어도 내가 가장 좋아하는 맛이 가게에 있다.)

내가 제일 좋아하는 셔츠가 아직 세탁기에 들어 있다.
(적어도 내일은 깨끗한 셔츠를 입을 수 있을 것이다. 적어도 나는 두 번째로 좋아하는 셔츠를 입을 수 있다.)

나는 오늘 수학 시험을 치러야 한다.
(적어도 시험은 곧 끝날 것이다. 적어도 내가 시험 범위를 열심히 공부했으니 잘 볼 자신이 있다. 적어도 이번 시험은 쪽지시험이라 별로 중요하지 않다. 적어도 이 시험이 끝나면 분수 단원은 끝날 것이다.)

부모님은 내가 열세 살이 될 때까지 휴대전화를 사 주지 않겠다고 하신다.
(적어도 내가 열세 살이 되면 휴대전화를 사 주실 것이다.)

다음에 아이가 부정적인 말을 쏟아놓으면 바로 반박하지 마라. 아이는 당신의 반박을 물리치고 더 많은 불만을 쏟아낼 것이다. 그 대신 다음과 같은 말로 아이의 불만을 어느 정도 인정해준다.

"네가 바라는 대로 상황이 흘러가지 않는 경우가 많단다."

"너는 상황이 달라졌으면 하고 바라는구나."

그런 다음 이렇게 덧붙인다.

"잔이 절반이나 차 있는지, 아니면 절반이나 비어 있는지 생각해보렴. 관점을 달리해서 보면 상황을 좋게 볼 수 있어. 예전에 일어났던 일 중에 혹시 상황을 좋게 볼 만한 일이 있니?"

아이가 그런 일이 없다고 말하면 억지로 밀어붙이지 말자. "그것참 안됐구나!"라거나 "유감이구나!"라며 가볍게 동정을 표하고 화제를 돌린다. 당신은 아이에게 다른 선택안을 제시했지만 아이가 당장에는 그 방법을 쓰지 않기로 선택했다. 아이가 긍정적인 일을 떠올린다면 크게 환호한다. 이렇게 말해줘도 좋다.

"잘했다! 나쁜 일이 많을 때 좋은 점을 바라보기란 아주 어려운 일이란다!"

그런 다음 긍정적인 의견에 대해 흥미로운 질문을 던진다.

작은 기쁨을 찾는다_ 작은 기쁨이 쌓이고 쌓여 행복한 삶이 완성된다. 사실 삶의 전반적인 만족은 우리가 얼마나 크게 기뻐했는지가 아니라 얼마나 자주 기뻐했는지에 달려 있다. 따라서 행복을 느끼려고 특별히 대단한 사건을 기다리지 않아도 된다.

아이가 작은 기쁨을 인식할 수 있도록 마음이 따뜻해지는 만화를 함께 보자. 또는 〈사운드 오브 뮤직 The Sound of Music〉과 같은 뮤지컬을 보면서 아이가 가장 좋아하는 노래를 함께 불러본다.

또 '나를 미소 짓게 하는 것'이라고 제목을 붙인 책을 만들도록 도와준다. 작은 앨범을 구해서 여러 가지 사진을 꽂는다. 같은 크기의 엽서를 카드 색인으로 활용한다. 작은 기쁨을 표현하기 위해 각 페이지마다 그림을 그리거나 글을 쓰거나, 혹은 잡지 그림이나 사진을 오려 붙여 장식하도록 놓는다. 그러면서 일상생활의 사물이나 활동에 초점을 맞추라고 격려한다.

행복한 기억을 떠올린다_ 행복한 추억에 잠기는 것은 긍정적인 사건을 연장하기 위해 흔히 사용하는 음미하기 전략이다. 어린아이들은 대부분 자발적으로 추억에 잠기지 못하지만, 어른이 도와주면 할 수 있다.

여행에서 돌아오는 길이나 하루 일과를 마치고 난 후 등 즐거운 일을 경험한 직후에 그 경험의 가장 좋은 측면에 대해 아이와 이야기를 나눈다. 긍정적인 기억을 끌어내기 위해 다음과 같은 질문을 던진다.

"너는 어떤 것이 더 재미있다고 생각했니?"

"네가 가장 좋아하는 부분은 무엇이었니?"

아이가 즐거운 기억을 떠올리고 곰곰이 생각할 수 있도록 "왜 그 점이 가장 좋았니?"라고 물어본다. 당신의 긍정적인 기분과 반응도 들려준다. 음미하기를 보여주기 위해 상황과 밀접하게 관련된 경험을 자세히 설명해준다.

예전의 행복한 기억을 활용해서 이러한 활동을 해도 좋다. 사진이나 기념품 등 기억을 상기시키는 물건을 보여주면 아이의 기억을 되살리는 데 도움이 된다. 아이에게 질문을 던지고 사건의 순서와 구체적인 감각을 강조하면서 아이가 그 기억을 행복하게 설명하도록 돕는다. 세부적인 이야기를 들으면 아이는 그때의 경험을 떠올리며 즐거워할 것이다. 아이에게 이렇게 물어본다.

"○○하던 때가 기억나니?"

"어떻게 ○○했는지 기억나니?"

"그다음에 어떻게 됐는지 기억나니?"

가족 이야기는 아이에게 큰 기쁨을 안겨주며, 가족 간의 유대와 소속감도 키워준다. 무슨 대단한 사건을 복잡한 이야기로 꾸밀 필요는 없다. 그저 생생한 기억을 불러일으키는 사건이면 된다. 이를테면 몇 년 전에 우리 중 한 사람이 출장 가는 바람에 아버지가 손자들을 돌봐준 적이 있다. 아버지는 집안일을 해본 적이 거의 없는 분이라 그만 식기세척기의 세제를 잘못 건드렸다. 그랬더니 거품이 쏟아져 나와 부엌 바닥까지 흠뻑 적시고 말았다. 아버지와 아이들이 미친 듯이 거품을 걷어냈지만, 세척기 안의 거품이 다 없어질 때까지 계속 뿜어져 나왔다. 한참 동안 바닥이며 주변을 다 닦아내고 나서 아이들은 "할아버지, 이거 다시 하면 안 돼요?"라고 물었다. 이 우스꽝스러운 사건에 대한 이야기는 아이들이 가장 좋아하는 가족 이야기다. 이 이야기를 꺼낼 때마다 아이들은 킬킬대며 웃는다.

음식을 맛있게 먹는다_ 음미하는 훈련으로서 어른들은 흔히 5분 동안 건포도 한 알을 입에 넣고 그 맛을 즐긴다. 이런 훈련을 실천할 만큼 인내심이 강한 아이는 없겠지만, 어쨌든 음식은 아주 구체적이고 친숙하기 때문에 음미하기를 가르치기 쉽다.

다음에 가족이 좋아하는 음식을 먹거나 특별한 외식을 할 때, 그 음식을 가장 완벽하게 즐기는 방법을 아이와 논의해보자. 한입 크게 먹을까? 아니면 작게? 빠르게? 천천히? 특정 부분을 먼저 먹거나 마지막에 먹을까? 아니면 동시에? 머핀에 박혀 있는 초콜릿 칩을 모두 골라놓았다가 마지막에 먹는다면 예절에는 어긋나지만 긍정적인 경험을 떠올리고 음미하기를 배울 때는 쓸 만한 방법이다.

행복 어휘를 확장한다_ 말에는 강력한 힘이 있다. 에스키모 이누이트족에게는 눈에 대한 단어가 아주 많다고 한다. 그들은 눈의 미묘한 차이를 놓치지 않고 표현하기 때문이다. 말은 우리의 사고 과정에 영향을 미치기도 하고, 사고 과정을 반영하기도 한다. 우리가 어떤 것에 이름을 붙이면 그것을 더 명확하게 바라보고 더 깊이 이해할 수 있다.

아이에게 감정을 나타내는 어휘를 말하라고 하면 대부분 부정적인 기분을 나타내는 쪽으로 치우칠 것이다. 설사 긍정적인 기분을 말한다 해도 행복의 외향적 측면을 주로 반영하고 내향적인 측면은 무시하기 십상이다. 아이들이 행복 어휘를 확장하도록 도와주면 다양한 가능성에 눈뜨게 할 수 있다.

우리가 가장 좋아하는 감정 어휘는 다음과 같다. 아이와 함께 이 어휘를 살펴보고 친숙하지 않은 것은 설명해준다. 어떠한 경험이 이러한 기분을 불러일으킬 수 있는지 말해보라고 한다.

신이 난	만족한	경외심을 품은	자랑스러운
열렬한	희망적인	아주 기뻐하는	안도하는
궁금한	관심이 있는	재미있어하는	다정한
놀라운	고무된	뿌듯한	사랑받는

어쩌면 아이가 긍정적인 기분을 '수집하도록' 도와주고 싶을지도 모른다. 아이더러 포스터 중앙에 "내 기분은……"이라고 쓰게 하고 여러 가지 펜으로 가능한 모든 긍정적인 기분을 적게 한다. 그런 다음 벽에 붙여둔다. 그리고 긍정적인 기분이 떠오를 때마다 추가로 기록하게 한다. 당신이나 가족 중에 누구든 행복한 기분이 들 때, 포스터 쪽에 달려가 어떤 종류의 행복감을 느끼는지 정확하게 짚어보는 게임을 한다. 긍정적인 기분에 이름을 붙이고 꼼꼼히 따져보는 것도 일종의 음미하기다.

몸을 움직인다_ 어른들은 머리만 쓰고 살 때가 많다. 책을 읽고, 말을 하고, 회의를 열고, 인터넷을 하는 등 목 윗부분만 열심히 가동한다. 안타깝게도 이런 '머리만 쓰는' 경향이 어린아이들에게로 점차 확산되고 있다. 학교는 쉬는 시간을 줄이거나 아예 없애고, 숙제를 더 많이 내주며, 진로를 결정하는 지필형 표준 학력고사 준비를 강조한다. 발달 과정의 관점에서 볼 때, 이러한 방침은 잘못된 것이다. 아이들은 적극적으로 참여하고 움직이고 활동할 때 가장 잘 배우기 때문이다.

신체 활동은 긍정적인 기분을 가장 잘 예측하는 인자다. 아이들이 규칙적으로 운동하면 자존감이 높아지고 불안감과 우울증 증상이 감소된다는 연구도 있다. 아이들은 신체적으로 활발하게 움직일 때에 단순히 관찰만 할 때보다 삶에 더 적극적으로 참여한다.

아이가 신체적으로 활발하게 움직일 방법을 찾는다. 스포츠가 좋기는 하지만 몸을 사용하고 즐기기 위해 꼭 스포츠를 해야 하는 것은 아니다. 그냥 걷기만 해도 좋다. 팀 스포츠를 좋아하지 않는 아이에게도 춤, 요가, 태극권, 카약, 암벽등반 등 다양한 가능성이 열려 있다. 아이가 가장 즐거워할 만한 신체 활동이 무엇인지 알아내도록 돕는다.

밖으로 나간다_ 개인적인 의견을 말하자면, 당신을 괴롭히는 문제에 대한 최고의 양육 답변은 바로 "다들 밖으로!"라고 외치는 것이다. 그냥 밖에 나가기만 해도 사람들은 더 행복하고 더 느긋해지는 것 같다. 밖에는 숨을 크게 쉬고 뛰어다닐 공간이 많다.

주변을 탐색하고, 나무에 오르고, 덤불 뒤에 비밀 아지트를 만들고, 공놀이를 하고, 술래잡기를 하는 등 어린 시절 즐겨 했던 야외 활동은 어른들이 떠올리는 가장 즐거운 추억이다. 그런데 바쁘게 돌아가는 목표 지향적인 생활 방식 때문에 요즘 아이들은 이러한 즐거움을 누리지 못하고 있다.

어른들이 자연 속에서 단 5분간만 활동해도 기분과 자존감이 높아진다는 연구 결과가 있다. 과학자들은 이를 '녹색 운동green exercise'이라고 부른다. 어른들도 이런데 아이들에게는 야외에서 뛰노는 것이 얼마나 좋겠는가!

좀이 쑤셔서 안절부절못하는 상태인 '밀실 공포증'은 어른보다 아이에게 더 영향을 미치는 것 같다. 날씨가 궂은 지역에 살더라도 아이를 안에서만 가둬 키우지 않도록 한다. 아이들은 물웅덩이에서 쿵쿵거리며 뛰는 것을 좋아하고, 바쁘게 노느라 날씨가 추운지 더운지도 모른다. 때로는 잠깐이라도 밖에서 뛰고 나면 기분이 상쾌해질 수 있다. 아이가 짜증이 난 것 같은데 날씨는 매섭게 추운 날, 코트와 모자와 장갑과 부츠로 중무장을 하는 대신 그대로 신선한 공기를 맞으며 미친 듯이 달리자고 제안해보자. 겉옷을 챙겨 입지 말고 그냥 나무까지 뛰어갔다 돌아와보자. 최대한 빨리 달리면서 얼마나 추운지 소리친다. 어린아이라면 손을 잡아줘도 좋다. 안으로 돌아왔을 때 몸은 춥고 얼굴은 시리겠지만 기분은 상쾌할 것이다.

자연과 마주하면 긍정적인 기분이 샘솟는다. 호기심이 발동하고 흥분하고 평화로우며 경외심마저 든다. 자연은 보고 듣고 만지고 냄새 맡을 수 있는 아름다운 팔레트다. 자연계를 배우는 활동을 펼칠 수도 있겠지만, 아무런 목적 없이 그냥 자연 속에 있는 것만으로도 좋다.

잠을 푹 잔다_ 우리는 수면 부족이 모든 해악의 근원이라고 확신한다. 전국 수면 협회에 따르면, 여섯 살에서 열세 살 사이의 아이들은 열 시간에서 열한 시간 정도 자야 한다고 한다. 하지만 평소에 이보다 훨씬 적게 자는 아이가 아주 많다. 수면이 부족한 아이는 학습에 지장을 받는다고 여러 연구에서 확인되었다. 아이가 피곤하면 기분이 안 좋고 투덜대기 쉬우며 일상적인 좌절에도 대처하지 못한다는 사실을 부모는 익히 알고 있다. 현대인의 삶은 복잡하게 꼬여 있지만 잠을 충분히 자는 것을 최우선 과제로 삼으면 아이에게 삶을 즐기는 능력을 크게 키워줄 수 있다.

우울증 조짐을 예의 주시한다_ 우울증의 조짐으로 부정적 성향이 나타나기도 한다. 우울한 아이들이 꼭 슬퍼 보이기만 한 것은 아니다. 오히려 짜증을 잘 내거나 막연한 신체 증상을 호소하거나 지겨워죽겠다고 말하기도 한다. 아이의 짜증이 2주 이상 지속되고 한두 가지 활동에 그치지 않고 전에 즐기던 활동에까지 영향을 미치며 특히 수면과 식욕의 변화까지 수반된다면, 정신 건강 전문가를 만나는 것이 좋은지 결정하기 위해 소아과 의사에게 문의한다. 자주 불행하다고 느끼는 아이는 도움을 받아야 한다. 아이가 걸핏하면 자신의 삶과 자기 자신이 싫다고 불평한다면 심각한 문제다. 안타깝게도 아이들의 우울증은 간과되기 쉽다. 증상을 보여도 단순한 불평으로 무시되거나 버릇없다고 비난받기도 한다. 하지만 이 아이들은 아파하고 있으며 전문가의 도움이 필요하다. 우울증은 치료할 수 있으며, 일찍 중재할수록 겪게 될지도 모를 고통을 크게 예방할 수 있다.

똑똑해서 더 불행한 아이

개인적인 의미 찾기가 필요한 코너

"축하한다!" 코너의 아버지가 방 앞에서 말했다. "네가 학교에서 최우수 학생으로 뽑혔다며? 네 자신이 아주 자랑스럽겠다!"

"그렇죠, 뭐." 코너가 중얼거렸다.

"네 선생님 말로는 정말 대단한 영예라던걸. 6학년 학생에게 이 상을 주는 일은 거의 없대." 아버지가 계속 말했다.

"아무래도 상관없어요." 코너는 책을 하나 집어 들어 읽는 척했다.

"물론 상관이 있지!" 아버지가 열광하며 말했다. "네 노력이 성과를 거뒀다는 뜻이잖아."

"아뇨, 아버지. 제 말뜻을 못 알아들으시네요."

"내가 뭘 못 알아듣는다는 거냐?" 아버지는 아예 방으로 들어와 코너 옆에 앉으며 물었다. "나는 네가 상을 받고 아주 행복할 거라고 생각했다."

"전 이런 멍청한 상 따위는 신경 쓰지 않아요. 그냥 종이 쪼가리일 뿐이에요. 아니, 실상은 뭔지 아세요? '축하한다, 코너. 너는 공부밖에 모르는 최고의 범생이란다'라고 공식적으로 선언한 거라고요."

"아니, 애야, 그게 아니라……." 아버지가 입을 열었다.

"그만 됐다고요!" 코너가 아버지의 말을 막았다. "다들 저더러 똑똑하다고 말하지만 아무도 저를 정말로 좋아하지 않아요. 그깟 상이 무슨 소용이 있어요? 전 정말 똑똑한 사람으로 사는 데 질렸어요."

"넌 머리만 똑똑한 게 아니야! 피아노도 잘 치고 유도도 잘하고……."

"하지만 제 삶은 의미가 없어요! 아무도 저한테 놀자고 연락하지 않는다고요. 그저 학교 숙제에서 모르는 게 있을 때만 전화하죠. 전 다른 사람이 되고 싶어요. 차라리 똑똑하지 않았으면 좋겠어요. 그러면 진짜 친구가 생길지도 모르죠."

코너는 탁월한 성과 덕분에 공개적으로 칭찬받고 어른들에게 인정을 받았지만, 그런 것이 본인에게는 아무 의미도 없다. 코너는 똑똑하거나 행복하거나 둘 중 하나만 가능하지, 둘 다 붙잡을 수는 없다고 믿는다. 실상은 그렇지 않은데 이렇게 믿고 있다니 참으로 안타깝다.

(머리 좋은 아이는 이렇게 키웁니다)

코너는 삶의 의미를 찾느라 고심하고 있다. 단순히 똑똑하기만 해서는 행복할 수 없다고 생각한다. 우리가 누구인지(또는 무엇이 되고 싶은지) 알고 우리가 중요하게 여기는 것을 얻지 못하면, 단순히 뛰어난 성과를 거둔 것만으로는 만족스럽지 않다.

시대를 한참 거슬러 올라가 아리스토텔레스 같은 사상가들은 무엇이 삶을 의미 있게 하는지 설명하려고 애썼다. 현대의 긍정 심리학 연구자들도 이와 같은 문제를 적극적으로 파헤치고 있다. 삶의 의미에 대한 논의는 직접적으로나 간접적으로 가치와 관련된다. 가능한 답은 진정한 자아를 개발하고 대의명분을 위해 일하는 것이라 할 수 있다. 목적의식을 갖고 최선의 자아를 위해 꾸준히 성장하며 타인과 깊이 관계를 맺는 것도 포함한다. 또한 보람 있게 살아가는 것, 아니 어쩌면 보람 있게 죽어가는 것에 대한 이상도 포함한다. 직관적으로 볼 때, 의미 있는 삶은 만족스럽다고 할 수 있다. 여러 연구에서 지속적으로 밝혀내기를, 어른들은 자기 삶이 의미 있다고 여길 때 더 행복하다고 한다. 그 반대 역시 맞다. 행복한 사람은 자기 삶이 더 의미 있다고 여기는 경향이 있다.

그렇지만 이것이 아이들에게는 어떻게 해석될까? 아이들의 정체성은 끊임없이 변한다. 그들이 행동하고 생각하고 좋아하는 것은 해가 갈수록 급격히 바뀔 수 있다. 초등학교

1학년 딸아이가 분홍색만 입겠다고 고집부리다가 4학년이 되어서는 분홍 비슷한 색도 입지 않으려 할지도 모른다. 아들이 여덟 살 때는 포켓몬 만화에 빠졌다가 열한 살 때는 메이저리그 야구에 꽂힐지도 모른다.

초등학교 학생들은 확고한 철학을 갖고 있지 않으며 존재의 문제를 따지거나 개인적인 성취 문제로 고민하지 않는다. 하지만 이런 아이들도 남달리 중요하게 생각하는 것이 있다. 개인적 가치를 바탕으로 판단해 어떠한 활동을 '흥미롭다', '지겹다'라고 구분하거나 어떤 행위를 '친절하다', '비열하다'라고 구분한다. 또한 어떤 물체를 '역겹다', '괜찮다', '내게 특별하다'라고 구분한다. 자기가 소중하게 여기는 것이 자신의 행복과 관련된다고 생각한다.

한 연구에서 한정 응답식 면접(질의에 대한 응답이 '그렇다', '아니다', '모른다' 등 세 가지로 한정되는 취재 면접)과 콜라주 활동을 활용해 무엇이 자기를 행복하게 해주는가에 대한 아이들의 생각을 조사했다. 초등학교 3학년과 4학년 학생은 행복의 원천으로 사람과 애완동물과 취미를 강조했다. 10대는 사람과 애완동물을 소중히 여기지만, 어린아이들에 비해 물질 소유와 성취를 더 강조했다. 콜라주에서 무엇을 빼도 되는지 물었을 때, 모든 연령의 아이가 사람과 애완동물은 뺄 수 없다고 대답했다. 다른 연구에서는 연구자들이 초등학교 1학년생들에게 '삶에서 가장 중요한 것'이 무엇인지 물어보았다. 가장 많이 나온 반응은 사회적 관계였고(42퍼센트), 스포츠나 취미 활동 같은 활동이 뒤를 이었다(21퍼센트). 이러한 결과로 볼 때, 대부분 어른과 마찬가지로 아이들도 관계를 무척 소중히 여긴다는 사실을 알 수 있다.

개인적 의미에 깔려 있는 두 가지 주제

어른을 대상으로 삶의 의미를 연구한 문헌은 주로 진정성과 초월성이라는 두 가지 주제를 다룬다. 진정성은 '진정한 자아'를 발견하고 그에 따라 행동하는 것과 관련된다. 초월성은 자기 자신보다 더 큰 존재, 즉 신이나 사랑, 진리, 공동체, 인류애 등을 인식하고 그런 존재와 연결되는 것을 말한다. 이러한 주제는 아주 추상적이어서 어른들이나 논의할 수 있을 거라고 생각하기 쉽다. 하지만 우리는 이 두 주제가 아이들에게도 매우 밀접하게 관련된다고 믿는다. 사실, 아이들의 본질적인 발달 과제는 자신이 누구인지 발견해 진정성을 추구하는 것과 자신의 이익을 넘어서서 바라보고 행동하는 초월성을 개발하는 것이다.

아이들의 진정성, 그리고 부모의 바람과 두려움_ 진정성 주제를 논의할 때는 부모가 소중히 여기는 것과 아이들이 발견하거나 이룩한 개인적 의미가 맞지 않을 경우를 살펴야 한다. 이럴 경우에 부모가 무척 힘든 시간을 보내기 때문이다.

 부모는 대부분 자식이 잘하기를 원한다. 코너의 아버지는 분명 아들이 성취의 중요성을 무시하고 자신의 똑똑함을 평가절하 하는 소리를 듣고 깜짝 놀랐을 것이다. 아버지는 어쩌면 코너가 6학년 때 자신의 능력을 거부했기 때문에 나중에 커서 실직하고 무일푼이 될 거라는 상상을 했을지도 모른다. 그런 상상을 하는 것도 무리가 아니지만, 사태를 해결하는 데 전혀 도움이 되지 않는다. 미래는 아무도 예측할 수 없다. 쟁점은 코너의 미래 직업 전망이 아니라 현재 속상해하는 마음과 자기에게 중요한 것을 알아내려고 애쓴다는 점이다. 다행히 코너의 아버지는 "그게 아니야. 너는 학업에 더 신경 써야 해. 그러지 않으면……" 하는 식으로 위협하거나 끔찍한 예측에 호소하지 않는다. 코너는 물론 아버지가 성취를 중요하게 생각한다는 점을 알고 있다. 이 아이가 도움을 받아야 하는 부분은 그런 성취가 자기에게 어떠한 의미를 갖는지 알아내는 것이다.

 아버지는 코너의 시큰둥한 반응에 반박하면서 상의 가치와 그의 재능을 알려주려고 한다. 하지만 코너는 아버지의 타당한 주장을 받아들이지 않는다. 논쟁으로는 아이들을 좀체 설득할 수 없다. 설득은커녕 강하게 버티게 하거나 더 극단적인 입장으로 내몬다. 논쟁보다는 기분을 인정해주고, 아이들 눈에 세상이 어떻게 비치는지 이해하려고 질문을 던지는 것이 더 효과적이다. 아버지가 방에 들어와 "내가 뭘 못 알아듣는다는 거냐?"라고 묻자 코너는 마음을 열기 시작한다. 아버지는 이런 질문도 할 수 있다.

"네가 이 상을 받고 즐겁게 느끼지 못하도록 방해할 만한 일이 있었니?"(분명 다른 학생이 코너의 마음을 아프게 했을 것이다.)

가치와 관련된 딜레마를 얘기할 때는 '또는'보다 '또한'으로 설명하는 것이 아이의 선택권과 이해도를 높일 수 있다. 아버지는 이렇게 말할 수 있다.

"공부를 열심히 한 걸로 봐서 네가 학교 공부에 신경 쓴다는 것을 알아. 또한 너를 신경 써줄 친구를 갖고 싶어 한다는 것도 알고."

코너의 아버지는 "제이슨한테 전화해서 놀러 오라고 하렴!"하고 서둘러 해결책을 제시하거나, "그 아이가 분명 너를 질투했나 보다. 그냥 무시해버려"하고 문제를 일축하지 않아야 한다. 개인적 가치를 파악하려고 노력하는 일은 건전하며 성장에 도움이 된다. 즉각적인 조치나 결정을 내릴 필요도 없다. 아버지가 할 일은 아들의 노력을 인정하고 그 과정을 지원하며 아들이 그 가치를 찾을 거라고 믿어주는 것이다. 아버지는 아들을 안아주며 이렇게 물어볼 수 있다.

"참으로 어려운 문제구나. 네가 왜 화가 났는지 알겠다. 이 문제를 해결하기 위해 어떻게 하는 것이 좋을까?"

개인적 의미를 알아가는 과정을 안내하고 지원하기_ 어른들은 자주 아이들의 가치에 영향을 미치려고 한다. 요즈음 많은 학교에서 '인성 교육' 프로그램을 운영한다. 시민 의식과 협동 같은 덕목을 가르치고 포스터나 고무적인 표현으로 선동한다. 그러나 추상적 개념에 집중하다 보니 아이들이 생각하고 배우는 데는 적합하지 않다.

부모는 일상생활에서 "동생이랑 나눠 써라"라고 말하거나 학교 숙제를 설명할 때 혹은 나이 든 이웃의 집 앞에 쌓인 눈을 치워주면서 은연중에 그들의 가치를 전달한다. 이러한 가르침은 가치를 효과적으로 전달할 수 있다. 구체적인 상황이나 행동과 관련되어 있고, 아이들은 일반적으로 부모를 기쁘게 해주려고 하기 때문이다. 그런데 어느 부모라도 증언할 수 있듯이, 아이가 무엇을 해야 하는지 아는 것과 실제로 행하는 것 간에는 엄청난 차이가 있다.

도덕 발달에 대한 초기 연구는 주로 도덕적 생각에 치중했다. 도덕적 딜레마와 관련된 가상 상황에서 "무엇을 하는 것이 옳은가?"에 대한 아이의 결정을 기술하고 분류하는 것이 고작이었다. 하지만 한 아이가 죽어가는 배우자를 구하기 위해 약을 훔쳐야 하는 상황을 복잡하게 분석할 수 있다고 해서 그 아이가 집단 괴롭힘을 당하는 학급 친구를 위해 나설 거라고 장담할 수는 없다.

도덕적 딜레마에 대한 반응을 유발하는 것은 흔히 신중

하고 논리적인 도덕적 사고가 아니라 '직감'이나 순간적인 감정 반응이다. 이러한 반응을 나중에 도덕적 사고로 정당화하고 자세히 설명하는 것이다. 도덕적 감정은 직접적인 사익私益을 초월하는 것으로, 경멸과 죄책감, 연민, 감사 등을 포함한다. 그리고 우리 자신이나 타인에 대한 직관적 평가를 반영한다. 도덕적 감정은 고통받는 사람을 위로하거나 우리에게 호의를 베푼 사람에게 은혜를 갚는 등 우리를 특정한 방식으로 행동하도록 부추긴다.

아이들은 관심 가는 일을 직접 경험하고 그 경험을 곰곰이 생각할 때 가치를 가장 잘 배울 수 있다. 이제 그 과정을 촉진할 수 있는 방법을 몇 가지 살펴볼 것이다.

의미 있는 경험을 하도록 도와줄 방법

다음에 나오는 여러 활동은 아이다운 진정성과 초월성에 초점을 맞춘 것이다. 이러한 활동을 하면서 아이는 자기가 누구이며 자기에게 중요한 것이 무엇인지 발견하고, 나아가 초월적인 존재와 연결되었다고 느낄 것이다. 하지만 이러한 활동을 너무 엄격하게 실천하라고 내몰지는 말아야 한다. 의미를 찾는 일은 물론 중요하지만, 점진적으로 배우는 것이 한꺼번에 몰아치는 것보다 더 효과적이다. 또한 인생이 고통의 연속이 되지 않도록 의미와 즐거움을 균형 있게 추구해야 한다.

강점을 찾는다_ 심리학자 크리스토퍼 피터슨Christopher Peterson과 마틴 셀리그먼Martin Seligman은 의미를 찾는 경로가 각자의 대표적인 강점을 활용하는 것과 관련된다고 주장한다. 웹사이트 www.authentichappiness.com은 스물네 가지 강점 중에서 대표적인 강점을 파악하도록 온라인 테스트를 제공한다. 강점 중에는 '배움을 즐김', '창의성', '용기', '인내', '사랑하고 사랑받는 능력', '유머와 농담', '열정' 등이 있다.

이 테스트는 스스로 보고하는 형식이기 때문에 그 결과가 응답자들이 실제 지닌 강점인지 아니면 단순히 소중하게 생각하는 강점인지 확실하지 않다. 하지만 우리가 이루고자 하는 목적에는 어느 쪽이든 상관없다. 아이에게 강점 질문지를 완성하게 하면 자신을 좀 더 복잡한 방식으로 이해하는 데 도움이 된다. 이를테면 앞의 일화에서 코너는 자신을 그저 똑똑하다고만 생각했다. 질문지를 완성하면서 이제는 자신을 좀 더 다면적으로 바라볼 수 있을 것이다. 코너가 그러한 강점에 부응하는 방식으로 행동하기로 선택한다면, 실제로 그러한 강점을 가졌는지 여부는 상관없이 그 강점을 기를 수 있다.

아이의 강점을 논의할 때는 '현재의 강점'이라는 측면에서 논의해야 한다. 아이들은 자라면서 급격히 변하며, 그들의 강점 역시 시간이 지나면서 변하기 때문이다.

자신을 개발하는 데는 두 가지 경로가 있다고 아이에게

설명한다. 하나는 강점을 키우는 것이고, 하나는 약점을 다스리는 것이다. 사람들은 대부분 이 두 가지를 모두 실천한다. 이 점을 염두에 두고 아이와 함께 스물네 가지 강점 목록을 훑어본다. 아이가 그중에서 세 가지 강점을 고른다면 어느 것이 될 것 같은가? 왜 그렇다고 생각하는가? 아이가 어느 것을 더 크게 개발하고 싶어 할까? 이러한 강점을 발휘하거나 개발할 방법을 아이와 함께 정리해본다.

몰입한다_ 아이가 어떤 활동에 푹 빠져 있는 모습을 본 적이 있는가? 레고를 갖고 놀거나 모래 놀이 상자에 들어가 놀 때, 혹은 책을 읽거나 그림을 그릴 때 아이를 지켜보자. 주변 세상은 사라지고 시간이 어떻게 흐르는지도 모른다. 아이는 아무것도 의식하지 못한 채 그 활동에 빠져 있다. 시카고대학교의 심리학자 미하이 칙센트미하이Mihaly Csikszentmihalyi는 이를 '몰입'이라고 부른다. 그는 몰입을 이렇게 정의한다.

"어떤 활동에 푹 빠져들어 그 밖에 다른 것은 전혀 중요하지 않은 상태다. 그 경험 자체가 너무 즐거워서 사람들은 어떠한 대가를 치러서라도 그 활동을 수행하려고 한다."

그는 예술가가 작품 활동을 하는 모습을 지켜보면서 이 개념을 고안했다. 예술가가 그림을 그리는 동안에는 그 과정에 완전히 몰두하지만 다 그리고 나면 흥미를 잃는다는 사실에 주목했다. 몰입은 더없이 행복하고 충만한 현재 활동에 온전히 몰두하는 것이다.

칙센트미하이는 암벽 등반가, 운동선수, 음악가, 외과 의사, 문서정리원, 공장노동자, 엔지니어 등 다양한 직업인을 대상으로 몰입을 연구했다. 무선호출기를 이용한 연구에서 그는 참여자들에게 연락해 무엇을 하고 있으며 기분이 어떠한지 물었다. 그 결과, 사람들이 자기 삶에 몰입할수록 더 행복하다는 사실을 발견했다. 또한 사람들이 여가 시간을 제대로 관리하지 못하는 경향이 있다는 점도 발견했다. "난 주말이 잔뜩 기다려져!"라고 흔히 말하지만 실제로는 일에서 더 몰입을 경험한다. 그렇다고 우리가 항상 일만 해야 한다는 뜻은 아니다. 여가 시간에 하는 일을 신중하게 생각하고 적극적으로 참여할 만한 활동을 해야 한다는 뜻이다.

도전 과제가 우리 능력에 맞을 때 몰입을 경험할 가능성이 크다. 과제가 너무 어려우면 불안해진다. 너무 쉬우면 지겨워진다. 지겨움과 불안감의 중간 상태가 우리에게 최적의 경험을 안기고 최고의 수행력을 발휘하게 한다.

몰입 개념을 설명하고, 아이가 가장 몰입할 것 같은 활동을 찾도록 도와주자. 몰입을 경험하면 굉장히 신나고 의미가 깊다고 느낄 것이다.

반려동물을 키운다_ 알레르기가 없고 키울 조건만 맞는다면 반려동물 키우기는 아이에게 매우 의미 있는 활동이다.

반려동물을 사랑할 기회를 얻을 수 있고(동물 유형에 따라 반려동물에게 사랑받을 기회도 된다), 반려동물을 돌봐주면서 책임감을 키우고 다른 사람의 욕구를 의식할 수도 있다. 많은 사람이 어린 시절 키웠던 반려동물을 애틋하게 기억한다.

스스로 노력해서 자존감을 키운다_ 자식의 자존감을 걱정하는 부모가 많다. 그들은 아이가 대단히 멋지다고 자주, 그리고 과장되게 칭찬하면서 자존감을 억지로 키워주려고 애쓴다. 언뜻 생각하면 아이가 자기 자신에게 기분 좋게 느끼면 자신감이 더 붙고 관대하게 행동하며 성공할 가능성도 더 클 것 같다. 그런데 광범위한 연구에 따르면 이런 생각은 완전히 틀렸다.

로이 바우마이스터Roy Baumeister와 동료들은 자존감에 대한 여러 연구를 심층 분석했다. 그 결과, 자존감이 높다고 반드시 학업 성취도가 높거나 인간관계를 잘 맺지 않으며, 나아가 흡연이나 음주, 약물 복용, 조기 성 경험을 예방하지 않는다는 사실을 발견했다. 또한 능숙도를 강조하는 학업 프로그램이 자존감을 가장 크게 증가시키는 반면에, 자기 자신에게 기분 좋게 느끼도록 강조한 프로그램은 자존감에 별로 영향을 미치지 않거나 심지어 부정적인 영향을 미쳤으며 학업 성취도 가장 낮게 나왔다는 연구 결과도 있다.

자존감은 구체적이기도 하다. 아이는 수학이나 야구, 게임을 할 때나 부모님을 도울 때 자기가 얼마나 잘해낼지 알고 있다. 우리가 아이에게 특정 분야에서 더 높은 자존감을 갖기를 바란다면, 아이가 그 분야에서 더 잘하도록 도와줘야 한다. 아무 일에나 잘한다고 칭찬해봤자 희망 사항일 뿐, 현실과는 괴리가 있다.

아이가 자기 자신을 좋게 평가하기를 바라는가? 물론 그럴 것이다. 그것이 행복의 한 측면이기 때문이다. 하지만 자존감을 키워줄 지름길은 없다. 억지로 심어줄 수도 없다. 그저 본인이 노력해서 키워야 한다. 자존감은 적절한 수행 기준을 맞춰서 나오는 결과지 원인이 아니다. 아이가 노력해서 얻은 자존감은 의미도 있고 즐겁기도 하다.

과외 활동을 하면서도 자존감을 키울 수 있다. 자신을 소개하라고 하면 초등학생들은 "저는 야구를 좋아합니다"라거나 "저는 발레를 배웁니다"라고 말하는 아이가 많다. 과외 활동은 관심사를 공유한다는 점에서 친밀한 관계를 맺게 해주기도 한다.

아이에게 딱 맞는 활동을 찾게 하려면 창의성을 발휘하고 지혜를 짜내야 한다. 아이가 다른 사람들과 함께 하면서 기술이나 책임감을 키울 수 있는 활동을 찾아보자. 스포츠나 음악, 댄스는 흔히 선택할 수 있는 활동이지만, 그 밖에도 다양한 활동이 있다. 도서관에 가면 그림 그리기, 저글링, 마술 등 아이의 흥미를 끌 만한 취미 활동을 소개하는 책이 많이 있다. 아이에게 반항을 불러일으킬 만한 활동을 찾으려면 여러 가지를 시도해봐야 할 것이다. 이런 것도 다 자신이 누구인지 알아가는 과정이다.

친절을 베풀 때마다 포인트를 준다_ 최근에 대학생을 대상으로 실시한 연구에 따르면, 일주일 동안 자신이 베푼 친절한 행위를 헤아리기만 해도 더 행복해졌다고 한다. 이 방법은 아이들에게 쉽게 활용할 수 있는 전략이다.

저녁 식탁에 둘러 앉아 일종의 의식처럼 그날 각자가 했던 친절한 행위를 보고해보자(우리는 집에서 아이들과 수년째 이렇게 하고 있다). 이러한 의식을 통해서 당신이 친절을 매우 소중하게 생각한다는 뜻을 심어줄 수 있다. 또한 날마다 친절을 베풀어야 하고 타인의 욕구를 늘 의식하며 살아야 한다는 교훈을 가르칠 수 있다. 그렇게 살다 보면 아이가 자기 자신을 친절한 사람으로 인식할 것이다.

아이가 친절한 행위를 보고하지 못하더라도 크게 신경 쓰지 마라. 그냥 "그것참 안됐구나"라고 가볍게 말하고 넘어간다. 아이가 친절한 행위를 보고하면, 긍정적인 영향을 미친 아이의 능력을 강조하기 위해 그 행동으로 다른 사람이 어떻게 느꼈을지 의견을 말한다. 이를테면 이렇게 말하면 된다.

"나는 그분이 네게 무척 고마워했을 거라고 생각해."

"그분에게 크게 도움이 되었겠구나."

"그 사람들이 아주 좋아했을 거라고 확신한다."

친절한 행위를 한 가지 할 때마다 포인트를 줘서 50점이나 100점이 되면 축하 의식을 거행해도 좋다.

이 세상에는 당신의 아이가 다 충족시킬 수 없을 만큼 많은 기준이 있다. 아이가 아무리 원해도 원정 축구 경기에 출전하지 못할 수 있다. 관현악단 멤버로 뽑히지 못할 수도 있다. 학교 연극이나 독서 클럽에 뽑히지 못할 수도 있다. 하지만 친절은 딱히 정해진 기준이 없으며 날마다 베풀고 보여줄 기회가 넘친다.

자원봉사를 한다_ 앨버트 슈바이처Albert Schweitzer가 한번은 의대 졸업반 학생들에게 이렇게 말했다.

"나는 자네들의 운명이 어떠할지는 모르지만 한 가지만은 확실히 안다네. 자네들 가운데 정말로 행복하게 살 사람은 봉사하고자 애쓰는 사람들이라는 걸 말일세."

자원봉사는 신념을 행동으로 옮기는 한 방법이며, 흔히 '돕는 자의 희열'이라 불리는 기분을 맛보게 해준다.

자원봉사는 아이들에게 장기적으로 영향을 미칠 수 있다. 어렸을 때 자원봉사를 시작한 사람은 그렇지 않은 사람보다 커서 봉사하는 삶을 살 가능성이 두 배나 높다. 오랫동안 봉사를 계속해온 사람들에게는 남을 돕는 일이 삶의 중요한 부분으로 자리 잡는다. 그만큼 봉사는 삶의 의미를 찾고 긍정적인 기분을 맛보며 세상 사람들과 연결되는 수단이다.

아이가 가장 의미 있게 생각할 만한 봉사 활동을 주제로 이야기를 나눠보자. 아이가 동물을 돌보거나 어린아이들을 가르치거나 환경보호를 위해 애쓰고 싶어 하는가? 그렇다면 이러한 활동을 펼칠 기회를 찾아본다. 당신이 사는 지역에서 어떠한 봉사 활동을 할 수 있는지 모르겠다면 관련 웹사이트를 방문해서 아이가 인근에서 참여할 수 있는 자원봉사 활동을 찾아보자.

당신이 믿는 종교적 믿음을 공유한다_ 종교에서 삶의 의미를 찾는 사람이 많다. 종교는 삶의 가치를 제공하고, 중요한 이정표를 기념하게 해주며, 공동체 의식을 갖게 하고, 자기 자신보다 더 큰 존재와 연결시켜준다. 또한 삶과 죽음, 선과 악, 운명과 자유의지 등 어려운 질문에 위로가 되는 답을 제공한다.

아이들의 영적 발달에 대한 연구는 꾸준히 이루어져왔지만 쉽게 답할 수 있는 문제는 하나도 없다. 다만 아이들이 신을 이해하는 정도가 자라면서 점차 발달한다는 사실은 확실하다. 예를 들어, 한 연구에서 다양한 종교를 가진 아이들에게 생각대로 자유롭게 답할 수 있는 질문을 던졌다.

"너는 왜 기독교(또는 가톨릭, 또는 불교)를 믿니?"

"기도가 뭐니?"

이 연구로 아이들의 종교적 사고가 점차 복잡하게 진행된다는 사실을 알아냈다. 이를테면 여덟 살에서 열 살 아이들은 종교가 가족에 의해 결정된다고 본다. 가톨릭을 믿는 가족이 고양이를 기른다면, 어린아이들은 그 고양이도 가톨릭 신자라고 믿는다. 그들은 기도가 특정 시간이나 특정 장소에서 각자 바라는 바를 요청하는 것이라고 구체적으로 생각한다. 어린아이들의 신에 대한 관점은 스튜어트 햄플Stuart Hample과 에릭 마셜Eric Marshall의 《하나님에게 쓰는 편지 Children's Letters to God》에 생생하게 표현되어 있다. 이 시기의 아이들과 관련해 우리가 가장 즐겨 인용하는 구절은 다음과 같다.

"하나님, 남동생을 보내주셔서 감사합니다. 그런데 저는 강아지를 달라고 기도했거든요."

열 살에서 열세 살 아이들은 기도를 좀 더 추상적이고 감정적으로 바라본다. 그래서 신과 대화를 나누거나 이타적인 관점에서 접근한다. 열한 살에서 열다섯 살 아이들은 좀 더 복잡한 관점에서 접근해, 종교를 외부에서 부여한 것이 아니라 자기 안에서 나오는 것으로 본다. 네 살에서 열다섯 살 정도가 되면 종교에 대한 의심이 싹트기 시작한다.

아이들은 부모가 행하고 말하는 것을 보고 들으면서 부

모의 영적 믿음을 배운다. 종교 활동에 참여하는 부모를 둔 아이들이 커서도 종교에 관심을 갖고 신앙생활을 유지할 가능성이 크다. 부모가 자신들의 종교에 대해 많이 얘기할수록 아이들은 그 종교를 더 정확하게 이해한다. 아이들의 영적 발달에 대한 연구 중에서 아이·부모 관계와 아이·신 관계 간에 유사점을 주목한 한 연구는 매우 흥미롭다. 젊은이들은 부모와 관계가 좋을 때 부모가 믿는 종교를 채택할 가능성이 가장 컸다. 차갑고 현실적인 가정에서 자랐다고 생각하는 대학생들은 신과 교류하기를 피한다고 말했다. 지나치게 보호하려 들고 엄격하며 가부장적인 가정에서 자랐다고 믿는 대학생들도 신과 교류하기를 피하며, 신이 자기를 사랑하지 않을 거라는 불안감을 느낀다고 대답했다. 따라서 아이가 장래에 당신의 종교적 믿음을 채택하기를 바란다면 지금 아이와 친밀하고 다정한 관계를 조성해야 할 것이다.

감동을 주는 이야기를 읽거나 본다_ 우리는 영웅적인 이야기를 읽고 감동과 자극을 받는다. 이러한 이야기는 우리가 가장 중요하게 여기는 가치를 구현하기 때문에 의미가 깊다.

영웅 이야기는 힘을 내도록 격려하고 용기를 북돋운다. 우리는 친절이나 용기, 충성, 연민 같은 선의의 행동에 깊이 감동받거나 고무될 때도 이러한 기분을 맛본다. 가슴이 뭉클해지고 저절로 미소가 떠오른다. 전혀 알지 못하는 사람이 누군가에게 선행을 베푸는 모습을 보거나 듣기만 해도 가슴이 따뜻해지고 자신도 더 나은 사람이 되고 싶다는 생각이 든다.

한 연구에서 대학생들에게 짤막한 동영상을 보여주고 그 반응을 조사했다. 학생들은 테레사 수녀의 감동적인 다큐멘터리, 평범한 사람들이 일상생활의 우스운 장면을 직접 찍어서 올리는 〈미국에서 가장 재미있는 홈 비디오 America's Funniest Home Videos〉, 흥미롭기는 하지만 별 감흥을 일으키지 않는 비디오 등 세 편의 동영상 중에서 하나를 감상했다. 테레사 수녀의 다큐멘터리를 본 학생들은 감동과 자극을 더 받았고, 다른 사람들을 더 돕고 싶어 했다. 또한 자선단체에서 자원봉사를 하겠다는 의사를 더 많이 표시했다. 이렇게 사람들은 감동을 받으면 선을 행하고 싶어 하고, 희망과 사랑과 영감으로 가슴이 벅차오른다.

따라서 아이에게 의미를 고취시키려면 심금을 울리는 방법을 활용하는 것이 좋다. 어떻게 행동해야 한다는 재미없는 강의와 달리, 가장 높은 이상을 실천한 사람들의 감동적인 이야기는 아이들을 그러한 이상에 따라 행동하게 하는 강력한 방법이 될 수 있다. 억지로 강요당하는 것이 아니라 스스로 영감을 받아 움직이게 할 수 있다.

힘을 주고 용기를 북돋우는 이야기는 어디에나 있다. 영웅적인 소방관이나 동물 구조단원의 신문 기사, 말기 암을 극복한 환자의 투병기를 다룬 영화, 역경을 딛고 일어선 지도자의 전기, 왕따를 이겨낸 어린아이에 대한 소설, 혹은 당신 자신의 가족 중에서도 그런 이야기의 주인공이 있을 수 있다. 하지만 이런 고무적인 이야기도 너무 자주 들으면 감흥이 떨어진다. 또한 너무 가까운 사람의 사례를 제시하면 아이가 비교당한다고 생각할 수도 있으니 주의해야 한다.

성장을 자극하고 노력을 인정하는 방식으로 칭찬한다_ 양육에 대한 조언이 때로는 극단에서 극단으로 치닫기도 한다. 얼마 전까지만 해도 전문가들은 자신감을 심어주기 위해 부모에게 아무리 사소한 일이라도 칭찬해줘야 한다고 말했다. 하지만 이 조언은 잘못된 것이다. 아무 일에나 칭찬을 남발하면 아이들은 제대로 된 기준이 무엇인지 배우기 어렵다. 사랑은 무조건적으로 베풀어야 하지만 칭찬은 그렇지 않다.

최근에는 신중한 부모라면 아이들을 칭찬하지 않아야 한다는 조언이 주로 나오고 있다. 칭찬은 판단을 포함하기 때문에 자존감을 외적 판단에 의존하게 한다는 것이다. 우리는 이 조언이 지나치게 엄격하다고 본다. 또한 아이들이 세상을 바라보는 관점에도 맞지 않는다. 아이들은 부모나 주변의 중요한 어른들을 기쁘게 하려고 애쓴다. 이것은 아주 좋은 일이다. 문명은 그렇게 해서 조금씩 발전해왔다. 가족의 화합도 마찬가지다. 우리가 칭찬을 꺼리면 우리의 가치를 분명하게 전달하는 것도 포기하는 것이다. 어른들은 대체로 적절한 행동 기준이 무엇인지 안다. 아이들은 그 기준을 배워가는 중이다. 그러니 어찌 되었든 우리는 '아이들의 스승'인 셈이다.

그래서 우리는 성장을 자극하는 방식으로 칭찬하라고 조언한다. 이렇게 하면 된다.

- 구체적으로 말한다. 당신이 관찰한 아이의 행동을 기술한다.
- 칭찬할 만한 일에 칭찬한다. 이를테면 아이가 객관적인 기준을 충족시키거나, (당신을 포함한) 다른 사람들의 기분에 긍정적 영향을 미치는 등 중요한 행동을 한 경우에만 언급한다.
- 타고난 능력보다는 노력이나 전략에 초점을 맞춘다. 타고난 능력은 고정되어 있지만 노력이니 전략은 아이가 통제하고 조절할 수 있다.
- 개선을 주목한다. 점점 나아지는 점을 인정하고 끈기를 높이는 방식으로 격려한다.

아이에게 성장하도록 격려하는 것도 중요하지만, 인정한다는 뜻을 전하는 것도 중요하다. 우리가 상담하면서 만났던 사람들 중에서 가장 불행한 사람은 부모에게 인정받을 만큼 잘하지 못한다고 생각하는 이들이었다. 그들이 아무리 잘해도 부모가 던지는 메시지는 늘 "넌 더 잘할 수 있어"라는 말이었다. 하지만 그보다 더 잘하기는 힘들거나 더 잘하기 위해서는 치러야 할 희생이 너무 크다. 이런 경우, 비위를 맞추는 것이 불가능한 부모를 기쁘게 하려고 평생 애쓰는 사람도 있지만 다 포기하고 잘하지 못한다는 판단을 그대로 받아들이는 사람도 있다.

그렇다면 어떻게 해야 이런 불상사를 피할 수 있을까? 우리의 가치를 표현하고 성장을 자극하면서 동시에 인정한다는 뜻을 어떻게 전할 수 있을까? 공허한 칭찬과 끊임없는 비난 사이에서 절충안을 찾으려면, 우리는 아이들을 진정으로 소중하고 특별하고 발전하는 개인으로 바라봐야 한다. 다시 말해서 칭찬 기준을 추상적인 이상이나 허황한 기대치에 두지 말아야 한다. 누가 얼마나 더 잘한다고 비교할 것이 아니라 아이 각자의 과거 행동을 기준으로 삼아야 한다. 과거에 했던 것보다 더 잘한 아이는 그 점을 인정받고 싶어 한다. 그렇다고 호들갑스럽게 칭찬할 필요는 없다. 간단히 "해냈구나!"라고 인정하는 정도면 된다. 공연히 "이제 잘할 때도 됐지!"라거나 "더 노력하면 그보다 훨씬 더 잘할 수 있어!"라는 말로 부담을 주어서는 곤란하다.

아이들은 자기 나름대로 기준을 가지고 태어나지 않는다. 그래서 자기 삶에서 중요한 어른들에게 인정받으려고 애쓴다. 그 아이들은 우리가 '괜찮은 아이'라고 생각하는지 알고 싶어 한다. 하지만 우리가 아이에게 할 수 있는 가장 큰 칭찬은 객관적인 수행력과는 아무 상관이 없다. 어떤 등급이나 인증서보다 더 소중한 것이 있다. 그것은 바로 아이에게 이렇게 말해주는 것이다.

"너와 함께 있어서 무척 즐겁구나."

* 부모 가이드 *
아이가 스스로 행복해지도록 도와주는 방법

정신이 건강하다는 말은 단순히 정신병이 없다는 데 그치지 않는다. 이 말은 긍정적인 기분으로 살아간다는 뜻을 포함한다. 어른인 당신은 분명히 막중한 책임을 지고 살아갈 것이다. 자식을 키우고, 집안을 꾸미고, 직장에 다니고, 무료봉사를 하는 등 할 일 목록은 끝이 없다. 이러한 부담감 때문에 삶을 암울하게 바라보기도 한다. 우리는 맡은 바 소임을 완수하고 아이들을 위해 책임감 있게 사는 모습을 보여주고 싶다. 하지만 무엇보다 우리 자신과 아이들의 복지를 위해서 행복을 최우선으로 삼아야 한다.

● **교감을 나누려고 의식적으로 노력하기**

현대인의 분주한 생활양식 때문에 과제만 챙기다 보면 사랑하는 사람과의 상호작용이 사무적으로 흐르기 쉽다. 그래서 아이들과 나누는 대화가 과제를 점검하는 체크리스트처럼 들린다.

"○○했니?"

"○○ 좀 해줄 수 있니?"

"○○는 언제 할래?"

일을 순조롭게 진행하려면 이런 대화가 어느 정도 필요

하기는 하지만 때로는 할 일 목록을 한쪽에 치워놓을 필요도 있다.

아이가 학교에서 돌아오거나 배우자가 직장에서 돌아올 때, 교감을 나누려고 의식적으로 노력해보자. 따끈한 차를 끓여 마시면서 질문하고 들어주고 교감한다. 혹은 개를 데리고 함께 산책을 나가거나 화분에 물을 주거나 공놀이를 하면서 신체 활동을 같이 한다. 무엇을 하든 간에 아이나 배우자가 당신에게 얼마나 중요한 사람인지 생각하도록 한다.

친구들과 정기적으로 만나는 모임을 계획해도 좋다. 사람들은 흔히 인간관계를 가장 중요하다고 말하면서 그 관계를 유지하기 위해 아무런 노력도 기울이지 않는다. 그런데 관계는 잘 유지하지 못하면 시들기 마련이다. 시간을 정해두고 친구들과 전화나 이메일, 페이스북 등으로 연락하자. 직접 만나면 더욱 좋을 것이다. 누구 한 사람이 요리하거나 치우는 번거로움이 없도록 한 달에 한 번 근처 식당에서 만나 즐거운 시간을 보내도 좋다. 독서 모임을 열거나 볼링 시합을 하거나 합창단에서 노래를 하거나 학교 운영 위원으로 활동하는 것도 사람들과 교류하는 한 방법이다.

● **멀티태스킹 피하기**

사람들은 흔히 "나는 할 일이 너무 많아!"라고 불평한다.

그래서 생산성과 효율성을 높이려고 동시에 여러 가지 일을 하는 멀티태스킹에 의지한다. 어떤 사람들은 그런 능력을 떠벌리기도 한다. 웃기는 소리다. 음악을 들으면서 빨래를 개는 등 사소한 일 두 가지를 동시에 처리할 수는 있다. 하지만 집중력을 요하는 일에서는 이러한 전략이 효과가 없다.

멀티태스킹은 근거가 없는 얘기다. 물리적으로 동시에 두 가지 일에 집중하는 것은 불가능하다. 멀티태스킹을 하는 사람은 실제로 일과 일 사이를 왔다 갔다 하며 집중력을 전환하는 것이다. 그렇게 전환할 때마다 시간이 걸려서 실제로는 효율성이 떨어지고 중요한 사항을 놓칠 가능성이 커진다. 《미치게 바쁜 사람들CrazyBusy》을 쓴 에드워드 할로웰Edward Hallowell은 멀티태스킹을 공 두 개로 테니스 치는 것과 같다고 말한다.

"공 두 개로 테니스를 치면 한 개로 칠 때만큼 잘할 수 없다."

《브레인 룰스Brain Rules》를 쓴 존 메디나John Medina 박사에 따르면, 멀티태스킹을 하면 과제를 완성하는 데 시간은 50퍼센트 더 걸리고 실수는 50퍼센트 더 늘어난다고 한다.

"지금 내가 뭐 하고 있었지?"라며 자꾸 헤매는 것이 문제다. 마이크로소프트사의 직원들을 대상으로 한 연구에서는, 이메일이나 문자메시지로 방해받고 나서 정신 집중을 요하는 과제로 복귀하는 데 평균 15분이 걸렸다. 하던 일이 중단되면 사람들은 정신이 흐트러져 다른 이메일이나 웹사이트를 확인하며 시간을 보낸다. 다른 연구에서는 근로자들이 중단된 업무를 재개하는 데 평균 25분이나 걸렸다. 멀티태스킹이 때로는 하기 힘든 업무에서 벗어나기 위한 지연 수단이 되기도 한다.

멀티태스킹을 할 때는 감정적인 대가도 치러야 한다. 어바인 소재 캘리포니아 대학교의 글로리아 마크Gloria Mark와 동료들은 한 연구에서 업무 방해 때문에 사람들이 더 스트레스를 받고 좌절하고 시간이 지연된다는 사실을 발견했다. 일은 더 빠르게 할지 모르지만, 생산력은 더 떨어졌다.

멀티태스킹의 대안으로, 심리학자들이 유심唯心, mindfulness이라 부르는 것을 생각해볼 수 있다. 아무런 판단도 하지 않은 채 그 순간 하는 일에 온전히 몰두하는 상태를 말한다. 부처는 유심 개념을 가르치며 제자들에게 이렇게 설파했.

"걷고 있을 때는 그냥 걸어라. 앉아 있을 때는 그냥 앉아 있어라."

일반 사람들이 부처와 같은 평정심을 유지하기는 어렵겠지만, 한 번에 한 가지 일에만 집중한다면 더 생산적이고 더 평온한 삶을 살 수 있을 것이다.

● 짬을 내서 영혼을 살찌우는 활동 하기

만족을 지연하는 능력, 즉 나중에 더 좋은 결과를 얻기 위해 지금 힘든 일을 하는 것은 성숙하다는 신호다. 하지만 지나치게 만족을 지연하는 사람들이 있다. 걸핏하면 "정말로 그것을 하고 싶지만 지금은 너무 바빠. 나중에 하지 뭐!"라고 말한다면 다시 생각해보는 것이 좋다. 당신에게 아주 중요한 일을 상황이 여의치 않다거나 시간이 없다는 핑계로 끊임없이 미룬다면 나중에도 그 일을 할 시간은 결코 나지 않을 것이다. 바쁜 일과 때문에 만족감과 행복감을 안기는 활동을 늘 제쳐두기만 한다면 결국 마음이 쓰리고 억울하다는 생각이 들 것이다.

친구를 만나거나, 재미있는 책을 읽거나, 기술을 익히거나, 흥미로운 프로젝트를 시작하거나, 악기를 연주하거나, 규칙적으로 운동을 하고 싶을 수 있다. 현실적으로 당신이 하고 싶은 일을 다 할 수는 없을 것이다. 하지만 창조적으로 생각하고 굳게 결심한다면 이러한 활동을 삶의 일부로 끼워 넣을 수 있다. 아무것도 안 하는 것보다는 뭐라도 하는 것이 훨씬 낫다. 당신에게 중요한 일을 할 시간을 마련한다면, 당신 자신의 정신 건강에도 좋을 뿐 아니라 아이에게 자신을 행복하게 만드는 일을 하는 것이 중요하다는 점을 가르칠 수 있다.

● 행복의 가능성에 마음 열기

자신의 행복을 일부러 도외시하는 사람들이 있다. 그들은 즐거운 일이나 의미 있는 일을 접했을 때 그 기분을 만끽하는 대신에, 심리학자 프레드 브라이언트Fred Bryant가 말하는 '흥을 깨는 생각'에 사로잡힌다. 순간적으로 일이 틀어질지도 모른다고 상상하거나 어떻게 하면 더 좋아질 수 있을까, 지금 상황이 다른 사람의 상황보다 얼마나 모자랄까, 이것 말고 다른 일을 할 수는 없을까 등 엉뚱한 생각에 사로잡혀 그 순간을 즐길 줄 모른다. 행복한 기분을 불신하고 흥분된 마음을 가라앉히려고 애쓰면서 감정을 죽이려고만 하는 것 같다. 또는 이상적인 상태보다 조금이라도 모자라면 절대 행복할 수 없다고 생각하는 것 같다.

당신도 흥을 깨는 생각에 사로잡히는 편이라면 그러한 습성을 버리고 싶을 것이다. 앞서 기술했던 음미하기, 몰입, 유심과 같은 전략을 활용해보자. 그래도 효과가 없다면 정신건강 전문가와 상담해보는 것도 좋다.

● 긍정적인 기분 공유하기

기쁨은 나누면 배가 되고, 즐거운 기분은 주변으로 전염된다. 당신이 긍정적인 기분을 표현하면 주변 사람들도 덩달아 즐거워지고 기분 좋게 반응하게 된다. 가정이나 직장이 더 행복한 곳으로 변하기를 바란다면, 행복의 기운을 전파하도록 노력해보자. 더 많이 웃고 더 쾌활하게 인사하자. 다른 사람이 베푼 친절에 고마움을 표현하자. 사랑한다는 말을 더 많이 하자. 우스운 이야기를 들려주고 크게 웃자. 처음에는 이러한 행동이 어색하게 느껴지겠지만 일단 하고 나면 효과가 있다. 더 행복하고 주변 사람들과 더 가깝게 느껴질 것이다. 또한 그들도 당신에게 더 친절하게 대할 것이다.

아이의 행복은 순간적인 즐거움을 위해서뿐만 아니라 장기적인 행복을 위해서도 중요하다. 긍정적인 기분은 사고의 폭을 넓히고 사람들과 더 원활하게 관계를 맺게 해준다. 행복하게 살려면 삶의 의미와 즐거움이 모두 필요하다. 아이들은 어른들만큼 삶의 의미를 치밀하게 이해하지는 못하지만, 자기 자신을 더 잘 알고 자기 자신보다 더 큰 존재를 알아가면서 진정성과 초월성을 향해 나아갈 수 있다.

에필로그

아이의 재능을 보호하고, 성장을 자극하는 방법

> 무릇 많이 받은 자에게는 많이 요구할 것이다.
> -〈누가복음〉12 : 48 (케네디 대통령이 1961년 1월 9일 보스턴 연설에서 인용)

이 인용구는 두 가지 방식으로 해석할 수 있다. 존 F. 케네디John F. Kennedy는 이 말로 더 큰 공동체를 위해 봉사하는 책임감을 강조했다. 하지만 오늘날 불안감에 시달리고 고도로 경쟁적인 문화에서는 이 인용구의 의미가 크게 왜곡된다. 지금은 다른 사람을 능가하고 개인의 성과를 요구하는 것처럼 들린다. 케네디는 베푸는 것을 말했지만, 오늘날에는 승리하는 것을 강조한다.

승리하면 기쁘다. 특히 그 승리를 위해 열심히 노력할 때는 더 만족스럽다. 하지만 이기는 것이 다가 아니다. 이기는 것은 순간적이다. 올림픽 신기록도 그리 오래가지 못한다. 물론 우리는 모두 아이들이 잘하기를 바란다. 하지만 성과를 지나치게 강조하면 아이에게 자신의 진가를 입증하라고 끊임없이 요구하는 것과 같다. 선하게 사는 것보다 강한 인상을 풍기는 것이 더 중요하다는 잘못된 메시지를 전하게 된다.

어떠한 성과도 아이의 진가를 완전히 포착할 수는 없다. 성과는 그저 순간적으로 드러나는 결과물일 뿐이다. 기계는 산출된 결과물로 평가받을 수 있지만 사람은 그보다 훨씬 더 복잡하다. 물론 성과도 중요하다. 하지만 사람들, 특히 아이들에게는 겉으로 드러나는 성과보다 더 중요한 것이 있다. 진정한 관계를 맺고, 진정으로 배우며, 진실하게 성장하는 것이야말로 정말로 중요하다.

아이의 진정한 잠재력은 종착점이 아니라 기르고 익혀야 할 역량이다. 단순한 성과보다 훨씬 더 크다. 우리가 이 책에서 기술한 일곱 가지 도전 과제는 모두 안으로는 강인함을 키우고 밖으로는 동정심을 베풀게 한다. 이러한 도전 과제를 숙달한다고 해서 이웃 사람들에게 강한 인상을 주거나 아이가 명문 대학에 들어간다고 보장할 수는 없다. 하지만 아이가 의미 있고 만족스러운 삶을 살아가는 데 크게 기여할 것이라고 믿는다.

어떠한 사람이 되고 있는지 강조하기

똑똑한 아이들은 뛰어난 성과 덕분에 칭찬을 많이 받는다. 안타깝게도 커다란 박수 소리와 수행 압력 때문에 자기가 누구인지, 무엇이 되고 싶은지 파악하기가 더 어려워질 수 있다.

작가이자 가족 치료사인 엘렌 바흐텔Ellen Wachtel은 다양한 칭찬이 아이들에게 미치는 효과를 연구했다. "대단해! 정말 놀라워!"라는 식의 추상적인 말은 너무 모호해서 대부분 아이들에게 의미 있게 들리지 않는다고 한다. 이런 말을 듣고 아이들은 "너는 대단히 뛰어나야 해! 우리는 네가 놀라운 성과를 거두길 바란다!"라고 해석하며 부담감을 느끼기도 한다. 자신이 대단하거나 놀랍다고 생각하지 않는 아이들에게 이런 식의 칭찬은 거짓말로 들린다. "괜히 말로만 그러시는 거죠"라며 어른의 진의를 의심하게 한다.

그러기보다는 "발표회에서 너는 아주 멋지게 연주했어"라는 식으로 구체적인 행동을 칭찬하는 것이 더 낫다. 그래야 적어도 당신이 무슨 말을 하는지 알 수 있다. 하지만 아이가 정서적으로 불안감을 느낄 때는 이러한 말도 헛소리로 들릴 수 있다. '그게 뭐 대수라고. 누구나 그 정도는 할 수 있어'라고 생각하는 것이다. 때로는 칭찬을 듣게 해준 높은 수행 수준을 유지할 수 없을까 봐 불안해하기도 한다.

바흐텔은 다른 방법을 제안한다. 아이가 자신을 계속해

서 발전하고 변화하는 존재로 바라보도록 말해주는 것이다. 아이의 행동을 간단히 기술하고 나서 아이가 어떠한 사람으로 자라고 있는지 언급하면 된다. 이를테면 이런 식이다.

"동생과 블록 놀이를 하면서 동생의 기분을 달래주었구나. 너는 다른 사람의 기분을 살피고 대응하는 데 능숙한 사람이 되고 있어."
"게임에 졌는데도 침착함을 잃지 않았구나. 너는 좌절을 겪어도 더 잘 대처하는 사람이 되고 있어."
"무슨 영화를 볼지 미리암과 절충안을 찾아냈구나. 너는 의견 충돌을 해결할 줄 아는 사람이 되고 있어."

어떠한 사람이 되고 있다는 말이 강력한 효과를 미치는 이유는, 그 말이 아이에게 이런 식으로 들리기 때문이다.
"네가 과거에 엉망으로 했더라도 걱정하지 마. 그리고 앞으로 엉망으로 할까 봐 걱정하지 마. 지금 당장 네가 얼마나 잘하고 있는지 내가 그 증거를 보고 있으니까."

이러한 말은 아이를 인정한다는 굳건한 믿음과 희망을 확실히 전달한다. "인생은 목적지가 아니라 목적지를 향해 가는 여정이다"라고들 하는데 이는 아이들에게 특히 맞는 말이다. 우리는 아이가 어떤 상황에 처할지 전혀 예측할 수 없다. 그것을 알아내는 일은 아이의 임무이자 특권이다. 우리는 그 여정을 따뜻하게 안내하고 지원할 수 있지만, 때로는 아이가 능숙하게 자신의 길을 찾아갈 수 있도록 옆으로 비켜줘야 한다.

부모인 우리는 아이들의 첫 번째 길잡이다. 우리가 하는 말과 행동을 보고 들으면서 아이들은 자신의 모습을 형성해나간다. 세상은 그들에게 똑똑하다고 말한다. 하지만 아이들은 그보다 훨씬 더 많은 것을 보고 듣기 위해 우리의 도움을 필요로 한다. 아이들이 무엇을 할 수 있는지도 중요하지만, 주변 사람들을 어떻게 감동시킬지도 중요하다. 아이들에게 친절하고, 재미있고, 호기심 넘치고, 결단력 있고, 동정심을 베푸는 점을 소중하게 생각한다는 사실을 보여주자. 성과뿐만 아니라 점차 발전하는 모습을 따뜻하게 바라본다는 사실을 알려주자. 아이들이 지닌 능력 때문이 아니라 본연의 모습을 사랑한다는 것을 보여줌으로써 자신들이 성과의 총합보다 훨씬 더 크다는 사실을 확실히 심어주자.

옮긴이 **박미경**

고려대학교 영문학과를 거쳐 건국대학교에서 교육학 석사학위를 받았다. 영어를 가르치다가 두 아이의 엄마가 된 지금은 바른번역의 출판번역가, 글밥아카데미의 강사로 활동하고 있다. 특히 자녀교육에 관심이 많아 《0세 육아》, 《공부하는 우리 아이들 머릿속의 비밀》, 《아이의 10년 후를 결정하는 강점혁명》, 《사춘기 아이와 싸우지 않고 지내는 법》, 《나를 바꾸는 인생의 마법》 등의 자녀교육서 및 자기계발서를 다수 번역했다.

머리 좋은 아이는 이렇게 키웁니다

초판 1쇄 발행 2025년 9월 1일
초판 3쇄 발행 2025년 10월 1일

지은이 | 에일린 케네디 무어·마크 S. 뢰벤탈
옮긴이 | 박미경
펴낸이 | 김선욱

펴낸곳 | ㈜레디투다이브 출판등록 | 2024년 10월 18일 제 2024-000132호
ISBN 979-11-993815-2-0 (03590)

· 책값은 뒤표지에 있습니다.
· 파본은 구입하신 서점에서 교환해드립니다.
· 이 책은 저작권법에 의하여 보호를 받는 저작물이므로 무단 전재와 복제를 금합니다.

㈜레디투다이브는 독자 여러분의 책에 관한 아이디어와 원고 투고를 기다리고 있습니다. 책 출간을 원하시는 분은 이메일 master@readytodive.kr로 간단한 개요와 취지, 연락처 등을 보내주세요.